T0147232

Printed in the United States
By Bookmasters

نظريات التعلم

نظريات التعلم

تأليف

الدكتور عماد عبدالرحيم الزغول

كلية العلوم التربوية - جامعة مؤتة

٢٠١٠

رقم الايداع لدى دائرة المكتبة الوطنية
(2006/1/1975)

371
الزغول، عماد
نظريات التعلم / عماد الزغول
عمان: دار الشروق، ٢٠١٠
(296)ص
ر.إ.: 2006/1/1975
الواصفات: نظريات التعلم // التعلم // النظرية التربوية /

تم إعداد بيانات الفهرسة الأولية من قبل دائرة المكتبة الوطنية

ردمك ISBN 978-9957-00-523-8

- نظريات التعلم
- الدكتور / عماد الزغول
- الطبعة العربية الأولى :الإصدار الثاني ٢٠١٠

- جميع الحقوق محفوظة ©.

دار الشروق للنشر والتوزيع
هاتف: ٤٦١٨١٩٠/٤٦١٨١٩١/٤٦٢٤٣٢١ فاكس:٤٦١٠٠٦٥
ص.ب:٩٢٦٤٦٣ الرمز البريدي:١١١١٨ عمان – الأردن
Email: shorokjo@nol.com.jo

دار الشروق للنشر والتوزيع
رام الـلـه-المصيون:نهاية شارع مستشفى رام الـلـه
هاتف: ٢٩٧٥٦٣٢-٢٩٩١٦١٤-٢٩٧٥٦٣٣ فاكس:٠٢/٢٩٦٥٣١٩
Email: shorokpr@planet.com

الاخراج الداخلي وتصميم الغلاف وفرز الألوان والأفلام:
دائرة الإنتاج / دار الشروق للنشر والتوزيع
هاتف: ٤٦١٨١٩٠ فاكس ٤٦١٠٠٦٥ / ص.ب. ٩٢٦٤٦٣ عمان (١١١١٨) الأردن

الإهداء

إلى من علمني كيف يكون للحياة معنى وقيمة
من خلال العلم والعمل ... والدي العزيز
أهدي روحه الطاهرة هذا العمل ...

و اللـه ولي التوفيق

المؤلف

المحتويات

الفصل الأول
المعرفة والعلم والنظرية

مقدمة الطبعة الأولى

لا تقتصر أهمية دراسة موضوع التعلم في كونه أحد فروع المعرفة فحسب، ولكن لارتباطه الوثيق بالنشاط الإنساني والحيواني أيضا. فالتعلم يعنى أصلا بالدرجة الأولى بدراسة التغيرات التي تطرأ على السلوك والخبرة، ومثل هذه التغيرات تشمل عمليات الاكتساب للسلوك أو الخبرة، أو التغيير في السلوك والخبرة، أو عمليات المحو للسلوك واستبداله بسلوك جديد. ومن هذا المنطلق، نجد أن موضوع التعلم يبدو على درجة عالية من الأهمية والحساسية، كما يستحق الدراسة والبحث والتقصي بغية التعرف على خصائص السلوك وأسبابه وعوامله ومتغيراته، بالإضافة إلى التعرف على الأسباب والعوامل التي تؤدي إلى حدوث التغيرات في هذا السلوك في المواقف المتعددة والخلل الذي يطرأ عليه. وهكذا فإن دراسة عمليات التعلم تمكننا من وضع المبادئ والمفاهيم والمناهج المرتبطة بالسلوك والتي في ضوءها يمكن تفسير هذا السلوك والتنبؤ به وتوجيهه وضبطه بما يعود بالنفع على الفرد والمجتمع. وتجدر الإشارة هنا، أن مثل هذه المبادئ والقوانين ليست بديلة للدين، لأن الاستخدام لمثل هذه المبادئ والقوانين يمكن تكييفه بما يتناسب وطبيعة الثقافة السائدة في أي مجتمع من المجتمعات. وكل ما نهدف منه هو توجيه السلوك وضبطه على نحو يساعد الفرد على التكيف مع المتغيرات البيئية والاجتماعية والثقافية التي تسود في المجتمع الذي يعيش فيه الفرد، والذي بالتالي يساعده على رفع كفاءته السلوكية.

ونظرا لأهمية هذا الموضوع فقد حظي باهتمام الفلاسفة والمفكرين منذ القدم، حيث سعوا إلى وضع العديد من الافتراضات والتفسيرات حول التعلم ممثلا ذلك في بحث

مصادر المعرفة ومكونات العقل والذاكرة وعلاقة ذلك بالروح والجسد. ومثل هذه المساهمات شكلت منطلقا للعديد من النظريات السلوكية والمعرفية التي ظهرت حديثا في مجال التعلم. وبالرغم من أن العديد من النظريات الحديثة اعتمدت المناهج العملية القائمة على إجراء التجارب على الحيوانات في دراستها للتعلم، فهذا لا يعني بالضرورة أن السلوك الإنساني لم يكن محور اهتمامها. فإجراء الدراسات على الحيوانات له ما يبرره، إذ أن المحصلة النهائية تمكن من فهم السلوك الإنساني والتعرف على أسبابه وعوامله.

لقد لاحظت من خلال إطلاعي على الكتب والمؤلفات باللغة الانجليزية والعربية منها أن معظم مثل هذه المؤلفات يسهب إلى درجة كبيرة في الحديث عن موضوع التعلم من خلال التعرض إلى نتائج التجارب، ولا سيما تلك التي أجريت على الحيوانات لدرجة يعتقد فيها القارئ أن مثل هذه المعرفة تقتصر على السلوك الحيواني وغير مناسبة للسلوك الإنساني. وهذا بالطبع لا يعني الاستخفاف بمثل هذه الجهود فهي بلا شك رائدة ومهمة حول التعلم على نحو يمكن الدارس من الإحاطة والإلمام بها، وهذا ما حاولت القيام به قدر استطاعتي. فلست بالمعتذر إن بدا مني نقص أو خطأ فالنقص والخطأ دليل إنسانيتي والحمد لله، فالكمال لله وحده . وما مجهودي هذا إلا حلقة من سلسلة حلقات العمل الطويلة في تطوير المعرفة، فإن أصبت فلنفسي وإن أخطأت فأرجو المعذرة على ذلك. وكم أكون شاكرا وممتنا لكل مساهمة أو ملاحظة من شأنها أن ترفع من سوية هذا العمل وتطوره.

يقع هذا الكتاب في اثني عشر فصلا تتناول عددا من النظريات المعرفية والسلوكية في مجال التعلم. وتحديدا فإن فصول هذا الكتاب تقع على النحو الآتي:-

الفصل الأول: ويتعرض بشكل عام إلى موضوع المعرفة والعلم، وتعريف النظرية وخصائصها وفوائدها ومعايير الحكم عليها. كما ويتناول موضوع التعلم من حيث تعريفه وخصائصه والعوامل المؤثرة فيه.

الفصل الثاني: ويتناول نظرية الأشراط الكلاسيكي لايفان بافلوف.

الفصل الثالث: ويتعرض لنظرية المحاولة والخطأ لإدوارد ثورنديك.

الفصل الرابع: ويتناول نظرية الأشراط الإجرائي لبروس أف سكنر.

الفصل الخامس: ويتناول نظرية التعلم الاقتراني عند أدوين جثري.

الفصل السادس: ويتناول نظرية الحافز عند كلارك هل.

الفصل السابع: ويتناول نظرية التعلم الاجتماعي لروبرت باندورا.

الفصل الثامن: ويتعرض لنظرية التعلم القصدي لإدوارد تولمان.

الفصل التاسع: ويتعرض لنظرية الجشتلت.

الفصل العاشر: ويتناول نموذج معالجة المعلومات.

الفصل الحادي عشر: ويتناول نظرية النمو المعرفي عند جان بياجيه.

الفصل الثاني عشر: ويتعرض إلى مساهمات نظرية أخرى في مجال التعلم.

وأخيرا يبقى هذا الجهد عملا إنسانيا لا يخلو من النقص والعيب والخطأ، وقد لا يغطي كافة المسائل المتعلقة بموضوع التعلم، حيث تم التركيز على أهم القضايا ذات العلاقة؛ فهو بمثابة مساهمة متواضعة بهذا الشأن، آملين أن تستمر الجهود في سبيل تطوير المعرفة والعلم.

و الـلـه ولي التوفيق

المؤلف

مقدمة الطبعة الثانية

بعد مرور عامين على اصدار الطبعة الأولى ارتأيت ضرورة اعادة النظر في محتوى هذا الكتاب ساعيا من وراء ذلك تنقيحه وتحسينه بما يعود بالنفع على القارئ، وقد قمت بحمد اللـه على مراجعة فصول هذا الكتاب متوخيا الدقة في تصحيح الأخطاء وتوضيح لبعض المصطلحات والمفاهيم بإضافة تفاضيل ومعلومات جديدة. كما تم تضمين هذا الكتاب فصل جديد حول التعلم، وهو ما يعرف بالتعلم المستند إلى الدماغ وذلك من أجل إثراء هذا الموضوع وتقديم المزيد من الافكار حوله، املا أن يحقق هذا المؤلف الاهداف المتوخاه منه و اللـه من وراء القصد.

كانون الثاني ٢٠٠٦

الفصل الأول

المعرفة والعلم والنظرية

Knowledge, Science and Theory

تمهيد:

إن قصة الانسان مع المعرفة مثيرة جدا، بدأت مع وجوده على هذه الأرض، فالمعرفة تمثل مسألة وجود وهوية للجنس البشري، بها يتميز على الكائنات الحية الأخرى ويتفوق عليها. لقد دأب الإنسان منذ وجوده على هذه الأرض في البحث عن المعرفة فشكلت له وسيلة وغاية بالوقت نفسه. فهي غاية لأن اكتساب المعرفة بحد ذاتها يشعر الفرد بالتفوق والتميز ويعزز مفهوم الذات لديه، ففي هذا الصدد يقول العالم الروسي ايفان بافلوف (لقد بحثت عن السعادة طويلا فوجدتها بالمعرفة والعلم)، كما أنها تعد وسيلة لأن الإنسان من خلالها يستطيع تفسير ما يدور حوله من الظواهر المختلفة ويعمل من خلالها على السيطرة على الأحداث والتنبؤ بها وضبطها وتوجيهها، وهذا بالتالي يمكنه من تحقيق الأهداف التي يسعى إليها، وذلك كما يقول الفيلسوف الفرنسي رينيه ديكارت (أنا أفكر إذا أنا موجود)،

إن الاكتشافات العلمية والأثرية تظهر بلا شك مدى اهتمام الإنسان منذ القدم بالبحث عن المعرفة في محاولة منه لتفسير ما يدور حوله من ظواهر وأحداث بهدف

السيطرة عليها. وبالرغم من أن بعض المعارف التي استخدمها الإنسان في تفسيره للظواهر والأحداث كانت في بعض جوانبها تستند إلى الخرافات والأساطير بحيث لم تثبت مصداقيتها العلمية، إلا أن تلك المعارف بحد ذاتها دليل قاطع على مدى حرصه على البحث والسعي وراء المعرفة.

لقد تنوعت المعارف الانسانية ولم تقتصر على جانب معين، فمنها ما ارتبط بالجوانب الوجودية والطبيعية الإنسانية، في حين أن بعضها الآخر ارتبط بالقوى غير المرئية المسيطرة، وهناك البعض الآخر الذي ارتبط بالجوانب الإنسانية في مجالات الاقتصاد والاجتماع والزراعة وغيرها من الظواهر الطبيعية المختلفة. ونتيجة لذلك ظهرت المذاهب الفكرية والفلسفية المتعددة والتي تباينت في نظرتها إلى العديد من المسائل الوجودية والكونية والانسانية.

ويكاد يكون مذهب الارواحية "Animisim"، أول مذهب حاول الانسان من خلاله تفسير ما يدور حوله من مظاهر إنسانية وطبيعية، ويتمثل في عزو حدوث مثل هذه الظواهر إلى وجود الأرواح التي تسيطر على كل شيء، فمثل هذه الأرواح هي التي تسبب حدوث الظواهر، وهي التي تعمل على ضبطها والسيطرة عليها (Carlson,1994). وبذلك نجد أن الإنسان القديم ابتكر العديد من الطقوس والعادات المختلفة للحصول على رضا الأرواح وتجنب غضبها تلافيا لعدم حدوث ما لا يسره من الظواهر المتعددة.

ومع تطور البشرية وزيادة خبراتهم المتعددة ظهرت مذاهب فلسفية جديدة، رفض بعضها فكرة الارواحية وأخذت تعمل على تفسير الظواهر، ولا سيما الطبيعية منها بدلالة مسبباتها الحقيقية. وبالرغم من المساهمات الهامة لهذه المذاهب في حصيلة الخبرات المعرفية البشرية، إلا أنه يؤخذ عليها أن منهجيتها في دراسة الظواهر لم تكن تخضع إلى أساس علمي موضوعي. لقد اعتمد الفلاسفة القدماء أساليب القياس والملاحظة والتأمل الذاتي وقواعد المنطق في دراسة وتفسير الأحداث والظواهر، ومثل هذه الأساليب تخضع للجوانب الذاتية والخبرات الشخصية ولا تمتاز بالموضوعية، وهذا ما تسبب في تباين الآراء والافكار في تفسير الظاهرة الواحدة.

ومع انفصال العلوم عن الفلسفة في القرنين الثامن والتاسع عشر أخذت العلوم تكرس طرقا أكثر موضوعية في دراسة الظواهر المختلفة تستند في أساسها إلى أساليب التفكير العلمي الذي يقوم على الملاحظة العلمية والتجريب، مما تسبب في حدوث تطور هائل في جميع المجالات العلمية والمعرفية، وتوفير قدر كبير من المعارف

والخبرات الموضوعية التي تمتاز بالدقة وإمكانية تعميمها واستخدامها بما يعود بالنفع على الحياة البشرية.

تمتاز المعرفة الانسانية بالقابلية للتطوير والتغيير تبعا لاختلاف الظروف والحاجات الانسانية وأساليب البحث العلمي. فالإنسان في صراع دائم مع هذا العالم وموجوداته، بحيث ينشأ عن هذا الصراع مكتشفات علمية جديدة وتراكم خبرات جديدة وتعديل في الخبرات السابقة بغية تحقيق التكيف والتفوق. وبناء على ذلك فإنه من الصعب ايجاد تعريف واضح ومحدد للمعرفة، إذ أن تعريفها لا يكاد يتعدى مفهومها؛ فيمكن النظر إليها على أنها حصيلة الخبرات الإنسانية المتراكمة في مختلف المجالات والناتجة من التجارب الحسية والتحليلات العقلية والتجارب العلمية.

تعريف العلم Science:

لقد أدى انفصال العلوم عن الفلسفة إلى بروز كلمة العلم، بحيث أخذت معناها الحقيقي، وظهرت فروعا متعددة من العلوم الإنسانية والطبيعية تميزت جميعها باعتمادها المناهج العلمية التي تستند الى أساليب التفكير العلمي في دراسة الظواهر بعيدا عن الأهواء والآراء الذاتية الشخصية. وبذلك برز إلى الوجود ما يعرف بمصطلح العلم والطريقة العلمية. ويمكن تعريف العلم على أنه جمع المعرفة والمعلومات حول ظاهرة ما بطرق موضوعية تقوم على الملاحظة العلمية والتجريب، بهدف تفسيرها والتنبؤ بها وضبطها. فالعلم هو بمثابة مجموعة من المعارف تعتمد في تحصيلها على منهج علمي موضوعي. ويهدف العلم عادة الى تحقيق ثلاثة أهداف هي:

أولا: الفهم: ويتمثل في محاولة تفسير الظواهر وتحديد أسبابها الحقيقية والعوامل المؤثرة فيها.

ثانيا: التنبوء: ويعني توقع حدوث الظاهرة في ضوء بروز بعض المؤشرات الدالة عليها مثل أسبابها أو عواملها.

ثالثا: الضبط: ويشير الى إمكانية التحكم بالظاهرة وتوجيهها من خلال التحكم بأسبابها وعواملها أو التحكم في نتائجها.

الطريقة العلمية Scientific Inquiry :

تعد الطريقة العلمية الأداة الرئيسية التي يعتمدها العلم لجمع البيانات اللازمة حول ظاهرة ما وذلك من أجل توليد المعرفة واثبات مدى صحتها.

يمكن النظر إلى الطريقة العلمية على أنها عملية البحث عن المعرفة من خلال استخدام طرق منظمة في جمع وتحليل البيانات وتفسيرها. فهي تشير إلى المنهج العلمي في عملية توليد المعرفة والتأكد من صدقها ونفعيتها (Schumacher & McMillan, 1993).

تمتاز الطريقة العلمية بعدد من الخصائص التي تميزها عن غيرها من الطرق غير الموضوعية والذاتية وهذه الخصائص هي:

١. الامبريقية: وتعني الاعتماد على الملاحظة العلمية للوقائع الخارجية واخضاعها الى عنصر التجريب بغية تحديد مسبباتها الحقيقية والعوامل الأخرى التي تؤثر فيها.

٢. الحتمية: ترفض الطريقة العملية فكرة العشوائية في حدوث الظواهر؛ فهي تفترض أن لكل ظاهرة سببا حقيقيا يقف وراء حدوثها، إذ يتحتم على العالم البحث والتقصي عن الأسباب الحقيقية للظواهر بغية تفسيرها والتنبؤ بها والتحكم بها إن أمكن.

٣. الدقة: تمتاز الطريقة العلمية بتأكيدها على عملية الضبط الدقيق في دراسة الظواهر، فهي تعتمد على الكشف عن المتغيرات الحقيقية التي تسبب الظواهر وتعمل على ضبط واستثناء العوامل الأخرى غير ذات العلاقة.

٤. الجدلية: تنظر إلى المعرفة على أنها نسبية، فهي غير ثابتة ومطلقة، لذا يتوجب إجراء المزيد من البحث والتقصي بهدف توليد المعرفة وتطويرها.

ومن هنا، نجد أن الطريقة العلمية لا تتوقف عند حدود معينة من المعرفة في دراستها للظواهر، حيث ترى أن هناك الأفضل وأن مزيدا من البحث يقود إلى المزيد من المعرفة وإلى فهم أكثر دقة للظواهر.

٥. الموضوعية: تؤكد الطريقة العلمية ضرورة صياغة نتائج البحث والتقصي كما هي بعيدا على الآراء والمعتقدات والأهواء الشخصية. فهي ترى ضرورة أن

تصاغ النتائج كما جاءت حتى وإن كانت مخالفة لافتراضات وآراء الباحث ومعتقداته.

خطوات التفكير العلمي: Scientific Thinking Steps

تقوم الطريقة العلمية على سلسلة من العمليات البحثية التي تستند إلى عدد من الخطوات تتمثل بالآتي:

أولا: الشعور بوجود مشكلة تستدعي الاهتمام وتستحق البحث والتقصي.

ثانيا: تحديد المشكلة من حيث حصر نطاقها ومجالها ومتغيراتها، والاهداف المراد تحقيقها.

ثالثا: صياغة الفرضيات حول المشكلة على نحو دقيق وواضح بحيث تكون قابلة للاختبار والتحقق التجريبي.

رابعا: جمع البيانات وتحليلها بهدف اختبار صحة الفرضيات.

خامسا: تفسير النتائج وصياغة التوصيات والتعميمات.

البحث العلمي Scientific Research

يعد البحث الأداة الرئيسية التي تعتمد عليها العلوم المختلفة في دراسة الظواهر ذات العلاقة. ويعرف على أنه عملية منهجية منظمة لجمع البيانات وتحليلها على نحو منطقي بغية تحقيق أهداف معينة. يعتمد البحث العلمي على طرق تمتاز بالصدق والثبات والموضوعية لجمع البيانات اللازمة، والتحليل الموضوعي لهذه البيانات. وتختلف هذه الطرق باختلاف الظواهر المدروسة ومجال التخصص، وعموما يمكن تصنيف أدوات جمع البيانات في العلوم النفسية والاجتماعية على النحو التالي:

أ- المقاييس المادية وغير المادية بمختلف أنواعها.

ب- المقابلات بمختلف أنواعها.

ج- الملاحظة بمختلف أنواعها.

د- الوثائق والسجلات بمختلف أنواعها.

هـ- الاختبارات بمختلف أنواعها.

و- المذكرات.

إن منهجية البحث العلمي نظامية وهادفة، فهي تشتمل على مجموعة اجراءات يتم التخطيط لها على نحو دقيق بغية الحصول على معلومات محددة حيال المشكلة موضع الدراسة، وغالبا ما ترتبط هذه الاجراءات بتصميم معين يتناسب مع طبيعة المشكلة البحثية.

مفهوم النظرية The Concept of Theory:

تتضمن فروع العلوم المختلفة عددا غير محدد من النظريات التي تقدم تفسيرات وتوضيحات للظواهر والأحداث التي تتناولها، وتتباين النظريات باختلاف الهدف منها، فمنها ما يسمى بالنظريات الوصفية، وهناك طائفة أخرى تعرف باسم النظريات التحليلية التفسيرية، كما يوجد نظريات تسمى بالنظريات المعيارية، في حين تصنف نظريات أخرى تحت فئة النظريات العلمية، وهناك مجموعة أخرى تسمى بالنظريات الميتافيزيقية. ويلاحظ تنوع النظريات وتعددها ضمن الفرع العلمي الواحد ويتعدى ذلك إلى وجود أكثر من نظرية واحدة تتعلق بدراسة ظاهرة معينة واحدة.

يمكن النظر إلى النظرية (بالمفهوم العام) على أنها مجموعة من القواعد والقوانين التي ترتبط بظاهرة ما بحيث ينتج عن هذه القوانين مجموعة من المفاهيم والافتراضات والعمليات التي يتصل بعضها ببعض لتؤلف نظرة منظمة ومتكاملة حول تلك الظاهرة، ويمكن أن تستخدم في تفسيرها والتنبؤ بها في المواقف المختلفة؛ فهي تشكل مجموعة من الافتراضات التي تتألف من البناءات المحددة لتوضح العلاقات المتداخلة بين العديد من المتغيرات ذات العلاقة بظاهرة معينة سعيا وراء تفسيرها. وفيما يلي عرض لبعض تعاريف النظرية:

١- تعريف كيرلنجر (Kerlinger, 1986) : النظرية هي عبارة عن مجموعة من البناءات والافتراضات المترابطة التي توضح العلاقات القائمة بين عدد من المتغيرات وتهدف إلى تفسير ظاهرة والتنبؤ بها.

٢- تعريف روز (Rose): النظرية كل متكامل من المصطلحات والافتراضات تتصل بموضوع معين يشتق منها عدد من الفروض المحددة والقابلة للاختبار الامبريقي.

٣- تعريف سبنس (Spense, 1956): النظرية هي نظام من المفاهيم المجردة تستخدم لتنظيم مجموعة من المبادئ والقوانين التي لم يكن بينها اي ارتباط من قبل في بناء استنباطي موحد.

٤- تعريف فيجل (Feigl): النظرية مجموعة من الافتراضات التي يمكن من خلالها اشتقاق عدد من المبادئ والقوانين الامبريقية وفق اجراءات منطقية رياضية.

٥- تعريف ردنر (Rudner): النظرية مجموعة من العبارات المترابطة بشكل منظم والتي تشتمل على بعض التعميمات التي تشبه القوانين القابلة للاختبار الامبريقي.

٦- تعريف فيست (Fiest, 1985): النظرية مجموعة من الافتراضات المترابطة التي يمكن أن تستخلص بطرق الاستدلال العقلي المنطقي واختبار الفرضيات بحيث يمكن أن ينظر إليها على أنها مجموعة من عبارات إذا .. عندئذ.

باستعراض التعاريف السابقة يمكن أن نستخلص الملاحظات التالية حول النظرية:

أولا: تشتمل النظرية على عدد من الافتراضات التي تتألف من البناءات المحددة.

ثانيا: تعمل النظرية على توضيح العلاقات المتداخلة بين مجموعة من المتغيرات والمفاهيم التي تتعلق بظاهرة ما.

ثالثا: تحاول النظرية توليد وتجميع المعرفة وتنظيمها في كل موحد لإجابة سؤال لماذا؟

رابعا: ترتبط النظرية بظاهرة محددة وتسعى إلى تفسيرها والتنبؤ بها.

فوائد النظرية Benefits of Theory:

تكمن أهمية النظرية في أنها تضطلع بعدد من الوظائف حيال المعرفة الانسانية تتمثل بالآتي (الطويل، ١٩٩٧، زيتون، ١٩٨٦):-

١- تعمل على تجميع الحقائق والمفاهيم والمبادئ وترتيبها في بناء منظم منسق مما يجعل منها ذات معنى وقيمة.

٢- تقدم توضيحا وتفسيرا لعدد من الظواهر والاحداث الطبيعية والانسانية والكونية.

٣- تساعد في التنبؤ بالعديد من الظواهر وتوقع حدوثها أو عدمه في ظل معطيات ومؤشرات معينة.

٤- توجه التفكير العلمي: فهي بمثابة الموجه لاجراءات وعمليات البحث العلمي والاستدلال العقلي.
٥- توليد المعرفة: وذلك من خلال توليد البحوث التجريبية لاختيار صحة افتراضاتها ومفاهيمها.

خصائص النظرية Aspects of Theory:

هناك اتفاق عام يجمع على أن النظرية هي بمثابة مجموعة من البناءات المترابطة التي تتصل بسلسلة من الأحداث والظواهر تعمل على إيجاد نوع من التنظيم لمجموعة من المبادئ والقواعد يمتاز بالتجريد، والشمول . واعتمادا على ذلك فإن هناك عددا من الخصائص التي تمتاز بها النظرية وهي:

أولا: تعد النظرية وسيلة وغاية بالوقت نفسه ، فهي وسيلة للتفسير والتنبؤ بالظواهر والأحداث، كما أنها غاية نسعى من خلالها للسيطرة على العالم المحيط بنا .

ثانيا: أن صحة أي نظرية هي مسألة نسبية حيث لا توجد نظرية مطلقة، فليست هناك نظرية صحيحة أو خاطئة في ذاتها .

ثالثا: تحدد قيمة النظرية بمدى الاختبار التجريبي لافتراضاتها ومفاهيمها ، أي من خلال الاختبار العملي وليس من خلال البرهان الجدلي .

رابعا: يتمثل الهدف الأساسي للنظرية في توليد المعرفة ممثلا ذلك في صياغة القوانين والمبادئ العلمية الثابتة القابلة للتطبيق العملي.

معايير الحكم على النظرية الجديدة Theory Creteria:

هناك عدد من المعايير يمكن أن تستخدم للحكم على القيمة العلمية للنظرية ، وتتمثل هذه المعايير بالآتي :

أولا: الأهمية (Important) :النظرية الجيدة يجب أن لا تكون تافهة، بل على العكس من ذلك فهي يحب أن تكون مهمة وذلك من خلال تعرضها لظاهرة ذات قيمة ومعنى؛ فالنظرية الجيدة هي تلك التي تكون محددة في تفسير حادثة أو ظاهرة معينة وينتج عنها مضامين عملية ذات قيمة نفعية.

ثانيا: الدقة والوضوح (Preciseness & Clarity) :تمتاز النظرية الجيدة بالقابلية للفهم وببعدها عن الغموض، وفي كونها تمتاز بالاتساق الداخلي. ويمكن اختبار مدى

وضوح النظرية من خلال سهولة ربط مفاهيمها بالممارسة وسهولة اختبار فرضياتها وعمل التنبؤات .

ثالثا: الاقتصادية والبساطة (Parsimony & Simplicity) : النظرية الجيدة تلك التي تشتمل على عدد قليل من الافتراضات والمفاهيم؛ أي أنها تفسر الظاهرة أو الحدث بأقصر الطرق والإجراءات .

رابعا: الشمولية (Comprehensiveness) : يجب أن تمتاز النظرية الجيدة بالشمولية من حيث قدرتها على تغطية جميع جوانب الظاهرة موضع الاهتمام. أي من خلال قدرتها على تفسير الظاهرة موضع البحث.

خامسا:الإجرائية (Operationality):النظرية الجيدة يجب أن تمتاز بالقابلية للاختزال في إجراءات من أجل اختبار صحة افتراضاتها والتنبؤات التي تقدمها؛ بحيث مفاهيمها يجب أن تكون دقيقة وواضحة وقابلة للقياس .

سادسا: النفعية (Fruitfulness) : تقاس فعالية النظرية بقدرتها على توليد المعلومات القابلة للاختبار، ومدى قدرتها على توليد معارف ومعلومات وأفكار جديدة، ومدى قدرتها على إثارة التفكير والبحث .

سابعا : الصدق التجريبي (Empirical validity): تقاس فعالية النظرية بوجود خبرات وأبحاث تجريبية تدعم افتراضاتها بالإضافة إلى قدرتها على توليد معلومات ونظريات جديدة .

ثامنا : العملية (Practicality) :النظرية الجيدة تلك التي تزود الباحثين بإطار معرفي يمكنهم من تنظيم عمليات التفكير والممارسة لديهم.

الجذور الفلسفية لدراسة التعلم Origens of Learning :

نظرا لأن مفهوم التعلم يتصل بعمليات اكتساب السلوك والخبرات والتغيرات التي تطرأ عليها، فقد حظي باهتمام المفكرين والفلاسفة منذ القدم . فنتائج عملية التعلم تظهر في جميع أنماط السلوك والنشاط الانساني: الفكرية والحركية والاجتماعية والانفعالية واللغوية، بحيث تتراكم الخبرات والمعارف الانسانية وتنتقل من جيل إلى آخر عبر عمليات التنشئة الاجتماعية والتفاعل مع العالم المادي .

وتكمن أهمية التعلم في كونه أداة الحفاظ على استمرار وبقاء الحضارة البشرية ، وهو الإداة التي من خلالها يسيطر الفرد على المتغيرات والمثيرات المحيطة، فما نلاحظه اليوم من منجزات حضارية ما هو إلا نتاج عمليات التعلم الإنساني عبر العصور المتلاحقة (Hill,1990) .

إن معظم مفاهيم التعلم التي نتعامل معها اليوم ما هي إلا حصيلة لما قدمه الفلاسفة والمفكرون القدماء امتدادا من عصر الفراعنة المصريين مرورا بالحضارات اليونانية والرومانية، والإسلامية والغربية (Brennan,1994) .

ويمكن القول إن غالبية نظريات التعلم الحديثة انطلقت من الأفكار والافتراضات الرئيسية التي قدمها هؤلاء المفكرون والفلاسفة، فهي تسعى بطريقة نظامية إلى إثبات صحة المفاهيم والفرضيات المرتبطة بالمعرفة الانسانية ممثلا ذلك في فهم السلوك والعمليات والمفاهيم المتعلقة بها . هذا ويعزو علماء الغرب معظم أفكارهم حول التعلم إلى اثنين من الاتجاهات الفلسفية اليونانية وهما:المذهب العقلاني (rationalism) الذي قدمه أفلاطون واتباعه؛ والمذهب الارتباطي (associationism) الذي نادى به أرسطو وتلاميذه (Hothersall,1984) .

لقد شكلت الأفكار التي جاء بها هذان المذهبان ما يسمى بعلم النفس الفلسفي (Philosophical Psychology) . والذي انصب اهتمامه على دراسة الطبيعة الانسانية من حيث الخلق والتكوين والهدف والطبيعة الوجودية. ومن هذا الفرع ظهر ما يسمى بموضوع علم النفس كنتيجة لانفصال علم النفس كباقي فروع المعرفة عن الفلسفة، وعرف باسم علم الحياة العقلية، حيث شكل التعلم والذاكرة إحدى المحاور الرئيسة لهذا العلم (Hilgard & Bower,1981). وكما أسلفنا سابقا، فإن دراسة هذه المفاهيم جاءت من مصدرين فلسفيين استندت إلى:-

أولا :تحليل المعرفة: وهو ما يعرف باسم علم أو نظرية المعرفة "Epistemology" ويعنى بالدرجة الأولى في توضيح الآلية أو الكيفية التي من خلالها يتم التعرف على الأشياء .

ثانيا: تحليل طبيعة الحياة العقلية: ويعنى بفهم طبيعة ومحتويات المفاهيم والأفكار والتخيلات والعمليات العقلية والقواعد التي تحكم مثل هذه الجوانب .

المذهب الترابطي Associationism :

يعد أرسطو (Aristotle,384-388 BC) من أشهر الفلاسفة اليونانين القدماء الذين ساهموا في تطوير هذا المذهب، وقد تبنى العديد من الفلاسفة البريطانيين أمثال هوبز وجوك لوك وجون ستيورات وهارتلي وهليوم وغيرهم أفكار أرسطو، مما أدى إلى ظهور ما يسمى بالمدرسة التجريبية (Empiricism) أو ما تعرف بالمدرسة الترابطية . ومثل هذه الأفكار انتقلت لاحقا إلى ألمانيا على يد عالم النفس فونت الذي أسهم في إنشاء أول مختبر في مجال علم النفس وتأسيس ما يسمى بالمدرسة البنائية، ومن هناك انتقلت أفكار المدرسة الترابطية إلى الولايات المتحدة الأمريكية، وظهر ما يسمى بالمدرسة السلوكية على يد جون واطسون وثورنديك .

يرى أرسطو أن المعرفة تتألف من مجموعة من الاحساسات الرئيسية لأن الإنسان يولد وعقله صفحة بيضاء (Tablu Resa) بحيث تنطبع فيه الاحساسات المختلفة لتشكل الأفكار عبر عمليات التفاعل مع البيئة؛ فالحواس المختلفة تزودنا بالمعلومات الأساسية كالأصوات والروائح والمرئيات والمذاقات المرتبطة بالأشياء الخارجية والتي من خلالها يتم تشكيل الأفكار وفق مبادئ ميكانيكية. ويؤكد أرسطو أن الحواس هي بمثابة النوافذ الرئيسية التي يطل من خلالها العقل على العالم الخارجي، ويرى أن الأفكار تكون في البداية بسيطة وقليلة العدد ولكن نتيجة لعمليات التفاعل المستمرة مع البيئة، فإنها تزداد عددا وتعقيدا .

وبهذا المنظور نجد أن أرسطو يؤكد مبدأ الترابطية، حيث يرى أن الأفكار أو ما يعرف بمكونات العقل تنشأ بفعل ترابط الاحساسات البسيطة معا لتشكيل ما يسمى بالأفكار المعقدة وفق أحد ثلاثة مبادئ رئيسية وهي: مبدأ التجاور الزماني أو المكاني، ومبدأ التشابه، ومبدأ التنافر .

ينطلق المذهب الترابطي في نظرته إلى التعلم والذاكرة من عدد من الافتراضات تتمثل بالآتي:

١. الحسية (Sensationalism) : تؤكد الترابطية أن المصدر الوحيد للمعرفة هو الخبرة الحسية ، حيث جميع الأفكار و الأنماط السلوكية تنشأ بفعل الخبرات الحسية الرئيسية التي نتلقاها من خلال تفاعلاتنا مع العالم . وترى أنه بالرغم من أن بعض الخبرات يمكن اشتقاقها لاحقا من عمليات الانعكاس أو التجريد الفكري Mental Reflections

التي تتصل بالعلاقات القائمة بين الخبرات المتعددة ،إلا أن المصدر الرئيسي لهذه المعرفة هو في الأصل الخبرة الحسية التي نستقبلها بالحواس الخمس الرئيسية.

٢. الاختزالية (Reductionism) : تؤكد الترابطية أن أفكار العقل ومكوناته المعقدة تتشكل من خلال ارتباط عدد من الاحساسات والأفكار الأولية البسيطة ليتشكل منها الأفكار والخبرات الأكثر تعقيدا، ومثل هذه الأفكار يمكن اختزالها مرة أخرى في أفكار بسيطة . وتحديدا فهي ترى أن معظم الأنشطة الانسانية مجرد سلوكيات متعلمة، بحيث يمكن تحليل الظواهر النفسية إلى عناصر أولية أو اختزالها في سلوك .

٣. الترابطية (Associationism) : يرى المذهب الترابطي أن مكونات العقل هي بمثابة مجموعة من الأفكار أو الاحساسات البسيطة التي تجمعت معا وفقا لمبدأ الاقتران أو الارتباط. وقد يحدث الارتباط وفق بعد زماني مثل تجاور حدوث الخبرات معا في زمن محدد، أو بعد مكاني كتقارب حدوث الخبرات في المكان .

٤. التجريبية (Empiricism) : تؤكد الترابطية على ضرورة إجراء الملاحظة العلمية والتحليل الموضوعي للخبرات والأنماط السلوكية اعتمادا على الوقائع التجريبية وبعيدا عن الآراء والأفكار الذاتية.

٥. الميكانيكية (Mechanism): ترى الترابطية أن العقل يعمل كالآلة حيث أن مكوناته تتألف أصلا من مجموعة عناصر بسيطة تم تجميعها معا وفق روابط معينة. وهذا يعني أنه لا يوجد فيه أصلا أية معلومات خفية فطرية .

فالعقل البشري حسب هذا المنهج سلبي ينحصر دوره في استقبال المعارف حول العالم الخارجي من خلال الحواس المختلفة ويعمل فقط على تجميعها معا وفق أحدالمبادئ السالفة الذكر لتكوين ما يسمى بأفكار العقل.

وأخيرا فإن المذهب الترابطي يؤكد آليتين رئيسيتين حول التعلم هما :

١. أن التمثيلات الداخلية للأفكار البسيطة أو ما يسمى بالآثار الذاكرية أو صور الذاكرة هي بمثابة تمثيل حقيقي للانطباعات الحسية المرتبطة بالأشياء التي نخبرها في العالم الخارجي .

٢. أن الأفكار المعقدة تتشكل من خلال الارتباطات بين مجموعة من الأفكار البسيطة التي تمت خبرتها معا وفق بعد زماني أو مكاني . وترى أن هذه الارتباطات تقوى

وفقا لأربعة عوامل هي: حيوية الخبرات، تكرار عمليات الاقتران، استمرارية الخبرات، وحداثة الخبرات .

وفيما يتعلق بمبدأ الانعكاس أو التجريد (Mental reflection) فهي الصفة الوحيدة التي لا تجعل من العقل على أنه مجرد مسجل سلبي للانطباعات الحسية وذلك حسب فلسفة جون لوك. فمن خلال هذا المبدأ يمكن للعقل توليد واستنتاج أفكار جديدة بالربط والمقارنة بين الأفكار الموجودة فيه، ويتم ذلك من خلال ثلاث عمليات هي:-

١. التجريد (Abstraction): ويعني التوصل إلى مجموعات أو فئات من الأشياء اعتمادا على اشتراكها بعدد من الخصائص الحرجة أو العامة . فمن خلال تناول عددا من الأفكار وربطها ومقارنتها معا يمكن التوصل إلى ارتباطات وأفكار جديدة.

٢. الاستدلال (Inference):استخدام قواعد المنطق المتعلقة بعمليات الاستقراء والاستنتاج للوصول إلى معلومات جديدة.

٣. الاستقراء (Induction): ويعني التوصل إلى مبدأ أو قاعدة من خلال مجموعة جزئيات، أو التوصل إلى نتائج منطقية بناء على معلومات جزئية معروفة على نحو سابق .

المذهب العقلاني (Rationalism):

ترجع جذور هذا المذهب إلى الفيلسوف اليوناني الشهير أفلاطون (Plato,427-347) Bc، حيث يرى أن كل أنماط المعرفة هي فطرية غير متعلمة، وأن مصدر هذه المعرفة هو العقل، ومثل هذه المعلومات جاءت إليه من عالم المثل. لقد ميز أفلاطون بين الاحساسات القادمة عبر الحواس المختلفة وبين ما يعرف بالأنماط (forms) التي تتاح لنا من خلال التفكير العقلاني (Hothersall, 1984).

فهو يرى أن المعرفة تولد مع الانسان ولا يمكن القول بوجود عملية تعلم ، وأن ما يحدث بالفعل هو استرجاع أو تذكر ما هو كائن بالعقل فعلا . واعتمادا على ذلك فإن المصدر الرئيسي للمعرفة هو المحاكمة العقلية وليس الحس، وتلعب عمليات أخرى مثل الوعي والحدس دورا هاما في تكوين مثل هذه المعرفة .

ويرى المذهب العقلاني أن الخبرات الحسية ليست مصدرا رئيسيا للمعرفة لأنها مشوشة غير متمايزة أو منتظمة، وكل ما تسهم به المعرفة الحسية هو تزويدنا

بالمعلومات الخام عن الأشياء الخارجية، ومثل هذه المعلومات بحاجة إلى المزيد من العمليات والمعالجات العقلية في النظام المعرفي، كي تصبح ذات معنى، أو أنها تتطلب ما يسمى بالأنماط (Forms) المعرفيةالفطرية من أجل تفسيرها. فالنظام المعرفي مزود بآليات إدراكية فطرية مهيئة لمعالجة مثل هذه المعلومات وتتم عملية المعالجة وفق فئات معينة من الافتراضات الادراكية الفطرية التي يعمل من خلالها الدماغ (Hilgrad & Bower , 1981) وتسمى مثل هذه الانماط أو الفئات الموجودة بالعقل بالافتراضات التفسيرية أو التأويلية.

إن مثل هذه الفئات تمكننا من إدراك الأحداث الفيزيائية التي تحدث في زمان ومكان معين بالطريقة التي ندركها بها؛ أي أننا مهيئين لإدراك وتفسير الأشياء التي تحدث حولنا بالطريقة التي ندركها بها . ومثل هذه الفلسفة تؤكد ما يسمى بالحقائق القائمة بحد ذاتها (Self-evident truths)، فمثلا عمليات إدراك الزمان والموقع والعمق والمكان والفراغ هي بديهات قائمة بحد ذاتها ندركها هكذا منذ الولادة ولسنا بحاجة إلى تعلم ذلك. لقد تأثر العديد من الفلاسفة بأفكار هذا المذهب أمثال الفيلسوف الألماني كانت والفيلسوف ليبتز وغيرهم، كما شكلت أفكار هذا المذهب الافتراضات الرئيسية التي انطلقت منها النظريات المعرفية الحديثة، ومن أشهر روادها بياجيه وبرونر وتشومسكي وغيرهم. وفيما يلي عرض لأهم الافتراضات التي ينطلق منها المذهب العقلاني:-

أولا: الفطرية Nativism :

يؤكد المذهب العقلاني وجود الاستعدادات الفطرية التي تولد مع الانسان بحيث تمكنه من التعلم والتذكر؛ فعمليات التعلم والتذكر هي جزء من البنية الوراثية وهي مستقلة نسبيا عن أي خبرة خاصة يمكن أن يتعرض لها الكائن الحي أثناء تفاعلاته اليومية. حسب هذا المذهب فأن العقل فعال وايجابي في توليد المعرفة بما يمتلكه من قدرات تجعل من المعرفة ذات معنى وقيمة؛ فمن خلال آليات الفهم الفطرية يستطيع معالجة كل الخبرات الحسية القادمة إليه من العالم الخارجي.

وبالرغم أن نظريات التعلم المعرفية تنطلق في نظرتها إلى التعلم من هذا الافتراض، إلا أنها اقل تطرفا في تأكيدها لهذا الافتراض، فهي ترى أن الانسان يولد ولديه استعدادات التعلم والتذكر بطريقة ما وتتطور مثل هذه الاستعدادات من خلال التفاعل

مع البيئة لأن عوامل الخبرة والتفاعل مع البيئة تسهم أيضا بدور فاعل في تشكيل خبرات الأفراد ومعارفهم.

ثانيا: الكلية Wholism :

يرى المذهب العقلاني أن عملية تحليل الخبرة أو السلوك إلى وحدات أو عناصر صغيرة هو بمثابة مضيعة للوقت لأن تحليلها لا يؤدي إلى فهمها. ومن هنا نجد أن المذهب العقلاني يؤكد ضرورة دراسة الخبرة أو السلوك كوحدة كلية حتى لا تفقد الخبرة المعنى أو الوظيفة. اعتمادا على ذلك، فإن الكل يحمل معنى أو وظيفة لا يمكن إدراكها من خلال تجزئة هذا الكل إلى وحدات أو عناصر صغيرة. فالكل هو أكبر من مجموع العناصر المكونة له ، ومن هذه القاعدة انطلقت النظرية الجشتلتية في تفسيرها لعمليات الإدراك.

ثالثا : الحدس Intuition :

يؤكد المذهب العقلاني قدرة الحدس كأحد آليات المعرفة والسلوك الإنساني؛ فحسب هذا الاعتقاد فإن الإنسان لديه القدرة على السلوك بكفاءة عالية إذا ما استخدم قدرات عقلية مثل الاستدلال والتفكير والحدس. وهكذا فلا يكفي الاعتماد على تراكم الخبرات الحسية حتى نتمكن من السلوك بطريقة ما ولكن يكفي الاعتماد على عملية الحدس لتنفيذ ذلك.

مفهوم التعلم Concept of Learning :

يعد التعلم سمة وقدرة يكاد يتميز بها الكائن البشري عن كافة المخلوقات الأخرى. فبالرغم من إمكانية إحداث عملية التعلم لدى بعض الكائنات الحية الأخرى، إلا أن هذا التعلم يختلف كما ونوعا عن ذلك الذي يحدث لدى الكائن البشري. فالتعلم الحيواني محدود ويكاد يقتصر على بعض الأنماط والعادات السلوكية، ولا سيما الحركية والانفعالية منها، في حين يشتمل التعلم الانساني على الأنماط السلوكية البسيطة والمعقدة منها، ويتجلى في مظاهر سلوكية متعددة عقلية واجتماعية وانفعالية ولغوية وحركية.

فالتعلم مفهوم افتراضي يشير إلى عملية حيوية تحدث لدى الكائن البشري وتتمثل في التغير في الأنماط السلوكية وفي الخبرات، ويستدل عليها من خلال السلوك

الخارجي القابل للملاحظة والقياس. وتلعب هذه العملية دورا بارزا في حياة الإنسان، إذ من خلالها يستطيع الفرد السيطرة على البيئة المحيطة به والتكيف مع الأوضاع المتغيرة؛ كما وتشكل أحد العوامل الهامة في تطور المجتمعات ونموها وازدهارها (الزغول، 2002 ;Chance, 1988).

وبهذا المنظور، يمكن النظر إلى التعلم على أنه عملية ديناميكية تتجلى في جملة التغيرات المستمرة والمتراكمة في الحصيلة السلوكية، وفي خبرات الفرد بهدف تحقيق نوع من التوازن بين الفرد والبيئة المحيطة به (Malott, Malott & Trojan, 2000). وتأخذ هذه العملية عدة أشكال تتمثل في اكتساب أنماط سلوكية وخبرات جديدة، أو تغير في بعض الخبرات والأنماط السلوكية وتعديلها، أو شكل توقف وتخل عن بعض الأنماط السلوكية والاستعاضة عنها بأنماط سلوكية أخرى. وتحدث مثل هذه العملية من جراء تفاعل الفرد مع البيئة المادية المحسوسة والبيئة الاجتماعية، فهي تتضمن الخبرات السلوكية الناتجة بفعل الخبرة والممارسة فقط؛ في حين أن الأنماط السلوكية الفطرية لا تندرج تحت فئة التعلم لأنها تعد ردود فعل انعكاسية لا إرادية تحدثها مثيرات خاصة بها.

ونظرا لأهمية التعلم في حياة الأفراد والمجتمعات، فقد نال اهتمام العديد من الفلاسفة والمفكرين منذ القدم. وقد جاءت تفسيرات مختلفة لهذه العملية؛ فبعض الاتجاهات الفلسفية القديمة اعتبرتها ذات منشأ فطري كما هو الحال في فلسفة أفلاطون وتلاميذه، في حين أن البعض الآخر اعتبرها ذات منشأ بيئي تتوقف على قدرة الفرد على التفاعل مع العوامل البيئية والاستفادة من الخبرات كما جاء في فلسفة أرسطو ومؤيديه (Klein,1987). ويعد موضوع التعلم في الوقت الحالي من المواضيع الحساسة التي تنال اهتمام المختصين بالدراسات النفسية والاجتماعية والتربوية، فهو يشكل المحور الأساسي الذي ترتكز عليه النظريات النفسية والاجتماعية والتربوية المختلفة في فهم السلوك الإنساني والتنبؤ به وفي ضبطه وتوجيهه. فلا يقتصر الاهتمام بموضوع التعلم في المجالات التربوية فحسب، بل يتعدى ذلك ليشمل كافة المجالات الأخرى كالعسكرية والمهنية والسياسية والاجتماعية والصناعية والتجارية وغيرها.

تعريف التعلم Learining definition:

يصعب ايجاد تعريف واضح ومحدد لعملية التعلم. ويرجع السبب في ذلك إلى عدم إمكانية ملاحظة هذه العملية على نحو مباشر؛ فهي لا تشكل شيئا ماديا يمكن ملاحظته

وقياسه مباشرة، وإنما هو عملية افتراضية يستدل عليها من خلال السلوك أو الأداء الخارجي. ويرجع الاختلاف أيضا في إيجاد تعريف محدد لها إلى اختلاف وجهات النظر حول طبيعة هذه العملية إنطلاقا من اختلاف الافتراضات التي انطلقت منها النظريات النفسية المتعددة. فالنظريات السلوكية تؤكد دور العوامل البيئية في هذه العملية وتعتبر السلوك الخارجي القابل للملاحظة والقياس على أنه وحدة الدراسة العلمية لسائر العمليات النفسية الأخرى مع تركيزها على نواتج عملية التعلم، في حين تؤكد النظريات المعرفية دور العوامل الفطرية في هذه العملية وتنطلق في تفسيرها لعملية التعلم من دراسة العمليات العقلية كالانتباه والإدراك والتوقع والتفكير واتخاذ القرار؛ أي أنها تعنى بعملية التعلم ذاتها وليس في نتائجها.

فهناك العديد من علماء النفس من عرف التعلم بدلالة السلوك الخارجي، فمثلا يعرفه كرونباخ (Cronbach, 1977) على أنه تغير شبه ثابت في السلوك نتيجة الخبرة، أما كلوزماير فينظر إليه على أنه تغيير في السلوك نتيجة لشكل أو أشكال الخبرة أو النشاط أو التدريب أو الملاحظة. ويعرفه كلين (Klein,1978) على أنه تغير شبه دائم في السلوك نتيجة الخبرة الناجحة، في حين يعرفه البعض الآخر بدلالة القدرات أو العمليات المعرفية، حيث يرى بياجيه أن التعلم عبارة عن تغير في الخبرة والبنى المعرفية الموجودة لدى الفرد. ويعرفه جانيه (Gang'e,1977) على أنه تغير في قابليات الأفراد التي تمكنهم من القيام بأداء معين، أما بيجي (Bigge,1976)، فيعرفه على أنه التغير في التبصر والسلوك والأداء والدافعية أو مجموعة منها. وهناك من يعرفه على أنه تغير في عمليات استقبال المعلومات ومعالجتها. ومهما يكن من أمر، فيمكن استنتاج التعريف التالي لموضوع التعلم.

التعلم: العملية الحيوية الديناميكية التي تتجلى في جميع التغيرات الثابتة نسبيا في الأنماط السلوكية والعمليات المعرفية التي تحدث لدى الأفراد نتيجة لتفاعلهم مع البيئة المادية والاجتماعية.

خصائص التعلم Features of Learning:

في ضوء ما سبق يمكن تلخيص خصائص التعلم بالآتي :

أولا: التعلم عملية تنطوي على تغير شبه دائم في السلوك أو الخبرة ويأخذ أشكالا ثلاثة هي:

١- اكتساب سلوك أو خبرة جديدة.

٢- التخلي عن سلوك أو خبرة ما.

٣- التعديل في سلوك أو خبرة ما.

ثانيا: التعلم عملية تحدث نتيجة لتفاعل الفرد مع البيئة بشقيها المادي الممثل بهذا الكون بموجوداته المحسوسة؛ والاجتماعي المتمثل بالإنسان ومنظومته الفكرية والعقائدية ومؤسساته الاجتماعية، فهو نتاج الخبرة والممارسة مع المثيرات والمواقف المادية والاجتماعية المتعددة (Coon, 1986).

ثالثا: التعلم عملية مستمرة لا ترتبط بزمان أو مكان محدد، فهي تبدأ منذ المراحل العمرية المبكرة، أي منذ الولادة وتستمر طيلة حياة الإنسان. وبالرغم من أن معدل سرعة التعلم ونوعية الخبرات التي يمكن للفرد تعلمها تختلف باختلاف العمر، إلا أن هذه العملية تستمر خلال المراحل المختلفة، وهي لا ترتبط بوقت محدد، فقد تحدث في أي وقت من النهار أو الليل. ومن ناحية أخرى فإن هذه العملية لا ترتبط بمكان محدد، حيث لا تتطلب بالضرورة وجود موسسة تربوية أو تعليمية لإحداثها لدى الأفراد، فهي تحدث في الشارع والبيت ودور العبادة والمدرسة والجامعة إضافة إلى الخبرات التي يكتسبها الفرد من وسائل الإعلام المتعددة.

رابعا: التعلم عملية تراكمية تدريجية، حيث أن خبرات الفرد تزداد وتتراكم على بعضها البعض من جراء تفاعله المستمر مع المثيرات والمواقف المتعددة، ويعتمد الفرد في هذه العملية على خبراته السابقة، فعندما يواجه الفرد مواقف جديدة، عادة يرجع إلى خبراته السابقة حيال تلك المواقف كي يحدد أنماط السلوك المناسبة لهذه المواقف، وقد يضطر في كثير من الأحيان، إلى التعديل في خبراته السلوكية أو اكتساب خبرات جديدة من أجل التكيف مع الأوضاع الجديدة (Rohwer,Ammon&Cramer,1974).

خامسا: التعلم عملية تشمل كافة السلوكات والخبرات المرغوبة وتلك غير المرغوبة. وتتوقف طبيعة ونوعية الخبرات والأنماط السلوكية التي يكتسبها الفرد على طبيعة ونوعية المواقف والمثيرات التي يتعرض إليها أثناء تفاعله مع البيئة.

فقد يكتسب الفرد الخبرات والأنماط السلوكية غير المرغوبة كالسلوك العدواني والإجرامي وغير الأخلاقي، أو يكتسب الأنماط السلوكية المرغوبة والمسالمة والأخلاقية كالحب والتعاون ومساعدة الآخرين (Reilly&Lewis,1983).

سادسا: التعلم عملية ربما تكون مقصودة موجهة بهدف معين، إذ يبذل الفرد جهدا ذاتيا متميزا بقصد اكتساب خبرات معينة تمثل هدفا بحد ذاتها، ويعمل جاهدا على تحديد مصدر هذه الخبرات وأساليب وإجراءات اكتسابها. وقد تكون عرضية غير مقصودة، بحيث تحدث على نحو غير اتفاقي نتيجة لعملية التفاعل مع البيئة والاكتشاف (Mazur,1998).

سابعا: التعلم عملية تشتمل جميع التغيرات الثابتة نسبيا بفعل عوامل الخبرة والممارسة والتدريب فقط (Chance,1988)، وتحديدا فهي تتضمن التغيرات التي تظهر بصفة شبه دائمة في السلوك. فالتغيرات السلوكية المؤقتة الناتجة بفعل عوامل التعب والمرض والنوم والنضج؛ أو تلك الناتجة بفعل العوامل الفسيولوجية؛ أو الناتجة من تعاطي مسكر أو مخدر لا تندرج تحت إطار التعلم، لأن مثل هذه التغيرات مؤقتة سرعان ما تزول بزوال المسبب (Coon, 1986, Mazur,1998). فالخبرة تشير إلى مجموعة الأحداث التي تحدث في بيئة الكائن الحي وتؤدي به إلى القيام بأجراء سلوكي معين.

ثامنا: التعلم عملية شاملة متعددة المظاهر، فهي لا تقتصر على جوانب سلوكية أو خبرات معينة، وإنما تتضمن كافة التغيرات السلوكية في المظاهر العقلية والانفعالية والاجتماعية والحركية واللغوية والأخلاقية. فمن خلال هذه العملية يكتسب الفرد العادات والمهارات الحركية ويطور خبراته وأساليب التفكير لديه، كما ويكتسب العادات والقيم وقواعد السلوك العام، ويكتسب المفردات اللغوية ومعانيها واللهجة، ويطور أيضا أساليب ووسائل الاتصال والتفاعل إضافة إلى الانفعالات وأساليب ضبطها والتعبير عنها (Schmidt & Lee, 1999).

قياس التعلم Measuring of Learning:

يتم قياس التعلم والحكم عليه من خلال ملاحظة الأداء الخارجي الذي يقوم به الفرد، إذ يعد السلوك محكا مرجعيا يتم الاعتماد عليه في الحكم على حدوث التعلم أو عدم

حدوثه، وتتنوع وسائل وأساليب القياس تبعا لنوع التعلم؛ فالتعلم الحركي يقاس بوسائل غير تلك التي تستخدم لقياس التعلم المعرفي أو الاجتماعي مثلا. وعموما هناك عدد من المعايير تستخدم لقياس التعلم ومدى جودته ومنها:

أ- السرعة: وتتمثل في الزمن الذي يستغرقه الفرد لتعلم مهارة أو سلوك معين، أو من خلال السرعة في تنفيذه لعمل معين.

ب- الدقة: وتتمثل في القيام بالسلوك أو المهمة بأقل عدد من الأخطاء.

ج- المهارة: وتتمثل في القدرة على التكيف مع الأدوار المختلفة بحيث يتمكن الفرد من أداء السلوك أو العمل بسرعة ودقة وإتقان، في ظل الظروف والمواقف المختلفة.

د- عدد المحاولات اللازمة للتعلم: وتتمثل في عدد المحاولات التي يحتاجها الفرد لتعلم مهمة أو سلوك معين.

هـ- قوة الاستجابة: وتتمثل في شدة الاستجابة المطلوبة حسب الموقف المثيري الذي يواجهه الفرد.

و- كمون الاستجابة: ويتمثل في سرعة الاستجابة للموقف المثيري ويقاس ذلك بالزمن المستغرق بين التعرض للمثير والاستجابة له

ز- احتمالية الاستجابة: ويتمثل ذلك في احتمالية ظهور استجابة من نوع معين في موقف معين.

عوامل التعلم Factors of Learning :

يمكن النظر إلى عملية التعلم على أنها ذات صبغة تفاعلية تتطلب التفاعل المشترك بين الفرد والبيئة المحيطة به. فهي عملية معقدة تمتاز بتعدد مجالاتها ومتغيراتها والعوامل المؤثرة فيها (Sheull,1996)، ومن العوامل المؤثرة فيها:

١- النضج Maturation

يشير مفهوم النضج إلى جميع التغيرات الحسية والجسدية والعصبية التي تطرأ على الكائن الحي والمحكومة بالمخطط الجيني الوراثي. ويعد النضج عنصرا هاما في التعلم، إذ لا يمكن حدوث بعض أنماط التعلم أو اكتساب بعض الخبرات ما لم يتم اكتمال نضج بعض الأعضاء الجسمية. فعلى سبيل المثال، لا يمكن تعلم النطق والكلام

ما لم يتم نضج أجهزة الكلام، ولا يستطيع الفرد أداء بعض المهارات الحركية الدقيقة ما لم يتم نضج العضلات الدقيقة وتحقيق التآزر الحسي- الحركي. وعليه فإن التغيرات التي تطرأ على الأجهزة الجسمية والحسية والعصبية المحكومة بالمخطط الجيني لا بد من توفرها حتى يحدث التعلم (Kaplan,1991).

٢- الاستعداد Readiness

يمكن النظر إلى مفهوم الاستعداد على أنه حالة من التهيؤ النفسي والجسمي بحيث يكون فيها الفرد قادرا على تعلم مهمة أو خبرة ما. ويسهم الاستعداد في عملية التعلم على نحو فاعل. ففي كثير من الأحيان، تفشل عملية التعلم لدى الأفراد رغم المحاولات الجادة، بسبب غياب عوامل الاستعداد لديهم، ويرتبط الاستعداد بعوامل النضج والتدريب. فالنضج يوفر الإمكانات والقابليات التي من شأنها أن تثير الاستعداد لدى الأفراد لتعلم مهارة معينة، في حين يعمل التدريب على تطوير الاستعداد وتحفيزه لديهم.

لقد عالج التربويون وعلماء النفس موضوع الاستعداد بطرق مختلفة، فالبعض منهم عمد إلى ربطه بالعمر الزمني. ففي هذا الشأن، يرى بياجيه أن الاستعداد للتعلم يتوقف على مدى توفر خصائص المرحلة التي يمر بها الفرد، أما جانيه فيرى أن هناك نوعين من الاستعداد وهما: الاستعداد العام الذي يتمثل في السن الذي يدخل فيه الفرد المدرسة ويستطيع اتقان المهارات الكتابية والقرائية والحسابية، والاستعداد الخاص والذي يتمثل في توفر تعلم قبلي أو قابليات معينة تمكن من حدوث تعلم جديد (Gang'e, 1977). وهناك من ربط الاستعداد بحالة التهيؤ النفسي والحالة المزاجية التي يمر بها الفرد. ومن هؤلاء ثورنديك، إذ يرى أن الاستعداد يتوقف على حالة الوصلات العصبية من حيث قابليتها للتوصيل أو عدم التوصيل (Hilgard&Bower,1981)، ويرى أن الاستعداد يأخذ ثلاثة أشكال هي:

أ- عندما تكون الوصلة العصبية مستعدة للتوصيل ويوجد ما يسهل عملها، فإن التعلم يحدث، ويترتب على ذلك حدوث حالة من الرضا والارتياح.

ب- عندما تكون الوصلة العصبية مستعدة للتوصيل ويوجد ما يعيق عملها، فإن التعلم ربما لا يحدث، ويترتب على ذلك حالة من الاحباط وعدم الرضا.

ج- عندما تكون الوصلة العصبية غير مستعدة للتوصيل وتجبر على ذلك، فإن التعلم لا يحدث، ويترتب على ذلك حاله من الهروب والتجنب وعدم الرضا.

أما برونر فقد أخذ منحى مخالفا في تفسير الاستعداد، ويتمثل في مدى توفر التمثيلات العقلية لدى الفرد بصرف النظر عن المستوى العمري لديه. ويرى أن الاستعداد يتوقف على مدى ملاءمة الطريقة المستخدمة في التعلم؛ فهو يرى أن هناك ثلاث طرق من التمثيل المعرفي وهي:

أ- طريقة التمثيل العملي: وفيها يتم التعلم من خلال الفعل والحركة، أي من خلال الاتصال والاحتكاك الحسي بالأشياء.

ب- طريقة التمثيل الشكلي (الأيقوني): وفيها يتم التعلم من خلال الشكل والصورة.

ج- طريقة التمثيل الرمزي: وفيها يتم التعلم من خلال الرموز والصور الذهنية والمعاني والمفاهيم المجردة.

٣- الدافعية Motivation

تسهم الدافعية في حدوث عملية التعلم في كونها تزيد من جهود الفرد ومثابرته أثناء عملية التعلم، وتعمل على توجيه مثل هذه الجهود نحو مصادر التعلم المناسبة واستخدام الإجراءات والأساليب الملائمة. وتعرف الدافعية على أنها حالة توتر أو نقص داخلي تستثار بفعل عوامل داخلية (كالحاجات والميول والاهتمامات) أو عوامل خارجية (كالمثيرات التعزيزية الخارجية: البواعث)، بحيث تعمل على توليد سلوك معين لدى الفرد وتوجه هذا السلوك وتحافظ على ديمومته واستمراريته حتى يتم خفض الدافع (Smith, 1993)، فالدافعية تسهم في عملية التعلم من حيث:

أ- توليد السلوك للتعلم. فالدافعية تستثير السلوك بغية تخفيف التوتر الناتج بفعل وجود دافع أو حاجة لدى الفرد أو هدف يسعى إلى تحقيقه.

ب- توجيه السلوك نحو مصدر التعلم، فهي تعمل على توجيه السلوك نحو المعلومات والمصادر المهمة ذات العلاقة والتي من شأنها أن تساعد في تحقيق الأغراض والأهداف وإشباع الدوافع .

ج- استخدام الإجراءات والوسائل المناسبة لتحقيق التعلم.

د- الحفاظ على ديمومة واستمرارية السلوك حتى يحدث التعلم.

٤- التدريب والخبرة Experience

يعد هذا العامل من أكثر العوامل أهمية في عملية التعلم، إذ يسهم هذا العامل في إثارة الاستعداد والدافعية لدى الأفراد نحو التعلم، فهو يعمل على إثارة الإمكانات الطبيعية الموجودة لدى الأفراد للوصول إلى أقصى حدودها. ويتمثل عامل التدريب في فرص التفاعل التي تتم بين الفرد والمثيرات المادية والاجتماعية التي يتعرض لها في البيئة. فمثل هذه الفرص تسهم في تزويد الفرد بالخبرات والمعلومات عن الأشياء وخصائصها، الأمر الذي يتيح له إمكانية تعلم أنماط سلوكية جديدة أو التعديل في الأنماط السلوكية الموجودة لديه، وذلك من أجل السيطرة على المثيرات البيئية التي يواجهها أو التكيف معها (Klein,1987).

كما ويتضمن التدريب عدد المحاولات والزمن الذي يستغرقه الفرد في تعلم مهمة ما. فإتقان التعلم يعتمد على المحاولات الجادة التي يقوم بها الفرد. ولا سيما في حالة وجود تغذية راجعة لهذه المحاولات. وتتوقف الخبرة والممارسة على طبيعة البيئة التي يعيش فيها الفرد ويتفاعل معها؛ فالبيئات الغنية بمثيراتها الاجتماعية والمادية توفر فرصا للممارسة والتعلم أكثر من البيئات الفقيرة، وهذا بالتالي يزيد من فرص التعلم والاكتساب. كما أن البيئات التي تمتاز بالتسامح والتقبل والدعم تسهم في زيادة فرص التفاعل أكثر من البيئات المتشددة، الأمرالذي يزيد من خبرات الأفراد وتنوعها.

نظريات التعلم Theories of Learning:

يمكن النظر إلى نظريات التعلم على أنها محاولات منظمة لتوليد المعرفة حول السلوك الانساني وتنظيمها وتجميعها في أطر من الحقائق والمبادئ والقوانين بهدف تفسير الظاهرة السلوكية والتنبؤ بها وضبطها. ويكمن الهدف الأساسي لنظريات التعلم في فهم السلوك الانساني من حيث كيفية تشكله وتحديد متغيراته وأسبابه، ومحاولة تفسير عمليات التغير والتعديل التي تطرأ على هذا السلوك، بهدف صياغة مبادئ وقوانين عامة لضبطه وتوجيهه.

بالرغم من تعدد نظريات التعلم واختلاف المجالات ذات العلاقة التي تتناولها، فإنه لا يوجد لغاية الآن نظرية شاملة يمكن الاعتماد عليها لتفسير كافة مظاهر السلوك الانساني. ولعل ذلك يرجع الى اتساع عملية التعلم وتعدد متغيراتها وعواملها والمجالات

التي تتضمنها (Shuell, 1996). وبذلك يمكن القول، إن النظر إلى الظاهرة السلوكية الانسانية يتطلب الأخذ بعين الاعتبار العديد من الحقائق والمفاهيم والمبادئ التي جاءت بها نظريات التعلم المختلفة، وذلك للحصول على فهم أفضل لهذه الظاهرة وعدم الاكتفاء بالاعتماد على مفاهيم نظرية واحدة.

تصنف نظريات التعلم في مجموعتين احداهما تسمى بمجموعة نظريات التعلم السلوكية، والأخرى تعرف بنظريات التعلم المعرفية. وتنطلق كل مجموعة منها في تفسيرها لعملية التعلم من جملة افتراضات مختلفة جاءت من الأصول الفلسفية القديمة حول العقل والمعرفة ودور الوراثة والبيئة في ذلك. وفيما يلي عرض موجز لهذه النظريات:

النظريات السلوكية Behavioral Theories:

تشمل مجموعة النظريات السلوكية فئتين من النظريات هما:

١- الفئة الأولى: النظريات الارتباطية وتضم نظرية ايفان بافلوف في الاشراط الكلاسيكي، وآراء جون واطسون في الارتباط، ونظرية أدون جثري في الاقتران وكذلك نظرية ويليام ايستس. حيث تؤكد هذه النظريات على أن التعلم هو بمثابة تشكيل ارتباطات من خلال الاقتران بين مثيرات بيئية واستجابات معينة. وتختلف فيما بينها في تفسير طبيعة الارتباطات وكيفية تشكلها.

٢- الفئة الثانية: النظريات الوظيفية وتضم نظرية ادوارد ثورنديك (نموذج المحاولة والخطأ)، وكلارك هل (نظرية الحافز)، ونظرية بروس أف سكنر (التعلم الإجرائي)، إذ تؤكد على الوظائف التي يؤديها السلوك مع الاهتمام بعمليات الارتباط التي تتشكل بين المثيرات والسلوك.

النظريات المعرفية Cognitive Theories :

وهي الفئة الثالثة من نظريات التعلم، وتضم الجشتلتية ونظرية النمو المعرفي لبياجيه، ونموذج معالجة المعلومات والنظرية الغرضية لإدوارد تولمان، حيث تهتم هذه النظريات بالعمليات التي تحدث داخل الفرد مثل التفكير والتخطيط واتخاذ القرارات والتوقعات أكثر من الاهتمام بالمظاهر الخارجية للسلوك.

تؤدي نظريات التعلم ثلاث وظائف رئيسية (Hill,1990) تتمثل بالآتي:

١- هي بمثابة منهج يرتبط بنوع محدد من المعرفة؛ فهي طريقة لإجراء البحث حول التعلم لانها تحدد المظاهر الرئيسية للتعلم التي تستحق البحث والدراسة، كما أنها توضح لنا ما هي المتغيرات (المستقلة والتابعة) التي يجب معالجتها والطرق والاجراءات المناسبة لذلك.

٢- هي بمثابة محاولات لتلخيص كم هائل من المعلومات المرتبطة بموضوع التعلم في عدد محدد من المبادئ والقوانين وذلك لتسهيل فهم عملية التعلم بشكل أوضح وأدق، وتسهيل عملية استخدام هذه المبادئ والقوانين في مواقف عملية، مما يساعد بالتالي في إمكانية التنبؤ بالسلوك والتحكم به.

٣- هي بمثابة محاولات ابداعية لتفسير عملية التعلم وتحديد طبيعتها ومتغيراتها؛ فهي تزودنا بالمبادئ والقوانين والحقائق التي تجيب على أسئلة مثل لماذا وكيف؟

وتجدر الإشارة هنا أن نظريات التعلم هي بمثابة نظريات وصفية Descriptive theory تتلخص وظيفتها في توليد المعرفة حول التعلم ممثلا ذلك في صياغة المبادئ والقوانين والنماذج العامة التي تحكم السلوك الانساني، ومن هذه النظريات يمكن اشتقاق اجراءات عملية ونظريات توصيفية "Prescriptive Theory" لتوظيف المبادئ والقوانين والنماذج في مواقف عملية، مثل مواقف التدريس وبرامج التدريب وبرامج تعديل السلوك والمواقف العملية الأخرى.

ملاحظات حول نظريات التعلم:

يؤخذ على علم النفس عموما ونظريات التعلم تحديدا أنها تعتمد إلى درجة كبيرة على نتائج الابحاث والدراسات على الحيوانات لصياغة المبادئ والقوانين والنماذج حول السلوك الانساني، فالبعض يرى أن الكائن البشري مخلوق مميز يختلف في النوع عن سائر الحيوانات، وبالتالي فإن ما ينطبق على سلوك الحيوانات ربما لا يصلح لتفسير السلوك الانساني. وفي الواقع إن الصورة ليست كذلك، فهنالك العديد من الابحاث والدراسات التي أجريت على الانسان، بحيث يمكن القول إن ما توصلت إليه نظريات التعلم من مبادئ وقوانين حول السلوك ما هو الا نتاج العديد من الدراسات التي أجريت على الحيوان والانسان على السواء.

وعموما، فإن اجراء الدراسات على الحيوانات يرجع إلى المبررات والاعتبارات التالية:

١- صعوبة الضبط التجريبي: يمكن النظر إلى الانسان على أنه ظاهرة قائمة بحد ذاتها وهي مميزة وفريدة وتمتاز بتعدد عواملها ومتغيراتها لدرجة يصعب معها

تحقيق الضبط التجريبي في العديد من المجالات. ومن هنا تكمن الحاجة إلى إجراء التجارب على الحيوانات لسهولة تحقيق الضبط التجريبي.

٢- الاعتبارات الاخلاقية: الانسان كائن مكرم لا يجوز بأي شكل من الاشكال أن يكون موضع تجارب ولا سيما تلك التي يمكن أن تلحق الأذى الجسدي أو النفسي له؛ فمجرد تعريض الانسان للتجارب فيه إمتهان لكرامته وإرادته وانسانيته.

٣- خطورة بعض التجارب: هناك بعض التجارب تشكل خطرا على الانسان ولا سيما تجارب الاستئصال التجريبي التي تقوم على الحاق أذى أو ضرر في الجهاز العصبي أو الدماغ لمعرفة أثر ذلك في السلوك والانشطة الأخرى. كما أن تعريض الانسان إلى الاستثارة الكهربائية أو حقنة بالمواد الكيمائية أو تعريضه للصدمة الكهربائية يعد من التجارب الخطيرة التي لا يجوز أن يكون أفرادها من الناس، الأمر الذي يستلزم أن تجرى مثل هذه التجارب على الحيوانات.

٤- علم النفس ليس العلم الوحيد الذي يستخدم الحيوانات في التجارب العلمية؛ فهناك علوم الطب وعلوم الدواء والصناعات الغذائية والفسيولوجيا والاحياء جميعها تستخدم الحيوانات في التجارب. وفي أغلب الحالات يتم تعميم نتائج مثل هذه التجارب على الانسان.

٥- في بعض الحالات التي يتعذر فيها أن يكون الافراد موضع تجارب لاسباب اخلاقية أو بسبب خطورة التجارب، يستعاض عن الأفراد ويستخدم بدلا منهم الحيوانات، بحيث يتم عمل استنتاجات واستدلالات من النتائج التي يتم التوصل إليها وقياسها على السلوك الانساني.

وتجدر الإشارة هنا إلى أن هناك العديد من التجارب التي أجريت على السلوك الانساني في مختلف الأوضاع وذلك بعد التأكد من عدم خطورة مثل هذه التجارب على الانسان. كما أن وجود العديد من المتطوعين ليكونوا موضع تجارب ساهم أيضا في تنفيذ العديد من الابحاث والدراسات. ولكن عندما يتطلب الامر استخدام أفراد من الجنس البشري في التجارب، فإن ذلك يستلزم الحصول على الموافقة المسبقة من أفراد الدراسة أو أولياء أمورهم، علما أن الحجم الكبير من الدراسات حول السلوك الانساني بالإمكان اجراؤه مباشرة على الإنسان دون الحاجة إلى استخدام الحيوانات، لأن مثل هذه الدراسات لا تلحق الأذى أو الضرر بهم من جهة، وليس فيها أي امتهان لكرامتهم وإنسانيتهم.

الفصل الثاني

نظرية الاشراط الكلاسيكي
Classical conditioning

تمهيد:

تعرف هذه النظرية بتسميات أخرى مثل نظرية التعلم الإستجابي "Respondent Learning" أو الاشراط الانعكاسي "Reflexive Conditioning" أو الاشراط البافلوفي "Pavlovian Conditioning" ويرجع الفضل في ظهور هذه النظرية وبلورة أفكارها ومفاهيمها في التعلم إلى العالم الروسي الشهير ايفان بافلوف "١٩٣٦ - ١٨٤٩"، كما ساهم العالم الأمريكي جون واطسون أيضا في تطوير مفاهيم هذه النظرية من خلال أفكاره وابحاثه التي أجراها على الحيوانات والأفراد في الولايات المتحدة الأمريكية.

تعريف بـ (ايفان بافلوف) Ivan Pavlov:

ولد أيفان بافلوف في روسيا في الرابع عشر من شهر سبتمبر من العام ١٨٤٩. أراد له والده الذي كان يعمل قسيسا أن يمتهن نفس المهنة التي يعمل فيها حيث التحق بافلوف بمدرسة الكنيسة، وانتقل لاحقا إلى المعهد اللاهوتي لإكمال دراسته لنيل منصب قسيس.

لقد أبدى بافلوف اهتماما حسنا بدراسة اللاهوت، وقد عرف عنه أنه كان طالبا مطيعا ومجتهدا مع أنه كان يحصل على أقل الدرجات في مادة السلوك، وقبل أن ينتهي من اختتام دراسة اللاهوت، بدأ يظهر اهتماما بدراسة الجهاز الهضمي، الأمر الذي دفع به إلى التخلي عن دراسة اللاهوت والتوجه إلى دراسة الطب في جامعة القديس بطرس والاكاديمية الطبية العسكرية، وقد تركز اهتمامه على الجوانب التجريبية، حيث عمل مجربا في الاكاديمية الطبية العسكرية، وقد نشر أول بحث له حول تأثير الاعصاب على عضلات القلب، وهذا البحث أهله لنيل درجة الدكتوراه في الطب.

ابتكر بافلوف إجراءات علمية يمكن من خلالها تتبع عملية الهضم في الكائنات الحية (دون الحاجة إلى اتلاف الأعصاب في الجهاز الهضمي)، ونال على هذه المساهمة العلمية جائزة نوبل عام ١٩٠٤. كما اهتم ايفان بافلوف بدراسة علاقة الجهاز العصبي بالجهاز الهضمي. وفي أثناء وجوده في المختبر لاحظ ملاحظة عابرة نالت اهتمامه كثيرا وجعلته يغير اهتماماته العلمية، حيث توجه إلى دراسة الدماغ و عملية التعلم في محاولة منه لفهم دور نشاط الجهاز العصبي في عمليات التعلم. لقد كرس ايفان بافلوف جل اهتمامه بعد الثورة البلشفية على دراسة عمليات التعلم وفهم آليات عمل الجهاز العصبي والهضمي واللعابي، وقد صمم جهاز لقياس كمية اللعاب التي تفرزها الغدد اللعابية في فم الكلب عندما يوضع الطعام فيه، واستخدم هذا الجهاز لاحقا لقياس كمية اللعاب المنسابة للمثيرات المحايدة التي تصبح شرطية نتيجة اقترانها بمثير طبيعي (الطعام) في محاولة منه لتفسير عمليات التعلم، ونتيجة لابحاث بافلوف بهذا الشأن، اكتشف ما يعرف بردات الفعل الانعكاسية "Reflective responces" وصياغة ما يعرف بمبادئ وقوانين التعلم الاشراطي، أو ما يعرف بنظرية الاشراط الكلاسيكي (Pavlov,1927).

بالاضافة لاهتماماته في مجال الطب والبحث العلمي وموضوع التعلم، كان لبافلوف اهتمامات أخرى في مجالات أخرى كالأدب والعلم والفلسفة والموسيقى وكان لديه العديد من الهوايات، مثل جمع الطوابع والاهتمام بالحدائق وممارسة السباحة وجمع عينات من الأعشاب المجففة. كان بافلوف يتبع نظاما صارما في حياته سواء في النظام الغذائي أو البحث العلمي أو أنشطته الاجتماعية الأخرى، وقد كان يحث زملاءه دائما على البحث العلمي ويسعى جاهدا للحصول على التغذية الراجعة منهم حول أدائه العلمي.

لقد تأثر ايفان بافلوف في بناء نظريته حول الاشراط الانعكاسي بأفكار وأبحاث العالم الروسي سيشينوف (١٩٠٥ - ١٨٢٩) صاحب كتاب انعكاسات الدماغ "Reflexes of Brain" ، حيث تمركز جل اهتمام هذا العالم حول دراسة وظائف الأعضاء وساهم في تطور ما يعرف باسم علم النفس الموضوعي، وحاول من خلاله تفسير جميع العمليات النفسية بدلالة مبادئ الانعكاس، فهو يرى أن جميع العمليات النفسية الشعورية وغير الشعورية ما هي الا بمثابة حركات عضلية أو أنشطة انعكاسية. لقد تأثر ايفان بافلوف بمثل هذه الأفكار إذ حاول تقديم وصف لمبدأ الاشراط الكلاسيكي وفقا لأسس فسيولوجية بحتة.

افتراضات ومفاهيم نظرية الاشراط الكلاسيكي Basic Concepts:

لم يكن لدى ايفان بافلوف في بداية مسيرته العلمية أي اهتمام بالجوانب النفسية وعمليات التعلم ، وكما اسلفنا سابقا فإنه كان يحصل على أقل الدرجات في المواد النفسية (علم السلوك) إبان ما كان طالبا في المعهد اللاهوتي، ولكن لاحقا نتيجة لملاحظة عابرة لاحظها أثناء وجوده في المختبر أثارت اهتمامه وولدت لديه حب الفضول لفهم ما يحدث، وهذا ما حدا به إلى تغيير اهتمامه من دراسة عمليات الهضم إلى دراسة الجهاز العصبي وعمليات التعلم (Chance, 1988).

لقد لاحظ بافلوف أن حيوانات المختبر (الكلاب) في بعض الحالات تقف على أرجلها وتبدأ بالتهيؤ للطعام ويبدأ لعابها بالسيلان، تماما كما أن الطعام أمامها بالرغم من عدم وجوده . إن مثل هذه الملاحظة أثارت اهتمامه وأخذ بالتساؤل لماذا تحدث؟ بدأ بافلوف بتحديد ظروف حدوث هذه الظاهرة، ولاحظ أنها تحدث في حالات محددة تتمثل في وجود أصوات خطوات أقدام في الخارج (خارج المختبر)، وعند الكشف عن ماهية هذه الأصوات تبين له أنها أصوات خطوات أقدام الحارس الذي يعتني بالكلاب ويقدم الطعام لها. واعتمادا على ذلك استنتج بافلوف فرضيته الرئيسية حول هذه الظاهرة والتي شكلت لاحقا الأساس لبروز مفاهيم نظرية الأشراط الكلاسيكي.

لقد افترض بافلوف أن الكلاب تعلمت مثل هذه الاستجابة وهي التهيؤ للطعام وسيلان اللعاب (وهي بالأصل ردة فعل طبيعية للطعام لأنه بطبيعته يستجر مثل هذه الاستجابة دون الحاجة لتعلمها) ، وأصبحت تقوم بمثل هذه الاستجابة عند مجرد سماع أصوات أقدام الحارس

(وهو المثير المحايد في الأصل) نتيجة لاقتران الحارس

بالطعام لعدد من المرات، بحيث أصبح "الحارس" يقوم مقام المثير الطبيعي "الطعام" من حيث استجرار الاستجابة التي يحدثها (Hill, 1990).

لقد اعتبر بافلوف أن آلية التعلم الرئيسية هي الاقتران، ويقصد بالاقتران: التجاور الزماني لحدوث مثيرين معا لعدد من المرات حيث يكتسب أحدهما صفة الآخر ويصبح قادرا على استجرار الاستجابة التي يحدثها المثير الآخر. فالطعام مثير طبيعي يستجر استجابة سيلان اللعاب عند الكلاب على نحو طبيعي، وهي استجابة فطرية انعكاسية غير متعلمة، في حين أن أصوات خطوات الحارس هي في الأصل مثير محايد ليس له أثر في سلوك الكلب (غير قادر على استجرار الاستجابة)،ولكن نتيجة تزامن هذا المثير (أصوات أقدام الحارس) مع تقديم الطعام (المثير الطبيعي) لعدد من المرات ، تعلمت الكلاب أن تستجيب باستجابة سيلان اللعاب لمجرد سماع أصوات خطوات الحارس. وبذلك أصبحت أصوات أقدام الحارس مثيرا شرطيا قادرا على استجرار الاستجابة التي يحدثها المثير الطبيعي (Catania , 1998).

لقد أصبح المثير الشرطي (أصوات أقدام الحارس) مجرد إشارة منبهة (Cue) أو دليلا يستدل الحيوان من خلاله على حدوث المثير الطبيعي (الطعام)، وبذلك نجد أن هذا المثير قد اكتسب صفة الطعام وأصبح قادرا على إحداث الاستجابة التي يستجرها حتى في حالة عدم وجوده. ولاختبار صحة فرضيته حول دور الاقتران في تشكيل الاستجابات الشرطية للمثيرات المحايدة، أجرى بافلوف العديد من التجارب على الكلاب، وتقع هذه التجارب في فئتين هما: فئة اشراط الشهية "Appetitive conditioning"؛ والأشراط المنفر " Aversive conditioning". ففي إحدى تجارب أشراط الشهية، استطاع بافلوف اشراط استجابة سيلان اللعاب لصوت الجرس، إذ أحضر كلبا جائعا وقدم له صوت جرس (م ح) ثم اتبع بالطعام (م غ ش) ، ونتيجة لتكرار عملية الاقتران بينهما، أصبح صوت الجرس مثيرا شرطيا قادرا على استجرار الاستجابة الشرطية وهي سيلان اللعاب.

وذلك كما هو موضح في المخطط التالي:-

صوت جرس (م ح) ← لا سيلان لعاب

صوت جرس (م ح) + طعام (م غ ش) ← سيلان اللعاب (س غ ش)

صوت جرس (م ح) + طعام (م غ ش) ← سيلان اللعاب

صوت جرس (م ح) + طعام (م غ ش) ← سيلان اللعاب

صوت جرس (م ش) ← سيلان اللعاب (س ش)

يتضح لنا، من المخطط أعلاه أن صوت الجرس المثير الذي كان بالأصل محايدا أصبح مثيرا شرطيا قادرا على استجرار الاستجابة (سيلان اللعاب) التي يحدثها المثير غير الشرطي (الطعام) نتيجة لاقترانه به لعدد من المرات.

وفي تجربة أخرى من ضمن تجارب الاشراط المنفر استطاع بافلوف اشراط استجابة الخوف لدى الكلب لمثير محايد وهو الضوء الأخضر، وذلك كما هو موضح في المخطط التالي:-

ضوء أخضر (م ح) ← لا خوف (لا استجابة)

ضوء خضر (م ح) + صدمة كهربائية (م غ ش) ← خوف (س غ ش)

ضوء خضر (م ح) + صدمة كهربائية (م غ ش) ← خوف

ضوء خضر (م ح) + صدمة كهربائية (م غ ش) ← خوف

ضوء خضر (م ش) ← خوف (س ش)

واعتمادا على ذلك، أدرك بافلوف أنه اكتشف ظاهرة ذات أهمية قصوى في مساعدة الكائنات الحية على التكيف مع الظروف البيئية المختلفة، ويمكن من خلالها تفسير العديد من المظاهر السلوكية التي تحدث لدى كل من الحيوان والإنسان على حد سواء (غازادا وريموندجي، ١٩٨٣).

لقد عمد بافلوف في تفسير عملية التعلم بدلالة العمليات الفسيولوجية التي تحدث في الجهاز العصبي ممثلا ذلك في عمليتين رئيسيتين هما: الإثارة "Excitation" والكبح (الكف) "Inhibition" لبعض المناطق العصبية في الدماغ من خلال التعرض لمثيرات طبيعية بعضها جاذبا والبعض الآخر منفرا وما يترتب على ذلك من إشراط مثيرات محايده أخرى مع تلك المثيرات. وتحديدا فقد سعى إلى الكشف عن تلك العمليات التي تحدث في القشرة الدماغية (Ceberal cortex) نتيجة للتعرض للمثيرات المختلفة (Pavlov, 1932).

وتجدر الإشارة هنا، أنه لن يتم الحديث عن مفاهيم ومبادئ هذه

النظرية على أساس التغير الفسيولوجي الذي يحدث في القشرة الدماغية، ولكن بدلالات معرفية سلوكية.

المفاهيم الأساسية Basic Concepts:

قبل الخوض بالحديث عن مفاهيم نظرية الاشراط الكلاسيكي، فمن المهم التعرف على مفهوم المثيرات وأنواع المثيرات المختلفة . فالمثير هو حدث أو شيء يمكن أن نشعر به بحيث يثير لدينا ردة فعل معينة، وقد يكون هذا المثير ماديا أو معنويا. وبلغة أخرى يمكن تعريف المثير على أنه أي حدث يمكن للملاحظ الخارجي تعيينه مفترضا أن له أثرا في سلوك الشخص القائم بالملاحظة. فالمثير حتى يكون مؤثرا يجب أن تكون شدته فوق ما يعرف بعتبة الاحساس والتي تعرف على أنها الحد الأدنى من شدة المثير التي تتيح لعضو الحس الشعور والاحساس به. ومن هذا المنطلق، فإن كل المثيرات التي تقع دون عتبة الاحساس لا يمكننا الشعور بها، وبالتالي لا يمكن تشكيل أي ردة فعل اتجاهها.

تقع المثيرات في صنفين يطلق على الصنف الأول مجموعة المثيرات الطبيعة أو المثيرات غير الشرطية، ومثل هذه المثيرات بطبيعتها تستجر استجابة معنية من قبل الكائن الحي. فالكائن الحي لا يتعلم كيف يسلك حيالها، وإنما يولد وهو مزود فطريا بآلية الاستجابة حيالها.

وتسمى مثل هذه المثيرات بالمثيرات الاستجرارية (Elisting Stimuli) لأنها تستجر الاستجابات على نحو لا إرادي، وخير مثال على ذلك إغماض العين عند التعرض لضوء شديد، ورمش العين عند النفخ فيها، وابعاد اليد عن السطح الساخن، وتصبب العرق بسبب التعب، وإحمرار الوجه في مواقف الخجل، وشحوب اللون عند التعرض لموقف مفاجئ أو موقف مخيف، وسيلان اللعاب عند وضع الطعام بالفم أو استنشاق رائحة طعام لذيذ، والمص عند وضع الثدي بالفم وغيرها من الاستجابات الفطرية الانعكاسية الأخرى (& Pierce Epling, 1999). أن مثل هذه الاستجابات تسمى بالمنعكسات (Reflexes) وهي قابلة للتعديل والتكييف من خلال عمليات الخبرة؛ أي من خلال التعرض المستمر للمثيرات، حيث قد تقوى أو تضعف، وهذا ما يعرف بعملية التعويد "habitiuation" (Chance, 1988).

تقع المثيرات الطبيعية في فئتين، الفئة الأولى تعرف بالمثيرات الطبيعية التنفيرية "العقابية" لأنها تسبب الألم مثل الضرب ، والأطعمة ذات المذاق غير المستساغ، والحرارة، والبرد، والأصوات المدوية، ووخز الابرة وغيرها، في حين تسمى الفئة الثانية بالمثيرات الطبيعية الجذابة "التعزيزية" وهي التي تحقق اللذة مثل الأطعمة اللذيذة والشراب. وتجدر الإشارة هنا إلى أن مثل هذه المثيرات محدودة العدد، وبذلك فإن عدد الانعكاسات الطبيعة والاستجابات الطبيعة التي يولد الإنسان وهو مزود بها قليلة العدد. أما الصنف الثاني من المثيرات، فهي المثيرات المحايدة التي لا يكون لها في الأصل أي تأثير في السلوك؛ أي لا تثير أية ردود استجابية لدينا نحوها، ولكن يمكن من خلال عمليات التعلم تشكيل أنماط سلوكية حيالها، ومثل هذه المثيرات تعرف بالمثيرات غير الطبيعية.

وفيما يلي عرض لأهم مفاهيم نظرية بافلوف في الاشراط الكلاسيكي:-

أولا: الاقتران Contiguity :

ويقصد به التجاور الزماني لحدوث مثيرين احدهما محايد لا يستجر أية استجابة من قبل الكائن الحي، والآخر طبيعي يمتاز بقدرته على استجرار ردة فعل طبيعية "الاستجابة"، ونتيجة لهذا الاقتران وتكراره لعدد من المرات يصبح عندها المثير المحايد مثيرا شرطيا؛ أي يصبح قادرا على استجرار الاستجابة التي يحدثها المثير الطبيعي، ومثل هذه الاستجابة تعرف بالاستجابة الشرطية.

إن قوة الاستجابة الشرطية المكتسبة وديمومتها يعتمد على عدد من العوامل تتمثل في:-

١- أن يكون المثير المحايد على مستوى من الشدة: بحيث يقع ضمن مدى عتبة الاحساس لدى الكائن الحي، ويجب أن يمتاز بالقدرة على التنبيه.

٢- تسلسل تقديم المثيرات: إذ يجب أن يسبق المثير المحايد المثير الطبيعي (غير الشرطي) لأن حدوث هذا المثير بعد المثير الطبيعي لا يؤدي إلى حدوث الاستجابة الشرطية. فالأصل هو تزامن حدوث هذين المثيرين معا أو أن يتقدم المثير الشرطي المثير الطبيعي، لقد قارن بافلوف بين أربعة أنواع من الاشراط من حيث قدرتها على إحداث تعلم الاستجابات الشرطية للمثيرات الشرطية، وهذه الأنواع هي:

أ- إشراط الأثر "Trace Conditioning" : وهو ما يعرف بالاشراط المتعاقب، وفي هذا النوع يتم تقديم المثير الشرطي ويتم إزالته قبل تقديم المثير الطبيعي دون وجود تداخل بينهما (Myers,2004).

ب- الإشراط المؤجل "Delayed Condtioning": في هذا النوع يتم تقديم المثير الشرطي ثم يتعبه المثير غير الشرطي حيث يحدث نوع من التداخل بينهما، حيث يظهر المثير الطبيعي (غ ش) قبل زوال المثير الشرطي (م ش). يقع الاشراط المؤجل في نوعين هما: الاشراط المؤجل قصير الاجل وفيه يكون الفاصل الزمني بين المثير الشرطي والمثير الطبيعي أجزاءا من الثانية؛ أما النوع الثاني فهو الاشراط المؤجل طويل الأجل وفي يكون الفاصل الزمني لثانية أو ثانيتين. هذا ويعتبر الاشراط المؤجل كما تشير التجارب على أنه أفضل أنواع الأشراط لتعلم الاستجابة الشرطية للمثير الشرطي (Davis & Palladino, 2004; Chance, 1988) .

ج- الاشراط المتزامن "Simultaneous Conditioning" : وفي هذا النوع يتم تقديم المثيرين الشرطي وغير الشرطي معا وبالوقت نفسه دون وجود أي فاصل زمني بين تقديمهما. ومثل هذا النوع يعد ضعيفا في تعلم الاستجابة الشرطية للمثير الشرطي.

د- الاشراط الرجعي "Backword Conditioning": وفي هذا النوع يتم تقديم المثير غير الشرطي أولا ثم يتبعه تقديم المثير الشرطي، أن مثل هذا النوع من الاشراط قد يكون فعالا في بعض أنواع الاشراط، وقد لا يصلح في حالات أخرى.

٣- عدد مرات الاقتران: تزداد الاستجابة الشرطية قوة واستمرارية للمثير الشرطي بزيادة عدد مرات الاقتران بين هذا المثير والمثير غير الشرطي.

٤- شدة المثير الطبيعي: يتوقف حدوث الأشراط بين المثير الشرطي والمثير الطبيعي على قوة وشدة المثير الطبيعي ومدى تأثيره في الكائن الحي، حيث تزداد الاستجابة الشرطية قوة اعتمادا على شدة المثير الطبيعي ومدى تأثيره في الكائن الحي.

٥- الفاصل الزمني: يتم تشكيل الاستجابة للمثير الشرطي على نحو أسرع عندما يكون الفاصل الزمني بين تقديم المثير الشرطي والمثير غير الشرطي قصيرا جدا، وتكون مثل هذه الاستجابة أكثر قوة وديمومة، أما في حالة كون الفاصل الزمني

بينهما طويلا، ففي أغلب الحالات لا يحدث الاقتران بين المثير الشرطي والاستجابة الشرطية، وتشير الدلائل العلمية، أن هذا الفاصل الزمني الامثل يجب أن لا يتجاوز أجزاءا من الثانية، ويمكن حدوث الاشراط إذا كان الفاصل الزمني لا يتجاوز الثانيتين.

ثانيا : المثير الطبيعي (م ط) Natural Stimulus

يعرف هذا المثير باسم المثير غير الشرطي (م غ ش) "Unconditioned Stimulus" لأنه بطبيعته قادر على استجرار استجابة ما، حيث لا يشترط تعلم هذه الاستجابة، ويعرف هذا المثير على أنه أي حدث فعال يمكن أن يؤدي إلى حدوث ردة فعل انعكاسية تمتاز بالثبات والاستقرار لدى الفرد. لقد استخدم بافلوف مسحوق الطعام في تجربته على أنه المثير الطبيعي، لأن هذا المثير يؤدي على نحو طبيعي إلى حدوث استجابة سيلان اللعاب لدى الكلب، وذلك لاشراط العديد من المثيرات المحايدة مثل صوت الجرس والضوء وغيرها من المثيرات الأخرى (Pierce & Epling, 1999).

ثالثا: الاستجابة الطبيعية (س ط- Natural Response)

تعرف أيضا باسم الاستجابة غير الشرطية (س غ ش- Unconditined Response) لأنها تحدث على نحو طبيعي كردة فعل لمثير ما يحدثها، ومن الأمثلة عليها سيلان لعاب الحيوان عند رؤية الطعام، واغماض العين عند النفخ فيها، وإبعاد اليد عن الأجسام الساخنة وغيرها. إن مثل هذه الاستجابات فطرية غير متعلمة، وهي بمثابة انعكاسات لمثيرات خاصة بها.

رابعا: المثير الشرطي (م ش- Conditioned Stimulus)

ويعرف باسم المثير غير الطبيعي (م غ ط) وهو في الأصل مجرد مثير محايد "Neutral stimulus" ليس له القدرة على إحداث أية استجابة لدى الكائن الحي، وقد يتعلم الكائن الحي استجابة ما لهذا المثير من خلال عمليات التفاعل، وحسب نظرية الاشراط، فإن هذه الاستجابة يتم تعلمها وفق مبدأ الاقتران، أي من خلال تواجده لعدد من المرات مع مثير طبيعي معين، فنتيجة تزامن وجوده مع هذا المثير، فإنه يكتسب صفته ويصبح قادرا على استجرار الاستجابة التي يحدثها، وهكذا فعندما يكتسب

المثير المحايد صفة المثير الطبيعي يصبح عندها مثيرا شرطيا. وتعرف الاستجابة التي يحدثها هذا المثير بالاستجابة الشرطية، لأن تعلمها جاء نتيجة لمبدأ الأشراط و الاقتران (Baldwin & Baldwin, 1998).

تجدر الإشارة هنا إلى أن المثير المحايد حتى يصبح مثيرا شرطيا قادرا على استجرار استجابة يحدثها مثيرا طبيعيا لابد لهذا المثير أن يسبق أو يتزامن حدوثه مع ذلك المثير الطبيعي حيث يجب أن يكون الفاصل الزمني بينهما قصيرا جدا لا يتجاوز أجزاءا من الثانية، كما يجب أن يكون ضمن مدى عتبة الاحساس، أي بموسوع الكائن الحي الشعور به، ويجب أن لا يكون له أية خصائص من شأنها أن تحدث الاستجابة المراد اشراطها لدى الكائن الحي قبل اقرانه بمثير طبيعي، ويجب أن تتوفر في هذا المثير خاصية جذب الانتباه لدى الكائن الحي، وهي ما تعرف بالانعكاس التوجيهي " Orienting reflex".

يمكن من خلال استخدام إجراءات الاشراط المناسبة تشكيل العديد من الاستجابات حيال المثيرات المحايدة، ففي هذا الصدد استطاع كل من كليتمان وكريسلر اشراط استجابة الغثيان التي تحدثها حقنة المورفين لدى الكلاب إلى النير الذي يوضع حول رقبة الكلاب، حيث أصبحت تشعر بالضيق والغثيان عند مجرد وضع النير على رقابها، كما تمكن مونت وبيتون وايليس وبارنز من علاج العديد من المدمنين على تناول الكحول من خلال اشراط حقنة الانكتين مع شرب قدح من الكحول ، فأصبحت هذه الحقنة لاحقا تحدث نفس الاعراض التي يحدثها الكحول.

خامسا: الاستجابة الشرطية (س ش: Unconditioned Response)

وتعرف باسم الاستجابة غير الطبيعية (س غ ط) وهي بمثابة الاستجابة المتعلمة للمثير الشرطي نتيجة اقترانه لعدد من المرات بمثير طبيعي معين، ومثل هذه الاستجابة تصبح عادة انعكاسية للمثير الشرطي لمجرد التعرض إليه، وهي تشبه إلى درجة ما الاستجابة الطبيعية التي يحدثها المثير الطبيعي، لكنها تكون أقل قوة منها، كما أن مدة كمونها قد تكون أطول أو أقصر من الاستجابة الطبيعية.

وتعرف مثل هذه الاستجابة باسم الاستجابة الاعدادية أو التحضيرية "Preparatory Response" لأنها تعد الكائن الحي لاستقبال المثير الطبيعي، ومثل هذه الاستجابة تعد

مؤشرا لحدوث ما يسمى بالتعلم الترابطي بين المثير الشرطي والمثير غير الشرطي والذي على أساسه يمكن تفسير مختلف الأنماط السلوكية التي يظهرها الأفراد حيال العديد من المواقف والمثيرات (Ormord, 1999).

سادسا: تعميم الاستجابة "Response Generalization"

ويقصد به تعلم الكائن الحي تقديم استجابة مماثلة لعدد من المثيرات المتشابهة والتي ليس بالضرورة أن تكون متماثلة أو متطابقة، وبلغة أخرى هو ميل مثير محايد آخر مشابه للمثير الشرطي على استجرار نفس الاستجابة التي يستجرها المثير الشرطي. لقد لاحظ بافلوف أن الكلب في بداية الاشراط كان يستجيب بسيلان اللعاب عند مجرد سماع صوت أي جرس بصرف النظر عن شدته أو مقدار ترددادته. وقد أطلق بافلوف عليه اسم انتشار الأثر الذي يحدثه المثير الشرطي (Irradiation) في مناطق القشرة الدماغية الأخرى. فالكلب في بداية عملية التعلم كان يستجيب بنفس الاستجابة لجميع المثيرات الشرطية المتشابهة، حيث أنه لم يكن قادرا على التميز بينها، ولكن مع مرور الوقت لوحظ أن الكلب أصبح يستجيب على نحو انتقائي لهذه المثيرات، بحيث أصبح يستجيب فقط للمثير الشرطي الأصلي المتضمن في عمليات الاشراط الاصلية (Hilgard & Bower, 1981).

إن عملية تعميم الاستجابة إجراء تكيفي نلجأ إليه في بداية التعلم، ولا سيما عندما تكون خبراتنا قليلة أو عندما تكون المثيرات غامضة أو غير مألوفة. ففي أغلب الحالات عندما نواجه مثل هذه المثيرات، فإننا نلجأ إلى الارتباطات المخزنة في الذاكرة لاستخدام المناسب منها حيال هذه المثيرات. ونلاحظ أن مثل هذه الظاهرة هي أكثر انتشارا لدى الأطفال من ذوي الفئات العمرية المنخفضة نظرا لقلة خبراتهم. فنجد على سبيل المثال، أن الطفل يعمم استجابة الخوف من كل شخص يلبس مريولا أبيض على اعتبار أنه طبيب، كما أنه ربما يشرب أي سائل لونه أبيض على اعتبار أنه حليب. ونجد أيضا أن الشخص الذي لسعته حشرة ما وسببت له ألما ربما يعمم الخوف إلى جميع الحشرات المشابهة لتلك الحشرة.

سابعا: تمييز المثير Stimulus Discrimination:

ويقصد به الاستجابة بطرق مختلفة لمجموعة من المثيرات المتشابهة وغير المتماثلة أو المتطابقة؛ أي عملية تمييز المثيرات المتشابهة والاستجابة لها بطرق مختلفة. ففي تجربة

بافلوف تعلم الكلب مع مرور الوقت التمييز بين المثيرات المتشابهة (أصوات الجرس من الترددات المختلفة)، وأصبح يستجيب بسيلان اللعاب فقط وعلى نحو انتقائي للمثير الشرطي الاصلي (صوت الجرس عند تردد معين)، وذلك لأنه بوجود هذا المثير يأتي المثير الطبيعي (الطعام)، في حين لا يحدث هذا المثير بوجود المثيرات الاخرى المشابهة للمثير الشرطي. وفي واقع الحال، نحن نتعلم التمييز بين المواقف والمثيرات المتشابهة وفقا لما ترتبط به من خصائص، إذ إنه من خلال عمليات التفاعل المستمرة نكتشف خصائص الاشياء وما ترتبط به ونحاول الاستجابة لها في ضوء تلك الخصائص. ويجدر القول هنا، أنه كلما قلت أوجه التشابه بين المثير الشرطي والمثيرات الاخرى زادت فرص التمييز بينهما .

الأشراط الفارق : التمييزي "Differential Conditioning".

أجرى بافلوف بعض التجارب للوقوف على الكيفية التي من خلالها يتعلم الكائن الحي التمييز بين المثيرات المتشابهة. ففي إحدى تجاربه على الكلاب كان يقدم مثيرا معينا (م ش١) وكان يتبع مثل هذا المثير بالمثير غير الشرطي وهو الطعام. ثم بعد ذلك كان يقدم مثيرا شرطيا آخر (م ش٢) مشابها تماما للمثير الشرطي الأول (م ش١) ولم يتبع مثل هذا المثير بالطعام. لاحظ بافلوف أن الكلب تعلم تدريجيا التمييز بين هذين المثيرين رغم تشابههما، بحيث كان يستجيب بإفراز اللعاب للمثير الشرطي الأول (م ش١)، في حين امتنع عن مثل هذه الاستجابة للمثير الشرطي الثاني (م ش٢). وبهذا أصبحت الاستجابة الشرطية فارقة للمثير الشرطي الأول فقط. وانطلاقا من ذلك، فإن الكلب تعلم التمييز بين الإثارة المعززة وتلك غير المعززة، وأصبح يقتصر استجابته على الإثارة المعززة فقط.

وتجدر الإشارة هنا إلى أن تعلم الاستجابة الفارقة قد لا يحدث أحيانا ولا سيما عندما تكون درجة التشابه كبيرة جدا بين المثيرات الشرطية المعززة، بحيث يعجز الكائن الحي عن التمييز بينها، وهذا من شأنه أن يخلق حالة عصاب شديدة تترافق بالتوتر والانهيار العصبي والعجز عند الاستجابة.

وقد يرتبط أيضا بالاشراط التمييزي ظاهرة أخرى تعرف باسم ظاهرة الحث "Induction" التي توضح الأثر المضاد للتعزيز الشرطي الأول (م ش١) والمثير الشرطي الثاني (م ش٢)؛ أي عندما يتعلم التمييز في الاستجابة لهما بحيث إذا تم تقديم المثير

الشرطي الثاني (م ش٢) لعدد من المرات، ثم أعيد تقديم المثير الشرطي الأول (م ش١) فإن استجابة شرطية مبالغا فيها سوف تحدث للمثير الشرطي الأول (م ش١)، في الوقت الذي سيحصل فيه كف مبالغ فيه للاستجابة نحو المثير الشرطي الثاني (م ش٢) (سيتوارت وآخرون، ١٩٨٣).

يعد التعميم والتمييز مظهرين هامين في التعلم الانساني، فهي من المبادئ الاساسية التي تساعد الانسان على التكيف مع المواقف والمثيرات المختلفة. فمن خلالهما يتم تشكيل الشبكة المفاهيمية التي تخزن في الذاكرة والتي على أساسها تتحدد طريقة تعاملنا وأساليب سلوكنا حيال المواقف والمثيرات المتعددة، وحسب النظريات المعرفية، فإن تشكيل المفاهيم يعد مؤشرا لعمليات التفكير المنظم، لأن المفاهيم تمثل الوحدات الأساسية لمثل هذه العمليات.

ثامنا: الانطفاء "Extinction"

يشير هذا المفهوم إلى توقف الاستجابة الشرطية المتعلمة للمثير الشرطي نتيجة لتقديمه لعدد من المرات دون أن يتبع بالمثير الطبيعي (المثير غير الشرطي). فحدوث الانطفاء هو مؤشر لحدوث المحو في الاستجابة الشرطية المتعلمة، وغالبا ما يحدث هذا كنتاج لعدم اقتران المثير الشرطي بالمثير غير الشرطي لمرات متعددة. لقد توقف الكلب عن افراز اللعاب في تجربة بافلوف، بسبب استمرار تقديم حدوث الجرس (المثير الشرطي) لعدد من المرات دون اتباعه بالطعام (المثير غير الشرطي)، وهذا يعني أن (المثير الشرطي) فقد قدرته التنبؤية بحدوث المثير غير الشرطي أو المعزز، وبذلك أصبح عاجزا من استجرار الاستجابة الشرطية (,Mazur 1998)، وتجدر الاشارة هنا، أن انقطاع الاستجابة الشرطية لا يتم بشكل مفاجئ وإنما على نحو تدريجي، حيث تتلاشى هذه الاستجابة تدريجيا إلى أن تنقطع.

تاسعا: الاسترجاع التلقائي (Spontanous recovary)

ويتمثل ذلك في العودة التلقائية لظهور الاستجابة الشرطية للمثير الشرطي بعد انقطاعها لفترة من الزمن بالرغم من عدم اقتران هذا المثير بالمثير غير الشرطي. فالاستجابة الشرطية المتعلمة التي تم تشكيلها للمثير الشرطي وكانت قد انطفأت بسبب عدم اقتران المثير الشرطي بالمثير غير الشرطي لعدد من المرات، تعود بالظهور مرة

أخرى للمثير الشرطي. لقد لوحظ في تجربة بافلوف أن الكلب عاود الاستجابة بسيلان اللعاب لمجرد سماع صوت الجرس بعد أن توقف بالاستجابة لهذا المثير، وبالرغم أن هذه الاستجابة لم تكن بنفس قوة الاستجابة الشرطية الاصلية، الا أن مجرد ظهورها هو بحد ذاته مؤشر للقدرة التنبؤية للمثير الشرطي بحدوث المثير الطبيعي (غير الشرطي). ومثل هذه الاستجابة تقوى إذا ما تم اقتران هذا المثير بالمثير الطبيعي (غير الشرطي)، ولكن مع توقف عمليات الاقتران نجد أن هذه الاستجابة تتلاشى على نحو تدريجي إلى أن تتوقف نهائيا، إن عودة الاستجابة الشرطية للظهور مرة أخرى للمثير الشرطي، بالرغم من انقطاع اقترانه بالمثير الطبيعي، يرجع إلى كونه الكائن الحي تعلم سابقا، أن المثير الشرطي بمثابة منبه أو مؤشر تنبؤي لظهور المثير الطبيعي. وهكذا فإن ظهور المثير الشرطي لاحقا، يعمل على استجرار الاستجابة الشرطية، لتوقع الكائن الحي ظهور المثير الطبيعي.

عاشرا: الكف "Inhibition"

يشير مفهوم الكف إلى فشل المثير الشرطي على استجرار الاستجابة الشرطية التي كان قادرا على استجرارها في السابق، ويقع الكف في نوعين هما: الكف الخارجي ويحدث عندما يوجد مثير آخر يصرف انتباه العضوية عن المثير الشرطي، مما يتسبب في توقف الاستجابة الشرطية على نحو مؤقت للمثير الشرطي؛ أما الكف الداخلي فيحدث من جراء التغيرات التي تطرأ على المثير الشرطي، ويشمل أنواعا أربعة هي (غازادا وريموندجي، ١٩٨٣):-

أ- الانطفاء Extinctuin: ويحدث نتيجة عدم اقتران المثير الشرطي بالمثير الطبيعي لعدد من المرات، مما يؤدي إلى انطفاء الاستجابة الشرطية المتعلمة وعدم ظهورها في حالة تقديم المثير الشرطي.

ب- الكف الفارق "Differential inhibition": ويحدث هذا النوع عندما يتم في بداية التعلم استجرار الاستجابة الشرطية من قبل مثيرين محايدين مختلفين وذلك من خلال اقترانهما بمثير طبيعي، ثم يصار في عمليات الاشراط اللاحقة إلى اتباع أحدهما بالمثير الطبيعي وعدم اتباع الآخر بهذا المثير، فعندها تتوقف الاستجابة الشرطية لهذا المثير وتبقى للمثير الآخر.

ج- الكف الشرطي "Conditional inhibition": يحدث هذا النوع من الكف عندما يتم تقديم المثير الشرطي مع مجموعة من المثيرات الأخرى المعززة، بحيث يكون هذا المثير قادرا على استجرار الاستجابة الشرطية. ولكن في حالة تقديمه ضمن مجموعة من المثيرات غير المعززة، فإنه في الغالب يفشل في استجرار مثل هذه الاستجابة، وهذا يفسر لنا لماذا نستجيب لمثير معين في موقف معين ولا نستجيب لهذا المثير في المواقف الأخرى.

د- كف التأخير "Delayed inhibition": ويحدث هذا النوع من الكف عندما يكون الفاصل الزمني بين تقديم المثير الشرطي وغير الشرطي طويلا نوعا ما؛ فالاصل في الاقتران هو أن يتبع المثير الطبيعي المثير الشرطي مباشرة لأن ذلك يجعل من الاستجابة الشرطية أكثر قوة وأكثر حدوثا، إن طول الفاصل الزمني بين المثير الشرطي وغير الشرطي قد يحول دون تعلم الاستجابة الشرطية للمثير الشرطي، حيث يحدث كف استجابة لهذا المثير.

حادي عشر: الاشراط من الدرجة الثانية "Higher Order Conditioning"

يمكن للمثير الشرطي الذي أصبح قادرا على استجرار الاستجابة الشرطية أن يقوم مقام المثير الطبيعي ، بحيث يمكن استخدامه لاشراط مثيرات محايدة أخرى وتصبح قادرة على استجرار مثل هذه الاستجابة. لقد استخدم بافلوف صوت الجرس بعد أن أصبح مثيرا شرطيا لاشراط مثيرات محايدة أخرى مثل مربع أسود أو الضوء الأخضر.

فالضوء الاخضر نتيجة لاقترانه لعدد من المرات مع صوت الجرس أصبح مثيرا شرطيا له القدرة على استجرار الاستجابة الشرطية وهي سيلان اللعاب، وذلك كما هو موضح في المخطط التالي.

صوت جرس (م ش)	⟵	سيلان اللعاب (س ش)
ضوء أخضر (م ح)	⟵	لا استجابة
ضوء أخضر (م ح) + صوت جرس (م ش)	⟵	سيلان اللعاب (ش ش)
ضوء أخضر (م ح) + صوت جرس (م ش)	⟵	سيلان اللعاب (ش ش)
ضوء أخضر (م ح) + صوت جرس (م ش)	⟵	سيلان اللعاب (ش ش)
ضوء أخضر (م ش)	⟵	سيلان اللعاب (س ش)

إن الاستجابة الشرطية التي يستجرها المثير الشرطي الثاني عادة تكون أضعف من تلك التي يستجرها المثير الشرطي الأول. فقد وجد بافلوف أن قوة مثل هذه الاستجابة تبلغ ٥٠% من قوة الاستجابة للمثير الشرطي الأول (Klein,1987).

المكافأة الرمزية "Token Reward"

تقوم فكرة المكافأة الرمزية على مبادئ الأشراط، إذ يمكن جعل بعض الأشياء المحايدة أصلا مثل الفيش، والبطاقات وغيرها كمعززات ثانوية من خلال اشراطها بالمعززات الأولية. ففي إحدى تجارب ولف(Wolfe) على الأشراط، قام بتدريب الشمبانزي على ادخال البطاقات في آلة بيع ميكانيكية للحصول على الطعام (م غ ش)، وقد لاحظ ولف أن حيوانات الشمبانزي أصبحت لاحقا تقوم بأي عمل تدرب عليه لقاء حصولها على مثل هذه البطاقات، وقد استنتج ولف أن مثل هذه البطاقات أصبحت مثيرات تعزيزية شرطية نظرا لاقترانها بالطعام. ولكن في واقع الحال، لاحظ ولف أن فعالية مثل هذه البطاقات تعتمد على الزمن الفاصل بين الحصول عليها واستبدالها بالطعام، بحيث تفقد قيمتها إذا كان زمن الإرجاء يزيد عن الساعة، عندها وجد ولف أن حيوانات الشمبانزي ترفض القيام بالسلوك مقابل تلك البطاقات. وهذا يقودنا إلى التأكيد عند استخدام البطاقات والفيش في مواقف التعلم الإنساني ضرورة أن لا تكون الفترة الزمنية التي تفصل بين الحصول على البطاقات والفيش وعملية استبدالها بالمعززات الأولية طويلة جدا، كما يجب أن تتباين قيمة هذه الفيش وتتنوع المعززات الأولية التي يمكن استبدالها بها (ستيورات وآخرون، ١٩٨٣).

ملاحظات حول الاقتران:

لقد افترض ايفان بافلوف أن مجرد حدوث الاقتران الزماني بين المثير الشرطي والمثير غير الشرطي كاف لوحده لحدوث الاشراط بين المثير الشرطي والاستجابة الشرطية؛ أي حدوث عملية التعلم، ويري بافلوف أن الفاصل الزمني بين تقديم المثير الشرطي وغير الشرطي يجب أن يكون قصيرا جدا بحيث لا يتجاوز بضع ثوان، ولكن هناك من يرى (Rescorla, 1967) أن مجرد حدوث الاقتران الزماني غير كاف لوحده لحدوث الأشراط ، وإن كان كذلك فهو غير ضروري، إذ ترى ريسكورلا ضرورة أن يتكون ما يسمى بالاقتران التنبوئي بين المثير الشرطي والمثير غير الشرطي، ويقصد

بالاقتران التنبوئي أن يصبح المثير الشرطي قادرا على التنبوء بحدوث المثير غير الشرطي، واعتمادا على ذلك فإن المثير المحايد يجب أن يكون قادرا على تقديم معلومات إضافية لكي يصبح مثيرا شرطيا.

مساهمات أخرى في مجال الاشراط الكلاسيكي:

يعد ايفان بافلوف بلا منازع من أوائل العلماء الذين رسخوا مفاهيم التعلم الاستجابي أو ما يعرف بالاشراط الكلاسيكي، وكان لافكاره الأثر الكبير في توليد الابحاث وإجراء المزيد من الدراسات بهذا الشأن، ويتمثل ذلك في أعمال ريسكورلا وهل وواجنر واستس وغيرهم، والتي كان لها الأثر الكبير في توضيح العديد من المسائل والقضايا المتعلقة بهذا النوع من التعلم، وبالإضافة إلى أعمال بافلوف هناك علماء آخرون ساهموا في تأسيس أفكار نظرية الاشراط الكلاسيكي، وفيما يلي عرض لبعض هذه المساهمات :

مساهمات فلاديمير بختيريف (١٩٢٧ - ١٨٢٧) :

فلاديمير بختيريف عالم روسي انصب اهتمامه على ايجاد علم نفس يعتمد على مبادئ الاشراط، وقد ألف في هذا الشأن كتابا بعنوان علم النفس الموضوعي وآخر بعنوان مبادئ عامة في الانعكاسات الإنسانية وقد تمت ترجمتهما إلى عدد من اللغات كالفرنسية والانجليزية والالمانية. لقد أكد بختيريف أهمية المفاهيم الفسيولوجية ودورها في عمليات اشراط العديد من الاستجابات الخاصة بأعصاب القلب والجهاز التنفسي وحركة الأرجل والأصابع للعديد من المثيرات. وكان لمساهماته الاثر الاكبر في قبول فكرة الاشراط لدى علماء النفس ولا سيما الغربيون منهم.

مساهمات جون واطسون (١٩٥٨ - ١٨٨٧):

جون واطسون عالم نفسي أمريكي تمثلت اهتماماته الأولى بدراسة الفلسفة ولكن سرعان ما غير اهتمامه لدراسة علم النفس. تلقى تدريبه الأولي على مبادئ المدرسة الوظيفية لفهم العمليات النفسية، وقد وجد أنها لا تستخدم الطرق العلمية في دراسة السلوك، فهي أكثر اعتمادا على الطرق العقلية، وهذا ما دفعه إلى البحث عن مذاهب أخرى، وقد وجد ضالته في مبادئ الاشراط. ثار جون واطسون على أفكار المدرسة

البنائية والمدرسة الوظيفية لاعتمادها على طرق غير علمية في دراسة السلوك والعمليات النفسية، وقد كان متطرفا في نظرته إلى العمليات النفسية، إذ اعتبر كافة النشاطات الإنسانية على أنها بمثابة سلوك ، فالتفكير واللغة وغيرها هي سلوكات ليس إلا. أكد على مبدأ الاقتران في التعلم، حيث تأثر بأفكار كل من بختيريف وبافلوف بهذا الشأن (Hill, 1990).

انصب محور اهتمامه على دراسة دور البيئة في التعلم والعملية التي من خلالها يمكن لمثير معين انتاج استجابة محددة، ومن هنا انكب على تفسير عملية تشكيل العادات وتطورها، وقد كان متطرفا في نظرته لعملية تشكيل العادات، فهو يرى أنها عبارة عن ارتباطات تتشكل بين مثيرات واستجابات على نحو آلي ميكانيكي. ومن هذا المنطلق، فالشخصية ما هي إلا مجموعة من العادات والانعكاسات الشرطية البسيطة التي تراكمت وتشابكت معا لتصبح أكثر تعقيدا .

يرى واطسون أن الانسان يولد وهو مزود بعدد محدود من المنعكسات وهي تمثل بمجموعها كل الحصيلة السلوكية لدى الانسان، ولكن من خلال الاشراط يمكن تطوير العديد من الارتباطات بين المثيرات والاستجابات. فهو يرى أنه من خلال الاشراط يتعلم الافراد كيفية الاستجابة للعديد من المواقف الجديدة. لقد أجرى واطسون العديد من التجارب على الحيوانات والافراد مستخدما فكرة الاشراط، ومن أشهر تجاربه بهذا الشأن تجربة الطفل البرت.

ففي هذه التجربة قدم واطسون للطفل ارنب أبيض ولم يبد الطفل في البداية أية علامات الخوف أو الارتباك من الارنب، بل على العكس من ذلك، فقد كان سعيدا برؤيته وقد حاول الاقتراب منه واللعب به. في المرحلة التالية من التجربة كان يقدم الارنب للطفل وكان يتبع بصوت مدو، وقد لوحظ أن الطفل أخذ يظهر استجابة الخوف ممثلا بالخوف والبكاء. ومع تكرار هذه العملية، أصبح الطفل يظهر علامات الخوف بمجرد رؤية الأرنب الابيض.

إن نتائج هذه التجربة تثبت صحة فرضية الاشراط أو الاقتران، فالطفل الذي لم تكن تظهر عليه علامات الخوف من الارنب (م ح)، اصبحت تظهر عليه مثل هذه العلامات نتيجة لاقتران الارنب بالمثير غير الشرطي (الصوت المدوي) لعدد من المرات. وبذلك اصبح الارنب مثيرا شرطيا يستجر استجابة الخوف لدى الطفل.

وقد لاحظ واطسون

نظرية الاشراط الكلاسيكي

أن الطفل عمم سلوك الخوف لاحقا إلى جميع الحيوانات الاخرى ذات الفراء الابيض مثل القطط، والفئران، والدببة، والكلاب وغيرها.

ساهم واطسون في استخدام مبادئ الاشراط لدراسة الخوف والتوتر وكيفية ازالتها لدى الافراد، وكان لافكاره الاثر الكبير في ظهور المدرسة السلوكية في الولايات المتحدة الامريكية حيث تأثر العديد من علماء النفس أمثال سكنر وهل وجثري بأفكاره.

مساهمات سيليجمان Seligman:

لقد توصل سيليجمان من خلال دراسته على الاشراط إلى ما يعرف بظاهرة العجز المتعلم " Learned helplessness" حيث استطاع تشكيل سلوك العجز وعدم القدرة على تجنب الصدمة الكهربائية لدى الكلاب (Hilgard & Bower, 1981) . ففي إحدى تجاربه اختار مجموعتين من الكلاب، أحدهما اعتبرت المجموعة التجريبية والأخرى ضابطه. في المرحلة الأولى من التجربة عمد إلى تقييد كلاب المجموعة التجريبية ومنع حركتها وتعريضها إلى صدمة كهربائية، في حين أن كلاب المجموعة الضابطة لم تتعرض لمثل هذه الخبرة. في المرحلة الثانية من التجربة، تم وضع كلاب المجموعة التجريبية في صندوق يتألف من مقطعين بينهما حاجز متحرك يسمح بحركة الكلاب بالانتقال من مقطع إلى آخر، وكانت أرضية الصندوق من المعدن بحيث يمكن كهربتها. درب سيلجمان الكلاب في المجموعة التجريبية بالاستجابة إلى إشارة معينة تتمثل بالقفز خلال عشر ثوان إلى المقطع الآخر وإلا تعرضت إلى صدمة كهربائية في حال عدم قيامها بذلك أو تأخرها عن هذا الزمن المحدد.

أظهرت النتائج أن غالبية الكلاب في المجموعة التجريبية كانت عاجزة عن تعلم أسلوب تجنب الخطر مقارنة مع الكلاب في المجموعة الضابطة ، فقد كانت تتعرض للصدمة الكهربائية رغم أنها في محاولة أو محاولتين استطاعت تجنب الصدمة بالقفز فوق الحاجز. وعند تعريض الكلاب في المجموعة الضابطة إلى الصدمة الكهربائية التي لم تكن قد دربت عليها من قبل، لوحظ أنها فقدت السيطرة على حركتها وضبط الأمعاء والمثانة وأخذت بالعواء إلى أن تمكنت من القفز بسلام فوق الحاجز، وعند تعريض أفراد المجموعة التجريبية مرة أخرى إلى هذه الخبرة، ظهرت عليها نفس الأعراض التي ظهرت على كلاب المجموعة الضابطة، ولكنها أخذت ترقد بسلام بالرغم من تلقيها للصدمة الكهربائية، أي أنها تعلمت سلوك العجز المكتسب (غازادا وريموندجي، ١٩٨٣).

لقد عرف سيليجمان العجز المتعلم على أنه حالة يصل إليها الفرد نتيجة مروره بسلسلة من الخبرات التي تفقده السيطرة على الظروف البيئية التي تحيط به، مما يترتب عليها استقلالية استجاباته عن نتائجها بحيث يتولد لديه الاعتقاد بأنه لا يملك السيطرة على نتائج الأحداث وأن ليس هناك علاقة بين الجهد المبذول (السلوك) والمتغيرات البيئية؛ أي لا جدوى من تنفيذ أي جهد استجابي لتغيير الوضع القائم (Seligman,1975).

نطاق نظرية الاشراط الكلاسيكي:

يؤخذ على نظرية الاشراط الكلاسيكي أن مدى تفسيرها للسلوك ضيق جدا، وذلك لأنها تنطلق من عملية اشراط الاستجابات الطبيعية والتي هي في حد ذاتها (منعكسات فطرية لمثيرات غير شرطية) إلى مثيرات أخرى محايدة، ولما كان عدد المنعكسات الفطرية قليلا جدا، فهي بالتالي تعجز عن تفسير العديد من المظاهر السلوكية الأخرى، ولا سيما السلوكات الإجرائية التي تنبع من إرادة الأفراد على نحو اختياري حر. ولكن يمكن لهذه النظرية أن توضح لنا آلية تشكل جوانب السلوك الانفعالي لدى الإنسان المتمثل في الكرة والخوف والحب والقلق والتشاؤم والتجنب والاشمئزاز والعدوانية، وفي تشكيل الاتجاهات المتعددة، كما أنها ربما تسهم في تفسير بعض جوانب السلوك اللغوي المتمثل في تسمية الأشياء على اعتبار أن الاسماء هي أصوات ألفاظ معينة تقترن بأشياء من مواصفات وأشكال معنية، ويمكن أيضا لهذه النظرية أن تفسر لنا كيفية تشكل الأفعال الحركية اللاإرادية التي يظهرها الأفراد حيال بعض المثيرات والمواقف.

أثر نظرية الاشراط في نظريات التعلم:

لقد كان لأفكار بافلوف في الاشراط أثر بالغ على نظريات التعلم التي ظهرت لاحقا، ولا سيما من حيث المنهجية العلمية التي استخدمها بافلوف في ابحاثه ودراسته من جهة، ولتطويره ما يعرف بنموذج الاشراط الذي على أساسه تتشكل الارتباطات بين المثيرات والاستجابات. لقد لخص رازران (Razran, 1965) أهم الآثار التي تركها بافلوف على نظريات التعلم بالمسائل التالية:-

١- استطاع بافلوف من خلال ما يعرف بنظرية الاشراط توليد عدد هائل من الأبحاث التجريبية لاختبار صحة مفاهيمها على مختلف أنواع الحيوانات

والإنسان من الفئات العمرية المختلفة، مستخدمة مختلف الأنواع من المثيرات. فقد قدر رازران أن ما يقارب (٦٠٠٠) تجربة أجريت بهذا الشأن حتى عام ١٩٦٥ وكلها اعتمدت منهجية بافلوف بالاشراط.

٢- لقد استطاع بافلوف تحويل فكرة الارتباط العامة في التعلم من خلال استخدام مبادئ الاشراط إلى مجال دراسة تقوم على أسس كمية معلمية، أي أنه ساهم في تطوير ما يعرف بالابحاث القياسية الكمية المعلمية.

٣- لقد نجح بافلوف في جعل المنعكس الاشراطي على أنه الوحدة الأساسية الملائمة لدراسة كل أنواع التعلم.

٤- بإدخاله فكرة الاشراط من النوع الثاني، وتعميم فكرة الاشراط على الإنسان نجح بافلوف في عدم تجميد نموذجه، وجعل منه نموذجا حيا يؤخذ بعين الاعتبار عند دراسة عمليات التعلم الإنساني.

٥- ساهم بافلوف في توضيح العلاقة بن نظريات التعلم والنظريات العيادية أو ما يعرف بنظريات العلاج النفسي (Psychiatry).

٦- ساهم بافلوف في تطوير نظريات التعلم اللاحقة من خلال مبادئ الاشراط حيث إن أفكاره في الاشراط ظلت موضع اهتمام بالرغم من ظهور ما يسمى بالاشراط الوسيلي أو الاجرائي الذي طوره عالم النفس الأمريكي سكنر لاحقا.

المضامين العملية لنظرية الاشراط:

يمكن استخدام مبادئ الاشراط الكلاسيكي في العديد من الجوانب العملية والمواقف التربوية وبرامج تعديل السلوك والعلاج النفسي، ممثلا ذلك في النواحي التالية:

١- تشكيل العديد من الأنماط السلوكية والعادات لدى الأفراد من خلال استخدام فكرة الأشراط، ويتمثل ذلك بإقران مثل هذه الأنماط والعادات بمثيرات تعزيزية.

٢- محو العديد من الانماط السلوكية والعادات غير المرغوب فيها من خلال استخدام اجراءات الاشراط المنفر. هناك عادات سيئة مثل مص الاصبع، ونقر الأنف، والعبث بالاشياء والرضاعة يمكن محوها من خلال أقرانها بمثيرات

منفرة، كما ويمكن كف مثل هذه السلوكات من خلال اشغال الافراد بمثيرات أخرى.

٣- تعليم الاسماء والمفردات من خلال إقران صور هذه الاشياء مع اسمائها أو الألفاظ التي تدل عليها مع تعزيز هذه الاستجابات. كما ويمكن استخدام مبادئ التعميم والتمييز لمساعدة الافراد على تكوين المفاهيم.

٤- تستخدم في مجال تعديل السلوك وبرامج العلاج النفسي من حيث علاج القلق والخوف العصابي أو ما يعرف بالفوبيا. وتعرف الفوبيا على أنها ردة فعل انفعالية من الخوف حيال مواضيع أو أشياء أو أماكن لا تستدعي بالضرورة ذلك المقدار من ردات فعل الخوف التي يظهرها الفرد الذي يعاني منها. ففي علاج مثل هذا العرض يتم استخدام إجراء الاشراط المعاكس "Content conditioning" باستخدام مبدأ إزالة فرط الحساسية التدريجي "Systematic Desensitization" بحيث يتم من خلاله إزاحة الاقتران بين مثير الخوف واستجابة الخوف على نحو تدريجي. لقد ابتكر هذا الإجراء جوزيف ولبي، ويعد من أفضل الأساليب في علاج المخاوف المرضية، ويشتمل على ثلاثة إجراءات رئسية :

أولا: بناء سلسلة من الاستجابات على نحو هرمي. فعلى سبيل المثال لمحو استجابة الخوف من الكلاب، يمكن أن تكون سلسلة الاستجابات على النحو التالي:-

أ- تشجيع الفرد للاستماع إلى أحاديث عن الكلاب.

ب- تشجيع الفرد للحديث عن الكلاب أو قراءة مواضيع عن الكلاب.

ج- تشجيع الفرد لمشاهدة صور عن الكلاب.

د- تشيجع الفرد على مشاهدة أفلام تلفزيونية عن الكلاب.

هـ- تشجيع الفرد للتفاعل مع مجسمات أو نماذج للكلاب.

و- تعريض الفرد إلى كلاب حقيقية.

ثانيا: التدريب على وضع الاسترخاء.

ثالثا: تقديم مثير الخوف وفق تسلسل هرمي، أي تعريض الفرد إلى مثير الخوف على نحو تدريجي بدءا بالخطوات التي تسبب خوفا أقل وانتهاء بالمثير الأصلي

الذي يسبب الخوف (كما هو في البند الأول) ، وتجدر الإشارة هنا، أنه يجب عدم الانتقال من خطوة إلى أخرى ما لم تظهر لدى الفرد علامات الارتياح وعدم الخوف من الإجراء المستخدم في الخطوة السابقة.

٥- يمكن أيضا توظيف مبادئ الاشراط من أجل الترويج للمنتجات وتسويقها من خلال توظيف فكرة الاقتران؛ وذلك بأشراط المنتجات المراد تسويقها بمثيرات تعزيزية مثل مشاهيرالفنانين والرياضيين، أو الأغاني أو أية مثيرات جذابة أخرى.

٦- يمكن توظيف مبادئ هذه النظرية في مجال الحرب النفسية وذلك بخلق حالة من الرعب والهلع لدى الأفراد المدنيين والعسكريين، وما يترتب عن ذلك من أحداث الصدمة النفسية وإحداث حالة من العجز لديهم.

الفصل الثالث

نموذج التعلم بالمحاولة والخطأ

Learning by Trial & Error

تمهيد:

يصنف نموذج التعلم بالمحاولة والخطأ ضمن النظريات السلوكية الترابطية ولا سيما الوظيفية منها، فبالإضافة إلى كونه يعتبر التعلم على أنه عملية تشكيل ارتباطات بين مواقف مثيرة واستجابات معينة. إلا أنه يرى أن السلوك الذي يصدر عن الفرد هو موجه لكي يؤدي وظيفة محددة، ويعرف هذا النموذج بمسميات أخرى مثل التعلم بالاختيار والربط "Learning by Selecting & Connecting"، وربطية ثورنديك "Thorndlke's Connectionism" نسبة إلى عالم النفس الأمريكي المعروف إدوارد ثورنديك الذي طور أفكارها (Ormord, 1999).

وينطلق هذا النموذج في تفسيره لحدوث عملية التعلم وفقا لمبدأ المحاولة والتجربة؛ أي أن الارتباطات بين الاستجابات والمثيرات تتشكل اعتمادا على خبرات الفرد بنتائج المحاولات السلوكية التي يقوم بها حيال المواقف المثيرة التي يواجهها ويتفاعل معها ، بحيث يتعلم الاستجابة المناسبة من خلال المحاولة والخطأ.

تعريف بـ (ادوارد ثورنديك) (١٩٤٩ - ١٨٧٤) :

ولد ادوارد ثورنديك في ولاية ماسا شوستس الأمريكية في الحادي والثلاثين من شهر آب عام ١٨٧٤، وقد بدأ اهتمامه العلمي في بداية القرن العشرين بدراسة ذكاء الحيوانات، كما أنه أظهر اهتماما بموضوع التعلم، وكان لأبحاثه في هذا الشأن أثر بالغ على العملية التربوية. تأثر ثورنديك بأفكار وليم جيمس حول دور علم النفس في العملية التربوية من حيث إعداد المعلمين، وقد روج إلى هذه الأفكار في العديد من مقالاته التي نشرها في العديد من الدوريات النفسية والتربوية في ذلك الوقت . ففي إحدى مقالاته الشهيرة التي نشرت في العدد الأول لمجلة علم النفس التربوي عام ١٩١٠، وضح ثورنديك (Thorndike, 1910) كيف يمكن لعلم النفس أن يساهم على نحو فعال في تحسين العملية التربوية ورفع سويتها.

لقد نظر ثورنديك إلى علم النفس على أنه علم القدرات والخصائص والسلوك الحيواني والإنساني. ويرى أن هذا العلم يشارك بعض العلوم مثل علم التشريح والفسيولوجيا وعلم الاجتماع وعلم الإنسان والتاريخ وغيرها من العلوم الأخرى من حيث تركيزها على دراسة جسم الإنسان وطبيعته العقلية. لقد لخص المساهمات التي يمكن أن يضطلع بها علم النفس في مجال التربية في النواحي التالية (Thorndike, 1910):

أولا: يساعد في تحقيق فهم أفضل لأهداف التربية من حيث توضيحها وصياغتها على نحو يجعل منها قابلة للتحقق. فهو يساعد في عملية قياس مثل هذه الأهداف والحكم على امكانية تحقيقها لدى الأفراد.

ثانيا: يساعد في تحقيق فهم أفضل للوسائل والأساليب التربوية المناسبة في تحقيق أهدافها بأقل وقت وجهد. يمكن لعلم النفس أن يحدد ما هي الأساليب والوسائل الفعالة والمناسبة، ويحدد أيضا إجراءات استخدامها بصورة مثلى، ويسهم أيضا في تحديد طرق التدريس المناسبة والمقارنة بينها وتقييم نتائجها.

ثالثا: يساعد في تحقيق فهم أفضل للفروق الفردية في الخصائص والقدرات التي توجد بين الأفراد، وهذا بالتالي يمكن من التنويع في استراتيجيات وأساليب التعلم على نحو يساعد المتعلمين على اكتساب المعارف والخبرات والمهارات حسب قدراتهم.

رابعا: يساعد في تحقيق فهم أفضل لأثر كل من العوامل الوراثية والبيئية (المادية والاجتماعية) في عمليات التعلم وفي خصائص وقدرات الأفراد .

خامسا: يساعد في تحقيق فهم أفضل لوسائل وأساليب التقويم المناسبة للحكم على مدى تحقق أهداف التربية لدى المتعلمين.

لقد بدأت اهتماماته الأولى في مجال التعلم في الفترة الواقعة بين عامي ١٩١٤-١٩١٣، حيث أصدر أول مؤلف تحت عنوان علم النفس التربوي، ويقع هذا الكتاب في ثلاث مجلدات وضح فيها بعض قوانين الارتباط مثل قانون التدريب وقانون الأثر وحدد استخداماتها التربوية في مجال عمليات التدريس وإعداد المعلمين ، وقد توصل إلى هذه المبادئ من خلال نتائج أبحاثه التجريبية والإحصائية التي قامت على أساس المشاهدة وحل المشكلات (غازادا وريموندجي، ١٩٨٣).

بالإضافة إلى اهتماماته في مجال التعلم والتربية ، فقد انشغل في دراسة سلوك الحيوانات، وقد كان موضوع رسالته في درجة الدكتوراه في مجال ذكاء الحيوان ، ودرس ثورنديك أيضا الذكاء الإنساني، وقد وضع نظرية بهذا الشأن تعرف بنظرية العوامل المتعددة، وفيها يرى أن الذكاء هو محصلة تفاعل عدد من القدرات المتداخلة فيما بينها، وفيها يفسر القدرة الذكائية من خلال نوعية وعدد الوصلات العصبية بين المثيرات والاستجابات ، فهو يرى أن الفروق الفردية في ذكاء الأفراد تعزى إلى طبيعة وعدد الوصلات العصبية.

ولقياس القدرة الذكائية صمم مقياسا للذكاء يعرف باسم (C A V D)، ويشتمل هذا المقياس على أربع مهمات وهي:

- القدرة على التعامل مع المجردات (C).
- القدرة الحسابية (A).
- القدرة على اكتساب المفردات واستعادتها (V).
- القدرة على اتباع التعليمات (D).

وفي ضوء دراساته وأبحاثه توصل إلى ثلاثة أنواع من الذكاء هي:

١- الذكاء المجرد: ويتمثل في القدرة على التعامل مع الأشياء المجردة كالمعاني والرموز والأفكار والمفاهيم والعلاقات الرياضية.

٢- الذكاء الميكانيكي: ويتمثل في القدرة على التعامل مع الأشياء المادية وأداء المهارات والمهمات الحركية.

٣- الذكاء الاجتماعي: ويتمثل في القدرة على التواصل مع الآخرين، وفي عمليات التفاعل الاجتماعي وتشكيل العلاقات والصداقات.

لقد طور ثورنديك آراءه حول الذكاء حيث كان يعتقد في البداية أنه لا يوجد في الحياة العقلية أي شيء ينتمي إلى أي شيء، إلا أنه غير رأيه بهذا الشأن وعمد إلى تعريف الذكاء من خلال العمليات التي يستطيع الفرد القيام بها والتي يتوفر فيها بعض العناصر المشتركة، ووضع اختبارا للذكاء على هذا الأساس يشتمل على أربع أجزاء هي:

١- إكمال الجمل.

٢- العمليات الحسابية.

٣- اختبار الكلمات.

٤- اختبار اتباع التعليمات.

درس ثورنديك عمليات التعلم وأجرى العديد من الأبحاث التجريبية على العديد من الحيوانات كالقردة والقطط والدجاج وغيرها، والتي على أساسها صاغ مبادئ ومفاهيم نظريته التي تعرف بنظرية التعلم بالمحاولة والخطأ، كما ظهرت لثورنديك العديد من المؤلفات منها:علم النفس التربوي، وكتاب التربية، وكتاب مبادئ التعلم على أسس نفسية، وكتاب الطبيعة البشرية والنظام الاجتماعي، وكتاب أسس التعلم الذي يقدم فيه شرحا مفصلا لمبادئ ومفاهيم نظريته في التعلم.

الافتراضات والمفاهيم الأساسية لنظرية المحاولة والخطأ Basic Concepts :

بالرغم أن ثورنديك لم يعترض على قوانين الأشراط ولا سيما مبدأ الاقتران، إلا أنه يرى أن تفسير الارتباطات بين المثيرات والاستجابات وفقا لهذا المبدأ يعد غير كاف. فهو يرى أن الاستجابات التي يتم تشكيلها وفقا لهذا المبدأ محدودة العدد نظرا لأن

المنعكسات الفطرية التي يولد الإنسان وهو مزود بها قليلة العدد. ومن هذا المنطلق فهو يرى أن هناك آليات أخرى لتشكيل الارتباطات بين المثيرات والاستجابات ولا سيما في حالة السلوكات الإرادية الإجرائية .

أجرى ثورنديك العديد من الأبحاث التجريبية مستخدما أسلوب حل المشكلات والمتاهات على العديد من الحيوانات بالإضافة إلى التجارب الأخرى التي أجراها على البشر، وقد توصل إلى أن التعلم وتشكيل الارتباطات يتم وفق مبدأ المحاولة والخطأ. واعتبر ثورنديك أن عملية تشكيل الارتباطات هو بمثابة تكوين روابط "Connections" أو وصلات "Bonds" بين مواقف مثيرية واستجابات معينة، بحيث تقوى مثل هذه الارتباطات بالأثر البعدي الايجابي وتضعف بالأثر البعدي السلبي (Hilgard & Bower, 1981)، فهو يرى أن الارتباطات تتشكل بين الخلايا العصبية الحسية المستقبلة والخلايا العصبية الحركية التي تنتج الفعل السلوكي المناسب.

وتعميما على سلوك الإنسان، فهو يرى أن الإنسان يواجهه أثناء تفاعلاته العديد من المواقف والمثيرات التي لابد له أن يسلك حيالها بطريقة ما، ويرى أن مثل هذه المواقف هي بمثابة مواقف إشكالية تدفع الفرد للتخلص منها بتعلم أو أداء استجابة مناسبة.

فعندما يواجه الفرد موقفا مثيرا معينا، يلجأ إلى محاولة الاستجابات المتوفرة لديه، بحيث يتخلى تدريجيا عن المحاولات الخاطئة ويحتفظ فقط بالاستجابة المناسبة، وفي ضوء ذلك يتشكل الارتباط ما بين هذا المثير وتلك الاستجابة، بحيث يميل الفرد إلى تكرارها لاحقا عندما يواجه هذا الموقف المثير أو أية مواقف أخرى مشابهة له. ومن هذا المنطلق، نجد أن ثورنديك يؤكد مبدأ التعلم من خلال الخبرة والممارسة والتجريب؛ أي أن الفرد يتعلم السلوك المناسب من خلال الخطأ، فمن وجهة نظره فإن التعلم تغير آلي في السلوك يترتب عنه التخلي التدرجي عن المحاولات والخاطئة والاحتفاظ فقط بالاستجابات الصحيحة.

لقد صاغ ثورنديك عددا من مبادئ التعلم اعتمادا على نتائج الدراسات التجريبية المتعددة التي قام بها، على الانسان والحيوانات، وقد أجرى العديد من التعديلات والاضافات على هذه المبادئ في ضوء المستجدات البحثية التي توصل إليها. وتعد مثل هذه المبادئ المنطلقات الرئيسية التي حاول من خلالها تفسير عملية التعلم، وفيما يلي عرض لهذه المبادئ:

أولا: مبادئ التعلم الرئيسية Basic Principles:

١- تشكيل الارتباطات يتم وفق مبدأ المحاولة والخطأ Learning by trail of error.

لقد توصل ثورنديك من خلال نتائج تجاربه المتعددة إلى أن الآلية الرئسية في التعلم وتكوين الارتباطات هي المحاولة والخطأ. ووفقا لهذا المبدأ فإن الاستجابة المناسبة لموقف مثيري معين، يتم التوصل إليها على نحو تدريجي بحيث يتم اكتشافها في ضوء نتائج المحاولات السلوكية التي يتم تنفيذيها حيال هذا الموقف (Dembo, 1994).

ومن أشهر تجاربه بهذا الشأن، ما يعرف بتجارب المتاهات وتجارب الأقفاص. ففي إحدى تجاربه الشهيرة وضع قطا جائعا في قفص يحتوي على رافعة يؤدي الضغط عليها إلى فتح القفص والخروج منه وتناول قطعة السمك الموجودة خارجه، وبذلك نجد أن القفص والجوع والطعام قد شكلا موقفا إشكاليا بالنسبة للقط الذي يفترض منه القيام بسلوك ما للتخلص من هذا الموقف. لاحظ ثورنديك في بداية التجربة أن القط أظهر العديد من المحاولات العشوائية كالمواء والقفز والخربشة والتسلق والجلوس في محاولة منه للتخلص من هذا الوضع المشكل (Hilgard & Bower, 1981).

وكنتيجة لهذة المحاولات العشوائية كانت إحداها الضغط على الرافعة والتي اسفرت عن فتح باب القفص والخروج منه وأكل السمكة، أعاد ثورنديك القط مرة أخرى إلى القفص، ولاحظ أن الزمن الذي استغرقه القط لفتح الصندوق في المرة الثانية كان أقل منه في المرة الأولى.

كرر هذا الإجراء لعدد من المرات ولاحظ أن عدد المحاولات العشوائية لدى القط بدأت بالتناقص التدريجي، بحيث أصبح القط يتخلى تدريجيا عن بعض المحاولات. ومع مرور الوقت تخلى عن جميع المحاولات الخاطئة واحتفظ فقط بالمحاولة الأخيرة، والتي تتمثل بالضغط على الرافعة. في ضوء نتائج هذه التجربة وغيرها من التجارب الأخرى، استنتج ثورنديك أن القط تعلم الاستجابة الصحيحة من خلال المحاولة والخطأ، أي أنه تعلم أن يتخلى عن الاستجابات الخاطئة ويحتفظ فقط بالاستجابة المناسبة (Coon, 1986).

والسؤال الذي يطرح نفسه هنا هو: لماذا تخلى القط عن بعض المحاولات واحتفظ فقط بمحاولة واحدة فقط (آخر استجابة صحيحة)؟ إن إجابة السؤال هذا ترتبط بالمبدأ التالي:

٢- قانون الأثر Law of effect

يمكن النظر إلى قانون الأثر على أنه نتائج السلوك أو المحاولة التي يقوم بها الكائن الحي حيال الموقف المثيري الذي يواجهه، فهي بمثابة التغذية الراجعة لهذه المحاولة ، فالمحاولات التي تفشل ولا تحقق الغرض المقصود منها عادة ما ينتج عنها حالة من الانزعاج و عدم الرضا، في حين أن المحاولات التي تحقق غرضها ينتج عنها حالة من الرضا والارتياح. ومثل هذه المحاولة يتم الاحتفاظ بها ويتقوى ارتباطها بالموقف المثيري، في حين أن المحاولات التي تفشل يتم التخلي عنها ويضعف ارتباطها بذلك الموقف (Thorndike,1932).

ففي التجربة السابقة، تخلى القط عن العديد من المحاولات كالمواء والخربشة والقفز لأنها فشلت في تخليصه من الموقف المشكل الذي يواجهه حيث أن نتائجها كانت غير مرضية للقط الجائع، أما استجابة الضغط على الرافعة فقد تم الاحتفاظ بها لأنها مكنته من فتح الباب وأكل السمكة، وهذا بحد ذاته يعد أثرا لهذه الاستجابة نتج عنه حالة من الرضا والاشباع، ولتوضيح هذا المبدأ فلنأخذ المثال التالي:-

لو أراد شخص ما تركيب جهاز معين، فنلاحظ أنه يظهر عددا من المحاولات بحيث تظهر عليه علامات الضيق وعدم الارتياح عندما تفشل مثل هذه المحاولات، وهذا ما يدفعه بالتالي إلى التخلي عنها وعدم استخدامها مرة أخرى، إذ أنه يلجأ إلى محاولة أخرى، وفي حال نجاحه في تركيب الجهاز، فنجده يشعر بالارتياح والرضا ويميل إلى الاحتفاظ بهذه الاستجابة واستخدامها في المرات القادمة عندما يريد تركيب هذا الجهاز، أي أنه لا يلجأ إلى تنفيذ الاستجابات الخاطئة وإنما يتوجه فورا إلى آخر استجابة ناجحة. وهكذا يمكن صياغة قانون الأثر على النحو التالي(Thorndike,1933) :-

١- يتكرر تنفيذ استجابة ما حيال موقف معين إذا كانت ناجحة نظرا لحالة الرضا والارتياح التي نتجت عنها. وبلغة أخرى، تتقوى الارتباطات بين مثيرات واستجابات معينة إذا أتبعت بحالة من الرضا والارتياح.

٢- يضعف تنفيذ استجابة ما حيال موقف معين إذا كانت فاشلة نظرا لحالة الانزعاج والضيق التي نتجت عنها. وبلغة أخرى تضعف الارتباطات بين مثيرات واستجابات معينة إذا أتبعت بحالة من الضيق وعدم الارتياح.

بالرغم أن ثورنديك لم يستخدم مصطلحات التعزيز والعقاب بشكل مباشر وصريح في معرض حديثه عن حالة الرضا وعدم الرضا، إلا أنه يمكن اعتبارها على أنها نتائج تعزيزية أو عقابية. فهو لم يستخدم مفهوم التعزيز أو العقاب في تفسيره لقانون الأثر، وإنما عمد إلى تفسير نتائج المحاولات بدلالات فسيولوجية وفق مبدأ تحقيق اللذة وتجنب الألم. من جهة أخرى، اعتقد ثورنديك أن حالة عدم الرضا تؤثر بالسلوك بنفس القوة التي تؤثر فيها حالة الرضا ولكن بالاتجاه المعاكس، أي أنها تضعف السلوك بنفس المقدار الذي تقوي فيه حالة الرضا ذلك السلوك ، وهذا مما أدى إلى ظهور بعض الانتقادات الشديدة حول هذه المسألة، مما دفعه إلى إجراء العديد من التجارب حول قانون الأثر وأثره في السلوك وتوصل إلى أن لحالة الرضا أثرا أعمق بالسلوك من حالة عدم الرضا، واعتمادا على ذلك عدل ثورنديك تفسيراته المتعلقة بقانون الأثر بحيث ألغى الشق الثاني منه في صياغاته اللاحقة لمبادئ نظريته (Bigge & Shermis,1999).

٣- قانون المران أو التدريب "Law of excerise"

يرى ثورنديك أن العادة الرابطة بين الاستجابة والمثير تزداد قوة بالممارسة وتضعف بعدم الممارسة ، فهو يفترض أن الارتباطات بين مثير معين واستجابة ما تزداد قوة بالممارسة؛ أي بتكرار استخدام مثل هذه الارتباطات عند مواجهة ذلك الموقف المثير ، وفي المقابل تضعف الارتباطات بين مثير واستجابة بالاهمال أو عدم الاستخدام.ومن هذا المنطلق فإن هذا القانون يشتمل على شقين هما:

أ- قانون الاستعمال (Use): ويعني إن تكرار ممارسة عادة معينة يزيد من قوتها؛ أي أن الارتباط بين مثير واستجابة يقوى بالاستعمال والممارسة.

ب- قانون الاهمال(Disuse) : ويعني إن عدم تكرار ممارسة عادة معينة يضعفها؛ أي أن الارتباط بين مثير واستجابة يضعف بالاهمال وعدم الممارسة.

ووفقا لهذا القانون، يمكن القول أن قوة الرابطة بين مثير واستجابة تزداد بالاستعمال بحيث يتكرر حدوثها عند مواجهة الموقف الذي ترتبط به، في حين أن مثل هذه الرابطة تضعف وتتضاءل مع الزمن كنتيجة لعدم ممارستها.

والسؤال الذي يطرح نفسه هنا هو: هل بالضرورة أن ممارسة الرابطة بحد ذاتها هي مؤشر إلى اتقان التعلم وتحسينه، لقد افترض ثورنديك في البداية أن ممارسة الروابط يؤدي إلى تقويتها مما يؤدي إلى تحسين درجة التعلم، في حين عدم ممارستها

يؤدي إلى إضعاف التعلم. وفي الواقع إن مثل هذا التفسير لم يرق للعديد من علماء النفس، لأن ذلك يكرس مبدأ الآلية أو الميكانيكية في التعلم وفيه تأكيد لسلبية الكائن الحي. ففي هذا الشأن تساءل بارتون "Barton" حول ما الذي نمارسه فعلا، وهذا بالتالي أدى إلى تنبه ثورنديك إلى هذه المسألة حيث أعاد صياغة هذا المبدأ في ضوء قانون الأثر. فالممارسة للرابطة تقويها وتؤدي إلى تحسين التعلم إذا اتبعت بالتغذية الراجعة التدعيمية والتصحيحية.

وتجدر الإشارة هنا، إلى أن هذا المبدأ ساهم في تطوير أفكار إحدى نظريات النسيان وهي ما تعرف بنظرية الاضمحلال أو الترك والضمور"Decay theory" والتي ترى أن نسيان المعلومات يحدث بسبب عدم ممارستها حيث تتلاشى آثارها تدريجيا بمرور الزمن، في حين أن المعلومات التي يتم ممارستها تبقى حية بحيث تسهل عملية تذكرها واسترجاعها.

٤- قانون الاستعداد " Law of readiness"

يقصد بالاستعداد حالة التهيؤ أو النزعة إلى تنفيذ استجابة متعلمة ما حيال موقف مثيري معين، أو النزعة إلى تعلم استجابة جديدة. إفترض ثورنديك أن الاستعداد يلعب دورا في حدوث عمليات التعلم وتنفيذ الاستجابات، فهو يرى أن مثل هذا الاستعداد يسهم في تحديد الظروف التي يكون لدى الفرد فيها ميل للرضا والارتياح. فوجود حالة من التهيؤ لدى الكائن الحي يعني أن لديه استعدادا قويا لتنفيذ الاستجابة المطلوبة، في حين أن عدم توفر حالة التهيؤ يؤدي إلى عدم تنفيذ مثل هذه الاستجابة (Hill, 1990). لقد فسر ثورنديك مبدأ الاستعداد بدلالة حالة الوصلات العصبية من حيث قابليتها للتوصيل أو عدم التوصيل، فهو يرى أن هذا الاستعداد قد يأخذ إحدى الحالات الثلاث التالية:

١- إذا كانت وحدة التوصيل العصبي مستعدة للتوصيل وكانت في حالة تهيؤ لتنفيذ استجابة ما، فإن وجود ما يشجعها على ذلك يسهل عملية التوصيل وحدوث الاستجابة المطلوبة، وهذا ينتج عنه حالة من الرضا والارتياح. وبمعنى آخر إذا كان لدى الكائن الحي استعداد وميل للقيام بعمل ما، ووجد ما يشجعه على ذلك فإن هذا العمل سوف يتم تنفيذه على نحو جيد، ويترتب عليه شعور الفرد بحالة من الرضا والارتياح.

٢- إذا كانت وحدة التوصيل العصبي قابلة التوصيل وكان لديها استعداد لتنفيذ أو تعلم استجابة ما ووجد ما يعيق ذلك، فإن عملية التوصيل لن تحدث؛ أي أن

الاستجابة لا يتم تنفيذها، وهذا بالتالي يؤدي إلى الشعور بحالة من الضيق وعدم الارتياح. بمعنى آخر إذا كان لدى الكائن الحي نزعة قوية لتنفيذ استجابة ما حيال موقف معين وكانت هناك عوائق تحول دون ذلك، فإن تنفيذ مثل هذه الاستجابة ربما لا يحدث ، وهذا بالتالي يؤدي إلى الشعور بالضيق وعدم الرضا والاحباط.

٣- إذا كانت وحدة التوصيل العصبي غير قابلة للتوصيل ولم يكن لديها استعداد لتنفيذ استجابة ما، ووجد ما يجبرها على ذلك، فإن عملية التوصيل قد لا تحدث على نحو مناسب، وقد يترتب على ذلك حالة من الضيق وعدم الارتياح؛ أي إذا لم يكن لدى الكائن الحي استعدادا أو نزعة للقيام بسلوك ما وأجبر على ذلك، فمثل هذا السلوك ربما لا يحدث على نحو مناسب، وقد تنشأ عن ذلك حالة من عدم الرضا وعدم الارتياح، وربما يتولد عن ذلك حالة من التجنب والهروب (Thorndike,1933).

٥- قانون انتشار الأثر "Spread of effect"

ينص هذا المبدأ على أن إثابة رابطة معينة لا يتوقف فقط على تقويتها فحسب، بل يتعدى ذلك إلى جميع الارتباطات التي تسبقها أو تتبعها أو تلك التي تتزامن بالحدوث معها، ويلاحظ أن أثر الاثابة يقل بابتعاد الروابط عن الرابطة التي يتم اثابتها، ويكون قويا للارتباطات القريبة بالحدوث منها. ومن هذا المنطلق إن أثر حالة الرضا لا يتوقف فقط على الاستجابة التي ينتمي إليها بل يتعدى ذلك إلى الاستجابات الأخرى التي تقترب منها بالحدوث (Bigge & Sherms, 1999).

ثانيا: القوانين الفرعية Secondary Principles :

لقد صاغ ثورنديك عددا من القوانين الثانوية التي تؤثر في عملية التعلم وفي عمليات تشكيل الارتباطات بين المثيرات والاستجابات، وتتمثل هذه القوانين بما يلي:

١- قانون تنوع الاستجابة "Response variation"

يعرف هذا القانون بمسميات أخرى مثل مبدأ الاستجابات المتعددة للموقف الخارجي الواحد " Multiple Response to the Same External Situation" أو قانون الذخيرة السلوكية "Response Availiliblity".

ويشير هذا المبدأ إلى أن لدى الكائن الحي محصولا من الاستجابات السلوكية التي يمكن له استخدامها حيال موقف معين. وعند الحديث عن السلوك الإنساني، فهذا يعني أن لدى الفرد القدرة على تنويع استجاباته وإظهار العديد من المحاولات عند مواجهة موقف مثيري معين. ومن هذا المنطلق، فالفرد لا يقف مكتوف الأيدي حيال المواقف المثيرة بل يحاول تنفيذ كل ما في استطاعته من محاولات بهدف الاستجابة لهذا الموقف على نحو مناسب لتحقيق حالة من الرضا والارتياح.

وهذا بالطبع يعني أن لدى الإنسان القدرة على تغيير سلوكه وتنويعه وتعديله حيال المواقف المثيرية التي يواجهها ، ويتضمن أيضا القدرة على ابتكار وابتداع الانماط السلوكية، وهو مؤشر إلى مبدأ الارادة والقدرة الإنسانية على التعلم.

٢- قانون قوة العناصر "Law of Prepotincy of Elements"

يفترض ثورنديك أن الموقف الاشكالي الذي يواجهه الكائن الحي يشتمل على عدة عناصر متباينة في قوتها من حيث التأثير فيه، وبذلك نجده يختار على نحو انتقائي عنصرا ما في الموقف للاستجابة له دون غيره من العناصر الأخرى. ووفقا لهذا المبدأ فإن الفرد في موقف ما، ربما يختار مثيرا معينا للاستجابة له دون غيره في الوقت الذي يكف الاستجابة إلى المثيرات الأخرى. إن مثل هذا المبدأ يمكن أن يشكل أساسا لفهم سيكولوجية الانتباه لدى الفرد من حيث الانتباه والاهتمام لجوانب مثيرية معينة في لحظة ما واهمال غيرها من الجوانب الأخرى (Higard & Bower, 1981) .

٣- قانون الاتجاه " Law of Attitude"

يتوقف تعلم استجابة معينة وتنفيذها على طبيعة اتجاه الكائن الحي حيال موقف مثيري معين. ويعرف الاتجاه على أنه استجابة انفعالية مكتسبة حيال مواضيع، مواقف مثيرية، أماكن ، أشخاص يعبر عنها الفرد عادة بأحب أو أكره أو أؤيد أو أعارض أو محايد، وقد يكون الاتجاه سلبيا أو إيجابيا متفاوتا في قوته ، إذ قد يكون قويا أو ضعيفا أو متوسطا، ويمكن من خلال تحديد اتجاه الفرد حيال مثير معين التنبؤ بسلوكه حيال ذلك الموقف.

يفترض ثورنديك، أن استجابات الأفراد حيال المواقف المثيرية تتأثر بدرجة كبيرة بنوع وطبيعة اتجاهاته حيال تلك المواقف؛ فاستجابة الفرد عادة تكون قوية حيال موقف

معين، إذا كان لدى الفرد اتجاها ايجابيا قويا حياله، في حين تكون ضعيفة عندما يكون اتجاهه سلبيا نحو ذلك الموقف. إن هذا المبدأ ربما يفسر لنا بوضوح عدم ميل الأفراد القوي للسلوك حيال بعض المواقف المثيرية وعدم النزعة إلى التعلم من جهة وإحجامهم عن السلوك حيال تلك المواقف.

٤- قانون الانتماء "Law of Belongingness "

ينص هذا القانون على أن الارتباط بين وحدتين أو فكرتين يتشكل على نحو سهل وسريع إذا أدرك الفرد أنهما ينتميان إلى نفس الموقف، إن الارتباطات تتشكل بسهولة بين العناصر التي تنتمي إلى نفس الموقف أو الوضع المثيري، وانطلاقا من ذلك فإن الاستجابة تكون أقوى إذا كانت تنتمي للموقف، فمثلا استجابة العطشان لشرب الماء تكون أقوى من استجابته لمشاهدة فيلم محبب إليه. بوضع هذا المبدأ، نجد أن ثورنديك اقترب من أفكار نظرية الجشتلت حول مبادئ التنظيم الاداركي ولا سيما ما يعرف بمبدأ التقارب.

٥- قانون الاستجابة بالمناظرة أو المماثلة "Law of Response by Analogy"

يماثل هذا المبدأ مفهوم التعميم، حيث يشير إلى أن الارتباطات التي تتشكل في موقف معين ربما يتم استخدامها في مواقف مثيرية أخرى مشابهة لذلك الموقف الذي تشكلت فيه مثل هذه الارتباطات. وهذا يعني أن استخدام استجابة متعلمة في مواقف جديدة يعتمد على مدى تشابه هذه المواقف للمواقف الذي تم فيها تعلم مثل هذه الاستجابة، بحيث تكون الاستجابة أقوى في حال وجود شبه كبير بين الموقفين، وهذا ما أطلق عليه المنظرون فيما بعد اسم مبدأ تعميم الاستجابة " Response generalization".

٦- قانون الاستقطاب "Law of Polarity "

يفترض ثورنديك وفقا لهذا المبدأ، أن الاستجابات المتعلمة حيال مواقف معينة يكون تنفيذها على نحو أسرع وأسهل في الاتجاه الذي تشكلت فيه مقارنة بتنفيذها على نحو معاكس، فمن السهل على سبيل المثال تنفيذ روابط ثم تعلمها على النحو التالي "سبع أولاد، خضروات لذيذة " من تنفيذها بالاتجاه المعاكس على النحو التالي " أولاد سبع، لذيذة خضروات".

٧- قانون التعرف "Law of Identifiability"

يفترض ثورنديك أن عملية تشكيل الارتباطات بين المثيرات والاستجابات في موقف مثيري معين يعتمد على قدرة الفرد على تمييز عناصر هذا الموقف والتعرف عليها بسبب خبراته السابقة. ووفقا لهذا المبدأ، فإن عملية تشكيل الارتباطات في موقف ما تحدث على نحو سريع إذا استطاع الفرد التعرف على عناصر ذلك الموقف، إذ يتمكن الفرد من التكيف مع الموقف بشكل أسرع إذا كانت عناصر ذلك الموقف معروفه إليه أكثر مما لو لم تكن العناصر معروفة له. إن هذا المبدأ أيضا قرب وجهة نظر ثورنديك في التعلم من أفكار المدرسة المعرفية.

ملاحظات أخرى حول نظرية ثورنديك:

أكد ثورنديك مبدأ الارتباط بين الانطباعات الحسية التي تحدثها المثيرات المختلفة والأفعال السلوكية، ويرى أن مثل هذه الروابط تتم وفقا لمبدأ المحاولة والخطأ. وتأثر ثورنديك بأفكار دارون من حيث وظائف السلوك حيث يرى أن السلوك يخدم وظيفة معينة أو يحقق هدفا ما، وبذلك فقد انصب اهتمامه على الظروف التي تبقي هذا الارتباط قائما بين المثيرات والاستجابات، وهو ما يعرف بالأثر الذي يتبع السلوك.

رفض ثورنديك دور العمليات العقلية في التعلم وانصب اهتمامه على عملية تشكيل الارتباطات بين المثيرات والاستجابات اعتمادا على الأثر البعدي الذي يتبع مثل هذه الارتباطات، وبذلك فهو يرى أن الإنسان والحيوان يتعلم الأنماط السلوكية وفقا لنفس المبادئ، وقد دعا إلى إجراء التجارب على سلوك الحيوانات المختلفة بغيه التعرف على آلية التعلم الإنساني.

يعتبر الطبيعة الإنسانية بمثابة محصلة تفاعل ثلاث عوامل هي الطبيعة التي خلق الإنسان عليها، وقوانين التعلم، والقوة الطبيعية التي يعيش ويتفاعل الإنسان ضمن نظامها (البيئة)، وبذلك فهو يرى أن القدرة العقلية والشخصية الإنسانية ما هي إلا نتاج ميول أصيلة لدى الإنسان تعززت لديه بالمران وهي ليست فطرية أو وراثية. ويفترض أن التعلم الإنساني يتضمن مبادئ عامة تتألف من عمليات تكوين الارتباطات بين المثيرات والاستجابات، وتكوين الارتباطات المتضمنة أفكارا، والتحليل أو التجريد، والتفكير الانتقائي أو الاستدلالي(غازادا وريموندجي، ١٩٨٣).

مساهمات ثورنديك في مجال نظريات التعلم:

لقد قدم ثورنديك مساهمات هامة في مجال التعلم الإنساني والحيواني على السواء بحيث لا يمكن إنكارها أو تجاهلها بأي شكل من الأشكال، وقد تأثر العديد من المنظرين في مجال التعلم بأفكاره ومناهج البحث التي اتبعها، ومن هؤلاء جون واطسون وكلارك هل، وأدوين جثري، وسكنر واستس وغيرهم. ويمكن إيجاز أهم مساهمات ثورنديك على النحو التالي (Hilgard & Bower,1981):

١- لقد نبه ثورنديك على نحو مبكر إلى الدور الذي يمكن أن يسهم فيه حقل علم النفس في مجال التربية من حيث تخطيطها وتنفيذها وتقويمها، وقد أوضح الكيفية التي من خلالها يمكن تحسين عملية التعلم والتعليم لدى المتعلمين بالاستفادة من المبادئ والقوانين النفسية، ففي مجال التعلم المدرسي أكد ثورنديك ضرورة توفر عددا من الشروط:

أ- تحديد نوعية الاستجابات التي يجب أن ترتبط بالمثيرات والعمل على تقويتها.

ب- تحديد الظروف التي تؤدي إلى حالة الرضا والارتياح لدى المتعلمين وذلك لتدعيم المحاولات الصحيحة.

ج- توفير حالات الرضا وعدم الرضا من أجل التحكم بسلوك المعلمين.

د- توفير فرص الاكتشاف وتصميم مواقف التعلم لتبدو على أنها مواقف اشكالية للمتعلم واتاحة الفرص له في إبداء المحاولات السلوكية حيالها.

٢- لقد أسهم ثورنديك في تطوير أفكار نظريات التعزيز التي ظهرت فيما بعد وذلك من خلال صياغته لقانون الأثر. وبالرغم من أن ثورنديك لم يستخدم مصطلحات مثل التعزيز أو العقاب عند حديثه عن قانون الأثر، إلا أن العديد من علماء النفس أمثال سكنر وغيرهم استخدم مثل هذه المصطلحات كتوابع للسلوك وبذلك شكل التعزيز المفهوم الأساسي في التعلم.

٣- ساهم ثورنديك في ادخال طرق علمية في دراسة التعلم تقوم على المشاهدة والتجريب والتحليل الاحصائي، كما أنه طور أساليب المتاهات وحل المشكلات والاقفاص في تجاربه ، ومثل هذه الأساليب تم اعتمادها من قبل العديد من علماء النفس لدراسة عمليات التعلم.

نموذج التعلم بالمحاولة والخطأ

٤- أكد ثورنديك فكرة أن السلوك محكوم بوظيفة معينة، أي أن السلوك الذي يصدر عن الكائن الحي يخدم وظيفة معينة وهو ليس مجرد رد فعل تلقائي.

٥- تأثرت العديد من النظريات النفسية بأفكار ثورنديك في التعلم، حيث يقول تولمان بهذا الصدد (كعلماء نفس لقد اتخذنا من نظرية ثورنديك بطريقة ظاهرة أو خفية نقطة بداية في دراسة علم نفس التعلم.

وأخيرا تعد نظرية ثورنديك من النظريات الهامة في مجال التعلم بالرغم من عدم وضوح بعض مفاهيمها ولا سيما مصطلحات حالة الرضا وعدم الرضا. ويمكن لهذه النظرية أن تفسر لنا العديد من السلوكات المتعلمة من حيث كيفية حدوثها ولماذا يتم الاحتفاظ بها في مجالات متعددة، سواء السلوكات العقلية أو الاجتماعية أو الحركية بالإضافة إلى الانماط السلوكية المتعلقة بكيفية التعامل مع الانفعالات المتعددة التي نواجهها.

الفصل الرابع

نظرية التعلم الإجرائي

"Operant Conditioning"

تمهيد:

تعرف نظرية التعلم الاجرائي بأسماء أخرى مثل نظرية التعلم الوسيلي أو الذرائعي " Instrumental Conditioning" أو الراديكلية السلوكية، وهي نتاج نسق منظم من الابحاث في مجال علم النفس يعرف باسم التحليل التجريبي للسلوك، " Experimental Analysis of Behavior"

يعد بروس اف سكنر من اشهر علماء النفس المنظرين لهذا الاتجاه ، حيث تولدت افكار هذه النظرية أولا من نتاج الابحاث المخبرية على الحيوانات ، ثم توجه الاهتمام في المراحل اللاحقة إلى تطبيق المبادئ السلوكية على السلوكات الانسانية. وهذا أدى إلى ظهور ما يعرف بتحليل السلوك التطبيقي " Applied Behavior Analysis". يشكل السلوك المحور الأساسي لاهتمام هذه النظرية على اعتبار ان دراسة السلوك تساعد على حل العديد من مشكلات علم النفس، ويتيح امكانية فهم العديد من الجوانب المعرفية والميتافيزيقية (Skinner, 1953).

تعريف بـ (بروس أن سكنر) (Skineer, 1904-1990):

ولد سكنر في ولاية بنسلفانيا الامريكية في العشرين من شهر مارس عام ١٩٠٤، التحق في كلية هاميلتون لدراسة الآداب وقد حصل على درجة البكالوريوس في اللغة الانجليزية وكان جل طموحه أن يصبح كاتبا محترفا، لكنه لم يجد شيئا ليكتب عنه مما دفعه الى ترك هذا الامر والتوجه إلى اهتمامات اخرى تمثلت في دراسة السلوك، نظرا لاهتماماته بكتابات واطسون وبافلوف وثورنديك بهذا الشأن. التحق في برنامج الدراسات العليا في قسم علم النفس في جامعة هارفارد ، حيث بدأ في اجراء سلسلة من التجارب على الفئران، ومن نتائج ابحاثه هذه اصدر كتابه المعروف باسم سلوك الكائنات الحية " The Behavior of Organism" وقد تحدث فيه عن قوانين الاشراط والانعكاس، وتمثل ذلك في نوعين من الاشراط وهما: النوع القائم على وجود المثير او ما يعرف بالاشراط الكلاسيكي؛ والنوع الثاني القائم على الاستجابة وهو ما يعرف بالتعلم الوسيلي، ومن هذه الافكار انبثقت مفاهيم نظريته في التعلم الاجرائي.

في عام ١٩٣٦ ترك جامعة هارفارد وانتقل الى جامعة مينسوتا حيث تابع فيها اجراء العديد من الابحاث على الحيوانات، وقد بدأ يتبلور اهتمامه بموضوع التحليل السلوكي للغة. لقد ساهم وقوع الحرب العالمية الثانية في اتاحة الفرصة له في توظيف مبادئ السلوك على الحيوانات ، مثل تدريب الحمام على توجيه الصواريخ. وبعد انتهاء الحرب العالمية الثانية عام ١٩٤٥، تولى سكنر رئاسة قسم علم النفس في جامعة انديانا لفترة من الزمن، ثم عاد ليعمل بصورة دائمة في قسم علم النفس بجامعة هارفارد. ونظرا لقيامه بنشر العديد من مقالاته حول السلوك الاجرائي في العديد من المجالات النفسية، فقد ادى ذلك الى انتشار افكاره، الامر الذي ترتب عليه ظهور عدد من المؤيدين له، وكان من ابرزهم عالم النفس كيلر، وشونفلد. وهذا مما اسفر عن استحداث قسم للتحليل التجريبي للسلوك ضمن اقسام الجمعية النفسية الامريكية.

اتجه سكنر الى دراسة سلوك الحمام بالإضافة إلى دراسة سلوك الفئران، واستطاع بالتعاون مع احد تلاميذه وهو شارلز بي فيرستر من وضع جداول التعزيز "Reinforcement Sehedules"، كما وبحث في السلوك اللفظي، واصدر كتابا بهذا الشأن اسماه السلوك اللفظي "Verbal Behavior" حيث راجع فيه افكار وليم جيمس وقد أعاده صياغة البعض منها والاضافة اليها. كما اهتم سكنر في موضوع التعليم وحاول تطبيق مبادئ نظريته في مجال التعليم، وابتكر ما يسمى بالتعليم المبرمج وصمم اول آلة تعليمية بهذا الخصوص (Skinner, 1958).

ساهم سكنر في اعادة صياغة الاهداف التربوية على نحو سلوكي قابل للتحقيق وارسى اسس التعلم الذي يسير وفق قدرات المتعلم الذاتية وهو ما يعرف بالتمكن من التعلم "Mastery Learning"، واوضح اهمية استخدامه مبررات التعزيز والعقاب في العملية التعليمية. في عام ١٩٥٨ ساهم سكنر في تأسيس مجلة التحليل التجريبي السلوكي "The Journal of Experimental Analysis of Behavior"، ثم لاحقا في اصدار مجلة التحليل السلوكي التطبيقي "Journal of Applied Behavior".

لقد تعددت اهتمامات سكنر اللاحقة وتنوعت مجالات ابحاثه التجريبية لتشمل جوانب السلوك اللفظي واللغوي والاجتماعي والاخلاقي بالاضافة إلى مسألة الاهتمام بالقضايا التربوية ولا سيما عمليات التعلم والتعليم وتكنولوجيا التعليم. وبالرغم من تقدم السن به، ظل مهتما في البحث والدراسة لدرجة ان وجدت على مكتبه مقالة حول العقل كتبها في الليلة التي توفي فيها ،وقد نشرت في مجلة علم النفس الامريكية بعد وفاته، وذلك عام ١٩٩٠.

لقد انطلق سكنر في تفسيره لعملية التعلم من قانون الاثر في نظرية ثورنديك، ولكنه اعترض على مفاهيم حالة الرضا وعدم الرضا كتوابع للسلوك لعدم وضوح مثل هذه المفاهيم وصعوبة قياسها، لذا فهو استعاض عنها مستخدما مفاهيما اكثر دقة ووضوحا تتمثل في التعزيز والعقاب. من جهة اخرى لم يرق لسكنر عملية تشكيل الارتباطات التي قدمها ثورنديك وفقا لمبدأ المحاولة والخطأ. فهو يرى ان الارتباط بين مثير واستجابة قد يتشكل ليس وفقا للمحاولة والخطأ وانما اعتمادا على نتائج الاستجابات التعزيزية او العقابية. ففي الوقت الذي يرى ثورنديك فيه ان الاستجابات تصدر عن الفرد الى مثيرات قبلية تثيرها، نجد ان سكنر يرى انه ليس من الضرورة وجود مثل هذه المثيرات القبلية لحدوث مثل هذه الاستجابة. كما يلاحظ أن ثورنديك يؤكد ان تعلم الاستجابات يتطلب تفاعلا مباشرا مع المثيرات مهملا آليات اخرى لتشكل مثل هذه الاستجابات مثل الملاحظة والمحاكاة ، بيد ان سكنر لم يهمل دور الملاحظة والمحاكاة في تعلم مثل هذه الاستجابات (Bigge & Shermis,1999).

ويمكن النظر الى آلية التعلم عند ثورنديك على أنها تتم وفق المخطط التالي"مثير استجابة اثر بعدي (مثير)"، في حين ان آلية التعلم عند سكنر ليس بالضرورة ان تسير حسب هذا المخطط، وانما قد تأخذ المنحى التالي "استجابة - مثير". وبذلك نجد ان

سكنر يرى ان المثيرات القبلية التي تسبق السلوك هي بمثابة محددات تمييزية قد تهيئ الى ظهور استجابة من نوع معين وليس بالضرورة ان تكون سببها، فعلى سبيل المثال، فنجان القهوة ليس مثيرا لتناول سيجارة واشعالها، وانما هو مثير تمييزي ربما يساعد على ظهور مثل هذه الاستجابة ، لأن استجابة التدخين قد تحدث بوجود او عدم وجود فنجان القهوة، ويتوقف تكرار مثل هذه الاستجابة على ما يترتب عليها من نتائج تعزيزية للفرد المدخن، أن التعلم ذاته حسب وجهة نظر سكنر عبارة عن عملية تكيف مع البيئة المتغيرة، فهو بمثابة آلية بيولوجية المنشأ متوارثة جينا "genetically evolved biological mechaism'، تولد مع الأفراد وتساعدهم على التكيف مع التغيرات التي تحدث في بيئتهم، ويرى أن قدرة التعلم تنشط لدى الأفراد عندما تفشل المنعكسات الاستجابية والانماط السلوكية الفطرية في التكيف مع متغيرات البيئة المحيطة (Chance, 1988).

لقد تأثر سكنر في بناء نظريته ايضا بأفكار كل من واطسون وبافلوف بالاشراط، وقد ميز بين نوعين من التعلم وفقا لمبادئ الاشراط ونوع السلوك الذي يصدر عن العضوية وهما:

أولا: التعلم الاستجابي " Respodent Learning" :

ويشير الى جميع الانماط السلوكية المكتسبة وفقا لمبدأ الاشراط الكلاسيكي . فهو يتمثل في الاستجابات او المنعكسات الفطرية التي تستجر بمثيرات شرطية (وهي المثيرات المحايدة في الاصل) نتيجة لاقترانها الزمني مع مثيرات طبيعة معينة. فعلى سبيل المثال، استجابة اغماض العين نتيجة نفخ الهواء فيها، هي بمثابة استجابة طبيعية (منعكس طبيعي) لمثير طبيعي يحدثها وهو (نفخة الهواء) ، ومثل هذه الاستجابة فطرية غير متعلمة في الاصل، ولكن هذه الاستجابة يمكن احداثها بمثير آخر محايد من خلال اقترانه لعدد من المرات بالمثير الطبيعي(نفخة الهواء) بحيث يصبح قادرا من استجرار مثل هذه الاستجابة (Catania,1998).

يرى سكنر ان مثل هذه الاستجابات هي مجرد منعكسات لا ارادية لا تحدث تأثيرا او تغيرا في البيئة حيث أنها في أغلب الحالات لا تساعد الأفراد على التكيف مع المواقف البيئية المختلفة، فهي مجرد ردة فعل متعلمة لمثيرات تسبقها تعلم الكائن الحي الاستجابة لها وفقا لعملية الاقتران. ومثل هذا النوع من التعلم محدود ولا نستطيع من

خلاله تفسير كافة جوانب السلوك الانساني، لأن عدد المنعكسات الطبيعية التي هي بمثابة استجابة طبيعية لمثيرات معينة تحدثها هي قليلة العدد، وعليه نجد ان سكنر لم يهتم كثيرا بهذا النوع من التعلم.

ثانيا: التعلم الاجرائي "Operant Learning":

ويشير الى جميع الاستجابات الارادية المتعلمة التي تصدر عن الفرد على نحو ارادي في المواقف الحياتية المتعددة. فهو يشمل كافة الانماط السلوكية التي تؤثر في البيئة وتحدث تغييرا فيها. وتسمى مثل هذه السلوكات بالسلوكات الغرضية او الوظيفية لأنها تخدم غرضا او وظيفة معينة.

يرى سكنر ان ليس جميع السلوكات اجرائية الطابع، فالسلوك قد يكون فطريا او مكتسبا، وقد يعتمد على مثيرات تسبقه (الحوادث السابقة) او على مثيرات بعدية تتبعه، او قد يعتمد على كلاهما (,Skinner 1984). فعلى سبيل المثال، قد يكون بكاء الطفل استجابة فطرية غير متعلمة لحالة الالم او الجوع التي يعاني منها، او يكون سلوكا متعلما يهدف من وراءه نيل عطف وحنان الام. وبذلك فإن فهم السلوك يتطلب التحليل الموضوعي لتحديد مصادره ومحدداته من حيث كونه استجابة لمثيرات او حوادث قبلية او كونه اجراءا اراديا لتحقيق وظيفة معينة (Malolt etal., 2000). ومن هنا، جاء تأكيد سكنر على موضوع التحليل التجريبي للسلوك بغية التعرف على محدداته. لقد رفض سكنر فكرة اعتبارالسلوك على انه مجرد فعل حركي كما فعل جثري، وانما نظر اليه على اعتبار انه مجموعة اجراءات هادفة يكون الفرد على وعي تام بها ويسعى من وراءها الى تحقيق مقاصد وغايات. كما ان سكنر رفض تفسير الجوانب السلوكية على اساس فسيولوجي -عصبي على اعتبار وجود تغيرات فسيولوجية تصاحب السلوك يحكمها الجهاز العصبي، ولكن اهتم بالأداء الظاهري لأن الكائن الحي ككل هو الذي يقوم بالسلوك.

اعتبر سكنر ان السلوك هو وحده الدراسة العلمية التي يجب التركيز عليها لفهم كافة جوانب النشاط الانساني والحيواني، وبذلك فهو ينكر وجود عمليات داخلية مثل التصور والتفكير وغيرها، ونظر الى مثل هذه العمليات على انها مجرد سلوكات داخلية. واعتمادا على ذلك، نجد ان سكنر حاول تحديد المبادئ والمفاهيم التي تحكم

السلوك معتبرا انه من خلالها يمكن فهم السلوك الانساني والتنبؤ به وضبطه تماما كما يتم فهم الظواهر الطبيعية والتنبؤ بها من خلال القوانين الفيزيائية (Mazur, 1998).

لقد اهتم سكنر بالوظيفة التي يؤديها السلوك اكثر من الشكل الذي يتم به ؛ فهو يرى انه بالرغم من تشابه الكثير من الانماط السلوكية من حيث الشكل، الا ان ذلك لا يعني بالضرورة انها متماثلة ، فقد تكون انواع مختلفة من الاستجابات تخدم وظائفا متباينة.

لذلك انصب اهتمام سكنر على السلوك الاجرائي وما يترتب عليه من نتائج او توابع لأن مثل هذه التوابع هي المحددات الاساسية للاحتفاظ بهذا السلوك وتكراره ، ويفترض ان هذا السلوك هو بمثابة مجموعة اجراءات يتم التعرف عليها من خلال الآثار التي تحدثها في البيئة وليس من خلال المثيرات التي تستدعيها. ومن هنا انطلق سكنر في تفسير السلوك من خلال القاعدة التالية: السلوك محكوم بنتائجه " Behavior is Controlled by it Consquences" . وعليه فالسلوكات المتشابهة يمكن تفسيرها من خلال وظائفها وليس من خلال الاجراءات التي تتضمنها.

وانطلاقا من هذه القاعدة، فإن السلوكات التي تتبع بتعزيز تتقوى ويتكرر استخدامها من قبل الكائن الحي، في حين تلك التي تتبع بعقاب تقل احتمالية تكرارها لاحقا. وهنا تلعب الخبرة السابقة "Past experiences" بنتائج السلوك دورا بارزا في الاحتفاظ بالسلوك أو عدمه، حيث يمكن القول ان الفرد يقوم بسلوك ما لأنه سبق وان قام به في السابق وحصل على التعزيز، وبالمقابل يمكن القول، ان الفرد يكف عند القيام بسلوك ما لأنه سبق وان قام بهذا السلوك في السابق وكانت نتائجه عقابية (Malott etal., 2000).

تجارب سكنر :

لقد اجرى سكنر مئات التجارب استخدم فيها اجراءات متعددة على الفئران والحمام والحيوانات الاخرى في محاولة منه لتحديد محددات السلوك الاجرائي واثر التعزيز والعقاب في هذا السلوك، وقد عرفت تجاربه باسم صندوق سكنر. ويمثل صندوق سكنر بيئة مغلقة تمكن من ضبط اثر العديد من المتغيرات بغية الكشف عن اثر كل من التعزيز والعقاب في السلوك (Hill,1990).

ففي احدى تجاربه المشهورة على الحمام ، تم تدريب الحمامة على سلوك النقر، بحيث تحصل على المعزز عندما تنقر على قرص معين، ولاحظ ان الحمامة كانت تكرر

مثل هذا الاجراء بسبب خبرتها بنتائجه التعزيزية (Myers, 2004). وفي احدى تجاربه الاخرى كان سلوك النقر على القرص يتبع بصدمة كهربائية، وهذا ترتب عنه توقف الحمامة عن النقر على القرص تجنبا للعقاب. فالحمامة في التجربة الاولى احتفظت بسلوك النقر على القرص وكانت تميل الى تكراره بسبب خبرتها السابقة بنتائجه التعزيزية، اما في الحالة الثانية فالحمامة تعلمت سلوكا هروبيا او تجنبيا تمثل بعدم النقر على القرص تفاديا لتلقي الصدمة الكهربائية (العقاب).

توابع السلوك "Behavrior Consequences":

إن عملية الاحتفاظ بسلوك معين وتكراره تتوقف على النتائج المترتبة عليه، وهي ما تعرف بالمثيرات البعدية. وتقع مثل هذه المثيرات في فئتين : فئة المثيرات البعدية التعزيزية التي تعمل على تقوية السلوك وتزيد من احتمالية تكراره؛ وفئة المثيرات البعدية العقابية التي تعمل على اضعاف السلوك وتقليل احتمالية تكراره. وفيما يلي عرض لمثل هذه التوابع:

أولا: التعزيز "Reinforcement":

يعرف التعزيز على انه اي حدث سار يتبع سلوكا ما بحيث يعمل على تقوية احتمالية تكرار مثل هذا السلوك في مرات لاحقة؛ أي أنه العملية التي يتم من خلالها تقويه سلوك معين (Myers, 2004) . وبهذا المنظور يمكن النظر الى التعزيز على انه حالة سارة او مثير مرغوب فيه يرتبط بعلاقة زمنية معينة مع السلوك بحيث يعمل على المحافظة على قوة هذا السلوك وزيادة احتمالية ظهوره لاحقا؛ فالمعزز هو نوع من المكافآت ذات التأثير النفسي قد تكون داخلية المنشأ او خارجية وتعمل على خفض التوتر او اشباع الدوافع لدى الفرد (Ormord,1999). وبهذا المعنى فالتعزيز ربما يمثل هدفا او غاية ذات قيمة او معنى بالنسبة للفرد. فعلى سبيل المثال ، قد يكرر الطفل سلوك البكاء سعيا وراء الحصول على اهتمام والديه ، كما ان المزارع يهتم بالغراس ويكرر مثل هذا السلوك لأن نواتجه معززة بالنسبة له وهو الحصول على منتوج جيد، في حين نجد ان الفرد يثابر على مطالعة الكتب والقصص كوسيلة لاشباع حب المعرفة والفضول، وهذا بحد ذاته يحقق له المتعة والسرور. هذا وتقع المعززات الخارجية المصدر في عدة انواع منها:

١- المعززات المادية: وتتمثل بالطعام والالعاب والحلوى والمكافآت النقدية والشراب، والملابس وغيرها.

٢- المعززات الاجتماعية: وتتمثل في المديح والاطراء والثناء والابتسامة والاحتضان والتصفيق والاهتمام والحب والرعاية.

٣- المعززات الرمزية: وتتمثل في العلامات، والرموز، والصور، والقصص وشهادات التقدير، والافلام، والفيش وغيرها.

اما المعززات داخلية المصدر فتتمثل بحالة الاشباع والرضا وتحقيق المتعة والسرور والارتياح.

إجراءات التعزيز "Reinforcement Procedures":

لقد ميز سكنر بين نوعين من اجراءات التعزيز بالامكان استخدامها لتقوية استجابة ما وزيادة احتمالية ظهورها لاحقا. ويختلف تأثير هذه المعززات باختلاف اجراء استخدامها والطريقة التي يعمل من خلالها المثير التعزيزي. فهناك المعززات الايجابية التي بإضافتها الى بيئة الكائن الحي يمكن ان تقوى لديه استجابة ما، في حين هناك المعززات السلبية التي بازالتها من بيئة الكائن تعمل على تقوية حدوث استجابة لديه.

١- التعزيز الايجابي "Positive Reinforcement"

يعرف هذا النوع بالتعزيز من خلال الاضافة لأن الاستجابة تزداد قوة عندما يضاف مثل هذا التعزيز الى بيئة الكائن الحي. ففي هذا النوع يتم اتباع السلوك المرغوب فيه بمثير معزز بغية تقوية احتمالية تكراره لاحقا. وخير دليل على ذلك، مكافأة الطالب عندما يجيب على سؤال ما بشكل صحيح. فالمكافأة هنا جاءت بعد اجابة السؤال والهدف منها تقوية مثل هذا السلوك عند الطالب. ففي احدى تجارب سكنر كان الفأر يحصل على الطعام فقط عندما يضغط على الرافعة، ومثل هذا الاجراء ادى بالفأر الى الاحتفاظ بمثل هذه الاستجابة وتكرارها (Catania, 1998).

وفي واقع الحياة، هناك العديد من المعززات الايجابية مثل الاجرة التي يتلقاها العامل بعد الانتهاء من عمل معين، وكلمات الشكر والامتنان التي نطلقها للآخرين عندما يقدمون معروفا لنا، والابتسامة للطفل واحتضانه عندما يلفظ كلمة بشكل

نظرية التعلم الاجرائي

صحيح، والتصفيق للطالب عندما يجيب سؤال ما، وتكريم الموظف لجهوده المميزة بالعمل والعلامات والحوافز وغيرها. ومثل هذه الاجراءات التعزيزية عادة تتبع السلوك؛ اي تضاف بعد تنفيذ السلوك بغية تقوية هذا السلوك والاحتفاظ به.

٢- التعزيز السلبي "Negative Reinforement"

يعرف هذا النوع بالتعزيز من خلال الازالة، وفيه يتم استبعاد المثيرات المؤلمة او غير المرغوب فيها من البيئة كنتيجة لقيام الفرد بسلوك مرغوب فيه. وهذا يعني بالطبع ان الفرد يقوم باستجابة ما بهدف تجنب مثيرات مؤلمة او غير مرغوب فيها (Skinner,1969). ومثل هذه الاستجابة تزداد قوة عندما تستبعد المثيرات المؤلمة من بيئة الكائن الحي. ففي احدى تجارب سكنر، كان الفأر يكرر الضغط على الرافعة لتأخير او منع حدوث الصدمة الكهربائية ، حيث كان يكافئ على هذا السلوك وهو (الضغط على الرافعة) بعدم تعريضه للصدمة الكهربائية.

وقياسا على سلوك الانسان، ففي الكثير من الحالات يمكن ان يعزز الفرد على سلوك ما من خلال إزالة مثيرات مؤلمة أو غير مرغوبة بالنسبة له، كما هو الحال في اعفاء الطالب من الرسوم الجامعية نظرا لتفوقه الاكاديمي، وتخفيض عقوبة السجن عن السجين بسبب تحسن سلوكه داخل السجن، او إلغاء الغرامة المالية او ازالة عقوبة الانذار عن موظف لقيامه بأعمال مميزة. وعموما ، فإن التعزيز وفقا لهذا الاجراء يأتي من خلال ازالة مثير مؤلم او غير مرغوب بالنسبة للفرد بهدف تقوية السلوك الذي يقوم به.

المعززات الأولية والثانوية Primary & Secondary:

المعززات الأولية هي عبارة عن المثيرات التي بطبيعتها تحدث المتعة والسرور لدى الكائن الحي ولا تتطلب خبرة التعلم، ومثل هذه المعززات تعرف باسم المعززات الطبيعية أو غير الشرطية، ومن الأمثلة عليها الطعام والشراب والدفء والنوم والراحة وغيرها، أما المعززات الثانوية، فهي المثيرات المحايدة في الأصل والتي ليس لها أثرا في سلوك الكائن الحي لكنها تصبح مثيرات تعزيزية من خلال اقترانها بالمثيرات الطبيعية وخير مثال عليها النقود والدرجات والكوبونات والفيش وإلى غير ذلك من المعززات الأخرى.

ثانيا: العقاب "Punishment":

يمكن النظر الى العقاب على انه اجراء مؤلم او مثير غير مرغوب فيه يتبع سلوكا ما بحيث يعمل على اضعاف احتمالية تكرار مثل هذا السلوك لاحقا. فهو بمثابة حالة غير سارة او مثير مؤلم يرتبط بعلاقة زمنية معينة مع الاستجابة بحيث يؤثر في احتمالية ظهورها لاحقا (الهنداوي والزغول، ٢٠٠٢).

وكما هو حال المعززات ، فاكثر المثيرات العقابية هي بمثابة نوع من المثيرات المؤلمة ذات التأثير النفسي قد تكون داخلية المصدر او خارجية وتعمل على منع او كف حدوث سلوك ما.

فعلى سبيل المثال ، قد يتوقف الطالب عن ممارسة سلوك الغش بالامتحانات بسبب خبرته السابقة بنتائج مثل هذا السلوك وهو العقاب، كما ان التاجر ربما يتوقف عن التجارة بسبب الخسارة او يكف الطفل عن إيذاء اخته الصغرى بسبب توبيخه. وتقع المثيرات العقابية الخارجية المصدر في عدة انواع هي:

١- المثيرات العقابية المادية: وتشمل الجلد، الضرب، السجن، الغرامة المالية.

٢- المثيرات العقابية الاجتماعية :وتشمل التوبيخ ، والتأنيب، والاهمال والتجاهل، والشتم والعزل.

٣-المثيرات العقابية الرمزية: وتشمل، النقل، خسران الامتيازات، المنع من اجازة، الحرمان من لعبة ما ، فقدان بعض العلامات.

هذا وتتمثل المعاقبات الداخلية المصدر في الشعور بالالم والندم ووخز الضمير.

إجراءات العقاب "Punishment Procedures"

يمكن استخدام العقاب للتقليل من احتمالية حدوث استجابة ما وفقا لإجرائين مختلفين هما:

١-العقاب الايجابي "Positive Punishement"

يعرف هذا النوع بالعقاب من خلال الاضافة "Presentative Punishment" وفيه يتم اتباع السلوك غير المرغوب فيه بمثير مؤلم او حالة غير سارة بهدف تقليل أو اضعاف قوة هذا السلوك وتقليل احتمالية تكراره لاحقا (Skinner,1969).

ان هذا الاجراء يتضمن اضافة مثيرات مؤلمة الى بيئة الكائن الحي بغية اضعاف حدوث استجابة معينة. ففي تجارب سكنر، كان يتعرض الفأر الى صدمة كهربائية عندما يضغط على الرافعة، ومثل هذا الاجراء ادى الى اضعاف مثل هذا السلوك لدى الفأر، حيث توقف عن الضغط على الرافعة لتجنب العقاب وهو الصدمة الكهربائية.

إن الامثلة على هذا النوع من واقع الحياة متعددة وكثيرة ، فمثلا عقوبة الجلد لمرتكب جريمة الزنا، والحبس للمخالفين، والضرب والتوبيخ والتعزير لمقترفي السلوكات الخاطئة بالاضافة الى تكليف الافراد القيام بأعمال اضافية لمخالفاتهم يمكن تصنيفها جميعا ضمن هذه الفئة من الاجراءات العقابية، وجميعها يهدف الى اضعاف السلوكات غير المرغوبة.

٢- العقاب السلبي "Negative Punishment"

ويعرف هذا النوع من العقاب بالإزالة "Removal Punishment"

وفيه يتم ازالة حدث سار او مثير مرغوب فيه من بيئة الكائن الحي كنتيجة لقيامه بسلوك غير مرغوب فيه. وتحديدا فإن هذا الاجراء يتضمن عقاب الاستجابة غيرالمرغوب فيها من خلال ازالة مثير مرغوب فيه بهدف تقليل احتمالية تكرار مثل هذه الاستجابة لاحقا (Kosslyn & Rosenberg, 2004). فعلى سبيل المثال ، قد يحرم الطالب من المشاركة في رحلة مدرسية بسبب مخالفته تعليمات المدرسة، وقد يعاقب موظف ما بخصم من الراتب او غرامة مالية بسبب غيابه عن العمل، وقد يقوم المعلم بخصم بعض العلامات لطالب ما لعدم حله الوظائف المدرسية. ويلاحظ في الامثلة السابقة ان هناك سلوكا غير مرغوب تمخضت عنه نتائج مثل فقدان بعض الامتيازات او الحرمان من المعززات كعقوبة لهذا السلوك ويهدف منها اضعافه او تقليل احتمالية حدوثه لاحقا، أن هذا النوع من العقاب يسمى بتكلفة الاستجابة 'Response Cost' حيث يترتب القيام بها خسران بعض الامتيازات.

وتجدر الاشارة هنا، الى ضرورة عدم الخلط بين اجراءات العقاب السلبي والتعزيز السلبي؛ فالتعزيز السلبي يستخدم للحفاظ على سلوك مرغوب فيه وزيادة قوته من خلال ازالة او

حذف مثيرات غير مرغوب فيها من بيئة الكائن الحي، في حين يستخدم العقاب السلبي لمحو او ازالة سلوك غير مرغوب فيه واضعاف قوته من خلال ازالة او حذف مثير تعزيزي من بيئة الكائن الحي. كما ويجب عدم الخلط بين التعزيز السلبي والعقاب ، فكلاهما يتضمنان مثيرات مؤلمة ولكنهما يختلفان من حيث الاجراء والغاية، ففي التعزيز السلبي يتم ازالة او حذف مثير غير مرغوب فيه (مؤلم) لتقوية سلوك مرغوب فيه، اما في العقاب فيتم اضافة مثير غير مرغوب فيه (مؤلم) لاضعاف سلوك غير مرغوب فيه. وللتفريق بين اجراءات التعزيز والعقاب يمكن النظر الى الجدول التالي:

في الجدول التالي اذا نظـرنا الى الاشارة داخـل الدائرة على انهـا تمثل الاجـراء حيث + تعني اضافة في حين - تعني ازالة، واعتبرنا اشارة (+) على انها مؤشر للسلوك المرغوب فيه والمثير المرغوب فيه و الاشارة (-) مؤشر للسلوك غير المرغوب فيه والمثير غير المرغوب فيه، فعندها يمكن ببساطة التفريق بين الاجراءات السابقة كما هو مبين في الجدول ادناه :

+⊕+ تعزيز ايجابي	-⊖+ تعزيز سلبي
-⊕- عقاب ايجابي	+ ⊖- عقاب سلبي

لاحظ في المربع رقم (١) اشارة (+) الاول تشير الى سلوك مرغوب فيه، اما + فتشير الى الاجراء (الاضافة) ، في حين اشارة (+) الثانية تمثل المثير المرغوب فيه.

وقياسا على ذلك يمكن تحليل المربعات الاخرى.

ولمزيد من التوضيح ، يمكن استخدام الجدول رقم (١-٤) للتمييز بين الاجراءات السابقة.

جدول رقم (٤-١) يبين الفرق بين اجراءات التعزيز والعقاب

نوع العقاب أو التعزيز	نوع السلوك	الإجراء
التعزيز الايجابي	مرغوب فيه	تقديم مثير مرغوب فيه
التعزيز السلبي	مرغوب فيه	إزالة مثير غير مرغوب فيه
العقاب الايجابي	غير مرغوب فيه	اضافة مثير غير مرغوب فيه
العقاب السلبي	غير مرغوب فيه	ازالة مثير مرغوب فيه

ملاحظات حول التعزيز والعقاب:

عندما صاغ ثورنديك قانون الاثر افترض ان لكل من حالة الرضا والارتياح وحالة عدم الرضا والضيق نفس قوة التأثير في السلوك، اي في الوقت الذي فيه تعمل حالة الرضا على تقوية الارتباط ، فإن حالة الضيق تعمل على اضعاف الارتباط . وفي الواقع ان مثل هذا التفسير اثار انتقادا شديدا لقانون الاثر، وهذا ما دفع ثورنديك الى تعديل قانون الاثر والتخلي عن الشق الثاني منه في كتاباته اللاحقة (Dembo, 1994).

وفي هذا الصدد، فإن سكنر يرى ان التعزيز اجراء فعال في تقوية الاستجابات والاحتفاظ بها، في حين يعتبر ان العقاب قد يكون اجراء غير فعال، حيث انه يعمل على ازالة او كف الاستجابات على نحو مؤقت، اذ سرعان ما تعود مثل هذه الاستجابات بالظهور مرة اخرى في حال غياب العقاب. ففي احدى تجاربه كان الفأر يستمر بالضغط على الرافعة لأن نتائج مثل هذه الاستجابة هو الحصول على الطعام (التعزيز)، ولكن بدأت هذه الاستجابة بالتلاشي التدريجي عندما كانت تتبع بالصدمة الكهربائية (العقاب)، ولم يكن الإنطفاء بصورة دائمة، إذ عادت استجابة الضغط على الرافعة من قبل الفأر لاحقا. وعليه فإن سكنر يفترض ان العقاب اجراء غير فعال لأنه لا يستطيع قمع الاستجابة الا بصورة مؤقتة. ويرى سكنر ان الاستجابة التي ينتج عنها آثار منفرة (عقاب) ربما تؤدي بالكائن الحي الى اصدار استجابات اخرى مثل الاستجابات المعادية. فعلى سبيل المثال، عقاب الطفل ربما يؤدي الى توليد استجابات نفور من

والديه او تجنبهما او الهروب من المنزل. وعموما ، يبقى العقاب اجراء فعالا عندما تفشل الوسائل الاخرى ولا سيما عندما يكون السلوك فيه ضرر على الفرد والآخرين (غازادا و ريموندجي، ١٩٨٣)، فحتى يكون العقاب إجراءا فعالا في خفض السلوك غير المرغوب فيه يجب مراعاة ما يلي:

أ- يجب أن يكون العقاب فوري بعد السلوك.

ب- الاتساق والثبات في معاقبة السلوك غير المرغوب فيه.

ج- يجب أن يكون قوياومؤثرا.

د- يجب توفير السلوك البديل المرغوب فيه وتعزيزه.

هـ- يجب أن تناسب شدة العقاب مع حجم السلوك المرادعقابه.

و- يجب أن يكون العقاب للسلوك وليس لذات الفرد.

جداول التعزيز "Reinforcement Schedules":

إن أهم ما قدمه سكنر من خلال نظرية الاشراط الاجرائي هو المنهجية العلمية الواضحة حول الكيفية التي من خلالها تعمل توابع السلوك (التعزيز والعقاب) في عمليات التعلم، فلقد اعتمد اسلوب التحليل التجريبي للسلوك مبينا محدداته وموضحا اهمية توابع السلوك البعدية في الاحتفاظ بهذا السلوك وتقوية احتمالية تكراره مستقبلا. لقد استطاع سكنر بالتعاون مع شارلز بي فيرستر من وضع جداول التعزيز اعتمادا على نتائج كم هائل من الابحاث والدراسات التجريبية على سلوك العديد من الحيوانات ، وتتضمن هذه الجداول مضامين عملية ذات طابع تطبيقي اذا ما تم استخدامها بصورة مناسبة، فإنه بالإمكان تشكيل السلوكات المتعددة لدى الكائنات الحية والحفاظ على هذه السلوكات .

ويمكن ايضا من خلال هذه الجداول ضبط سلوكات الانسان والتحكم بها في المواقف الحياتية المتعددة، التربوية والتعليمية والادارية والعسكرية، او يمكن لأولياء الامور والمعلمين والآباء والمدراء والقادة العسكريين استخدامها لضبط سلوك الافراد وتوجيهها ورفع كفاءتهم (الزغول والهنداوي، ٢٠٠٢). وتقع هذه الجداول في فئتين هما:

أولا: جداول التعزيز المستمر "Continuos Reinforcement"

تستخدم هذه الجداول في بداية عمليات التعلم عندما يراد تشكيل سلوك او اكساب الكائن الحي عادة معينة، حيث يتم تعزيز السلوك المطلوب وفقا لجداول معينة في كل مرة يظهر فيها. ووفقا لهذه الجداول ، فإن التعزيز يعطي باستمرار في كل مرة ينفذ بها الكائن الحي السلوك المنوي تشكيله لديه، ويستمر هذا الاجراء الى ان يصل السلوك الى مستوى معين من الكفاءة او الاتقان بحيث عندها يتم التوقف على تعزيزه . والجدير بالذكر، ان هناك بعض الاستجابات البسيطة التي يمكن تعلمها وتنفيذها دفعة واحدة. فعلى سبيل المثال، اذا كان السلوك المنوي تشكيله لدى الطفل هو الاستئذان عندما يريد حاجة، فمثل هذا السلوك يمكن تعلمه والقيام به وفق خطوة واحدة. وهنا يجب الاستجابة للطفل او تعزيزه في كل مرة يستخدم كلمات الاستئذان مثل (لو سمحت او من فضلك) عندما يريد حاجة منا، ونستمر في الاستجابة للطفل وتعزيزه في كل مرة يظهر فيها مثل هذه الاستجابة الى ان تصبح شبه عادة لديه، ثم نتوقف عن استخدام اجراءات التعزيز المستمر.

اما في حالة السلوكات المركبة او المعقدة التي يتطلب تعلمها تنفيذ عدد من الاجراءات او الاستجابات ، كالكتابة او قيادة الدراجة مثلا، فعندها يتطلب الامر تجزئة مثل هذه السلوكات الى مجموعة اجراءات او استجابات على نحو هرمي متسلسل بحيث يصار الى تشكيل هذه السلوكات لدى الفرد على نحو تدريجي وفق جداول خاصة. وفي مثل هذه الاجراءات يتم تشكيل تلك السلوكات من خلال تعزيز الفرد على كل استجابة جزئية يتم تنفيذها وتكون باتجاه تحقيق السلوك النهائي، بحيث لا يتم الانتقال الى الاستجابة التالية ما لم يتم اتقان الاستجابة السابقة لها. ويطلق على مثل هذا الاجراء اسم التشكيل "Shaping" . ففي تجارب سكنر على الحمام ، استطاع تشكيل استجابة النقر على القرص من خلال تعزيز الاستجابات الاخرى التي تقترب اكثر فأكثر من الاستجابة المطلوبة ، حيث كان يعزز الحمامة عندما كانت تسير باتجاه القرص، ثم عندما تمد رأسها باتجاه القرص وهكذا الى أن تعلمت الاستجابة المطلوبة وهي النقر على القرص.

وتجدر الاشارة هنا إلى ان اجراء التشكيل فعال في العديد من المهمات والمهارات مثل الالعاب الرياضية والكتابة والقراءة واستخدام كالات، كالآت الطباعة والآلات

الموسيقية وفي تعلم المهمات العسكرية وتعلم اللغات وغيرها. ويتضمن اجراء التشكيل في مراحله المتعاقبة استخدام مبدأ التعزيز التفاضلي اوالفارق "Differential reinforcement"، حيث يتم تعزيز بعض الاستجابات دون غيرها، وتعزيز استجابة معينة في ظرف معين وعدم تعزيزها في ظروف اخرى ، بحيث يصار الى تشكيل السلوك النهائي وفق سلسلة من التقريبات المتتابعة ""Successive Approximization"، ((Chance,1988.

وخلاصة القول ، ان عمليات التشكيل تتم وفق سلسلة من التقريبات المتتابعة، بحيث تتناقص اجراءات التعزيز المستمر للاستجابات الجزئية لتأخذ اجراء التعزيز الفارق بهدف الوصول الى السلوك النهائي المطلوب (Marten & Pear,1999).

التسلسل 'Chaining' :

يصلح إجراء التشكيل في حالة السلوك المعقد الذي يتألف من عدد من الخطوات لتنفيذه ، ولكن في حالة الأنشطة المعقدة التي تتألف من عدد من السلوكات لتنفيذها، فإن إجراء التشكيل قد يكون غير مناسبا، وعوضا عن ذلك يتم اللجوء إلى إجراء يعرف بإسم تعلم التسلسل، إذ يتحتم على الفرد تعلم الربط بين عدد من السلوكات وفق تسلسل معين حتى يتم تنفيذ المهمة. وتجدر الاشارة هنا، أنه في حالة تعلم التسلسل فمن المفترض أن السلوكات الفرعية اللازمة موجودة لدى الفرد، أما في حالة التشكيل فإن خطوات السلوك في العادة تكون غير موجودة ونسعى إلى إكسابها للفرد. عموما أن تعلم التسلسل يتطلب بالدرجة الأولى التشكيل، وذلك من أجل توفير السلوكات اللازمة لبناء السلسلة.

ثانيا : جداول التعزيز المتقطع "Intermittnet reinforcement"

تستخدم مثل هذه الجداول في الحفاظ على السلوكات التي تم تشكيلها بهدف تقويتها وزيادة احتمالية حدوثها. ان الاستمرار في استخدام اجراءات التعزيز المستمر من شأنه ان يؤدي الى نتائج عكسية من حيث ان تنفيذ السلوكات يصبح مشروطا بوجود التعزيز، كما ان المعززات تفقد قيمتها. ولذلك فمن المستحسن تعزيز السلوك في بعض الاوقات او الحالات وعدم تعزيزه في اوقات او حالات اخرى، وذلك وفق جداول خاصة لهذا الغرض. يرى سكنر ان اجراءات التعزيز المتقطع يمكن استخدامها وفقا

لأحد المحكين التاليين او المزج بين هذين المحكين اعتمادا على الهدف او الغاية من استخدامها، وهذان المحكان هما: المحك الزمني وهنا يعزز السلوك وفق فترات زمنية قد تكون ثابتة (منتظمة) (أو متغيرة) ؛ والمحك النسبي وهنا يتم تعزيز السلوك حسب نسبة معينة قد تكون ثابتة او متغيرة (Davis & Palladino, 2004). وفيما يلي عرض لمثل هذا الجداول:

١-جداول تعزيز الفترات "Interval Schedules"

يعد الفاصل الزمني محكا رئيسيا لتقديم التعزيز في مثل هذا النوع من الجداول، حيث يتم تعزيز السلوك هنا حسب فاصل زمني قد يكون ثابتا او متغيرا. وتشمل هذه الجداول ما يلي:

أ- جداول تعزيز الفترات الثابتة "Fixed interval schedules"

يتم في مثل هذه الجداول تعزيز الاستجابة بعد مرور فترة زمنية ثابتة معينة بعد حدوث حادثة ما. وهنا فإن الاستجابات التي تحدث قبل هذه الفترة لا يكون لها اي تأثير بحيث لا يصار الى تعزيزها (Mazur,1998)، وهنا نحن لا نعزز الزمن ولكن نعزز الاستجابة التي تظهر قبل الفترة الزمنية الثابته، وهكذا يصار إلى تعزيز الاستجابات الأخرى التي تظهر في الفترات الزمنية اللاحقة. وكتوضيح لآلية عمل هذه الجداول ، فإن التعزيز هنا يتم تقديمه بعد انقضاء فترة زمنية ثابتة ومحددة كمرور خمس ساعات مثلا. فالخمس ساعات هنا تشكل المحك الرئيسي لإعطاء التعزيز بحيث يصار الى تعزيز الفرد على سلوكه بعد انقضاء كل خمس ساعات. وبهذا المنظور يمكن القول ان الفاصل الزمني بين مرات اعطاء التعزيز يكون ثابتا ومنتظما. من عيوب هذا النوع من التعزيز هي فترة الخمود التي يمر فيها السلوك، حيث يعمد الافراد إلى تقدير الوقت الذي مر ويقومون إلى القيام بالاستجابات المطلوبة في نهاية الفترة عند اقتراب موعد التعزيز، وفي بعض الحالات يلجأون إلى القيام ببعض الاستجابات تدعى بالاستجابات المتوقعه ' Anticipatory Response' للحصول على التعزيز.

ان الامثلة على هذا النوع من جداول التعزيز متنوعة، ففي الحياة العملية، فإن الراتب الشهري الذي يتقاضاه الموظف في نهاية كل شهر يصنف ضمن هذا النوع، كما ان العطلة الاسبوعية في نهاية كل اسبوع يمكن تصنيفها أيضا ضمن هذه الفئة من الجداول.

ب- جداول الفترات المتغيرة "Variable interval schedules"

وفقا لهذه الجداول فإن تعزيز الاستجابة يتم بعد فترات زمنية متغيرة وغير منتظمة. فبالرغم من ان الفاصل الزمني هو المحك الاساسي لإعطاء التعزيز في هذا النوع من الجداول ، الا ان هذا الفاصل لا يتطلب بالضرورة ان يكون ثابتا او منتظما، حيث ان هذا الفاصل بين مرات اعطاء التعزيز يكون متغيرا. فعلى سبيل المثال، قد يتم تعزيز الاستجابة المطلوبة بعد مرور ساعة ، ثم بعد مرور ثلاث ساعات ، ثم بعد مرور ست ساعات وهكذا. وخلاصة القول إن تعزيز الاستجابة المطلوبة وفق هذه الجداول يتم تبعا لفاصل زمني عشوائي غير منتظم. ففي هذا النوع من الجداول لا يستطيع الفرد التنبوء بوقت التعزيز لذا تجده يحافظ على مستوى ثابت من الاستجابة أملا في الحصول على التعزيز.

يمكن تصنيف العلاوات والحوافز والمكافآت والاجازات العرضية التي يحصل عليها الموظفون ضمن هذه الفئة من الجداول، كما يمكن للمعلم تعزيز اداء المتعلمين وفق فترات زمنية يحددها على نحو عشوائي مثل تعزيزهم بعد انقضاء عشر دقائق من الحصة ثم بعد انقضاء سبع دقائق وهكذا.

٢-جداول تعزيز النسب "Ratio Schedules"

تعد نسبة الاستجابات التي يؤديها الفرد المحك الرئيسي لتقديم التعزيز في مثل هذا النوع من الجداول، حيث يصار الى تعزيز هذه الاستجابات وفق نسبة قد تكون ثابتة او متغيرة وذلك على النحو الآتي:

أ- جداول تعزيز النسب الثابتة "Fixed Ratio Schedules"

يتم في مثل هذه الجداول تقديم التعزيز بعد عدد ثابت ومحدد من الاستجابات الصحيحة المطلوبة، حيث ان عدد الاستجابات بين مرات تقديم التعزيز يكون ثابتا ومنتظما (Mackintosh & Colman,1995) . فقد يتم تعزيز استجابة واحدة صحيحة من كل خمس استجابات صحيحة يؤديها الفرد ، ومن هنا، نلاحظ ان الخمس استجابات هي

نظرية التعلم الاجرائي

محك ثابت ومنتظم لتقديم التعزيز. فعلى سبيل المثال، ربما يشكل عدد الوظائف التي يحلها الطالب محكا لإعطاء التعزيز، بحيث يحصل على علامة واحدة كتعزيز له بعد حل ثلاث وظائف، وهنا تشكل الوظيفة الثالثة الاستجابة التي تتيح للطالب الحصول على التعزيز، يؤخذ على هذا النوع من الجداول خمود الاستجابة بعد الحصول على التعزيز، حيث يعمد الفرد إلى أخذ فترة استراحة بعد التعزيز قبل البدء في القيام بالاستجابات الجديدة.

ب- جداول تعزيز النسب المتغيرة "Variable Ratio Schedules"

بالرغم من أن نسبة السلوك هي المحك الرئيسي لتقديم التعزيز في مثل هذا النوع من الجداول، الا ان هذه النسبة تكون متغيرة وعشوائية ، ففي مثل هذا النوع من الجداول يتم تقديم التعزيز للاستجابة المطلوبة بعد نسب او عدد متغير لهذه الاستجابة. فعلى سبيل المثال ، ربما يتم تعزيز الاستجابة الصحيحة من بين خمس استجابات صحيحة، ثم من بين ست استجابات او من بين ثمان. وهكذا نلاحظ ان عدد الاستجابات بين مرات اعطاء التعزيز هنا يكون عشوائيا غير منتظم.

قد يلجأ المعلم على سبيل المثال الى بناء جدول تعزيز نسب متغير، لتعزيز اداء طلابه، حيث يعمد الى تعزيز الطالب بعد حل الوظيفة الخامسة من بين خمس وظائف، ثم السابعة من بين سبع وظائف، ثم الثانية من بين وظيفتين.

أن مثل هذا النوع من الجداول تعد الأفضل في تعزيز السلوك، حيث أنها أكثر أثرا وتعمل على تقوية السلوك والحفاظ على ديمومته واستمراريته ويكون أكثر مقاومة للانطفاء (Chance, 1988).

هذا ويلخص الجدول رقم (٢-٤) اجراءات جداول التعزيز المختلفة:

جدول رقم (٢-٤) يوضح اجراءات جداول محك التعزيز المختلفة

جداول التعزيز	الإجراء	محك التعزيز	مثال
المستمرة	تعزيز كل استجابة صحيحة أو أية استجابة أخرى تقربه من الاستجابه المطلوبة	ظهور الاستجابة	تعزيز الطفل في كل مرة يلفظ بها الكلمة بشكل صحيح
الفترة الثابتة	تقديم التعزيز بعد فترة أو فاصل زمني ثابت ومحدد	الفاصل الزمني الثابت	الراتب الشهري، عطلة نهاية الاسبوع
الفترة المتغيرة	تقديم التعزيز بعد مرور فترات زمنية غير ثابتة (فترات عشوائية)	الفترات الزمنية العشوائية غير المنتظمة	المكافأة، الحوافز، الاجازات العرضية
النسبة الثابتة	تقديم التعزيز بعد عدد ثابت ومحدد من الاستجابات الصحيحة	عدد ثابت ومحدد من الاستجابات الصحيحة	اعطاء الطلاب علامة واحدة بعد حل كل ثلاث وظائف
النسبة المتغيرة	تقديم التعزيز بعد عدد غير ثابت وعشوائي من الاستجابات الصحيحة	عدد متغير أو عشوائي من الاستجابات الصحيحة	اعطاء الطلاب علامة واحدة بعد حل أربع وظائف ثم بعد ست وظائف

تجدر الاشارة هنا، ان بالامكان بناء جداول تعزيز اخرى تسمى بالجداول المختلطة حيث يتم فيها المزج بين محكات جداول تعزيز الفترات ومحكات جداول تعزيز النسب. وفي مثل هذه الجداول يقدم التعزيز للاستجابات المطلوبة وفق فواصل زمنية وعدد من الاستجابات قد تكون ثابتة او متغيرة، وذلك حسب الغرض من هذه الجداول.

تعميم الاستجابة Response generalization :

يحدث هذا النوع من التعلم عندما يستطيع مثير معين استحداث أكثر من استجابة واحدة. وهنا تتباين الاستجابات للمثير الواحد وذلك حسب الظروف والمواقف التي يتواجد فيها.

الاستجابات الإجرائية المميزة "Discriminated Operant Responces"

يشير مفهوم الاستجابة الاجرائية الى السلوك الارادي المكتسب الذي يقوم به الكائن الحي سعيا وراء تحقيق غرض او خدمة وظيفية معينة. وبالرغم من تشابه العديد من هذه الاستجابات الاجرائية من حيث الشكل، الا ان عملية تنفيذها تتنوع وتختلف تبعا لاختلاف المثيرات التي تتم بحضورها والوظائف التي تخدمها. وهكذا فإن تنفيذ مثل هذه الاستجابات يختلف من موقف الى آخر رغم تشابهها بحيث يتعزز القيام باستجابة ما في موقف معين وعدم تنفيذ هذه الاستجابة في موقف آخر اعتمادا على مبدأ التعزيز الفارق (Malott etal., 2000).

إن الذي يحدد تنفيذ استجابة ما، هو وجود مثيرات ترافق حدوث مثل هذه الاستجابة، وتعرف مثل هذه المثيرات بالاشارات (Signals) اوالعلامات (Cues)، وهي تعد بمثابة دليل للكائن الحي لتنفيذ استجابة من مواصفات معينة. ومثل هذه المثيرات لا تشكل بحد ذاتها السبب الرئيسي لحدوث تلك الاستجابة ولكنها مؤشر لحدوث نتائج تعزيزية لمثل هذه الاستجابة .

تعرف مثل هذه الفئة من الاستجابات بالاجراءات المميزة والتي على أساسها يتعلم الفرد التمييز بين المواقف والمثيرات المتشابهة، والتي تستلزم منه تنفيذ استجابات متباينة.

وتجدر الإشارة هنا، أن آلية التمييز والتعميم وفق هذا النموذج تشبة إلى حد كبير آلية تعلمها في الاشراط الكلاسيكي، ففي التعميم يلجأ الفرد إلى استخدام السلوك المعزز في المواقف المشابهة للموقف الذي تم التعزيز فيه، أما في التمييز، فيتعلم الفرد أداء السلوك في الموقف المعزز وعدم أداءه في المواقف الاخرى المشابهة وغير المعززة.

الخبو أو الانطفاء التدريجي للاستجابة "Fading"

يرى سكنر ان الاستجابة الاجرائية يمكن تغييرها او احداث محو فيها على نحو تدريجي من خلال ازالة او احداث تغيير في المثيرات التمييزية التي تسبقها او من خلال تغيير في النتائج التي تترتب عليها أو من خلال التحكم بمثيراتها القبلية والبعدية

معا. فعلى سبيل المثال، عدم اتباع بالسلوك لعدد من المرات بمثيرات تعزيزية ربما يعمل على خبو هذا السلوك وانطفاءه، كما ان إزالة المثيرات التمييزية التي تسبق سلوك معين ربما تعمل على عدم ظهوره.

أنماط السلوك الإجرائي الإنساني :

لقد ميز سكنر بين نوعين من انماط السلوك الاجرائي الانساني. تعرف الفئة الاولى باسم فئة السلوكات التي تحكمها ترتيبات معينة وتعمل نتائجها على استمراريتها "Contingency- governed behaviors" ومثل هذه الفئة من السلوكات ربما تسبقها مثيرات تعرف بالمثيرات التمييزية تكون بمثابة دليل لظهورها، ويتعزز استمرار مثل هذه السلوكات بالنتائج المترتبة عليها. اما الفئة الثانية فتعرف باسم فئة السلوكات التي تحكمها قواعد او قوانين "Rule- governed behaviors" ومثل هذه السلوكات يتم الحفاظ عليها بسبب التقيد بتعليمات لفظية معينة. وهنا تلعب التعليمات دورا اكبر في تنفيذ مثل هذه السلوكات اكثر من النتائج المترتبة عليها (غازادا وريموندجي، ١٩٨٣).

ان هذه الفئة من السلوكات تعني ان الفرد يؤدي ما يطلب منه من سلوكات تبعا للتعليمات وليس اعتمادا على ما يتوقع من هذه السلوكات من نتائج. وعليه يمكن القول ان التعليمات اللفظية تلعب دورا هاما في السلوك عندما لا يكون للنتائج الطبيعية المترتبة على هذا السلوك اثر فعال.

الفرق بين الاشراط الكلاسيكي والاشراط الاجرائي:

يمكن التفريق بين هذين النوعين من التعلم وفقا لعدد من الابعاد تتمثل بالآتي:

أولا: يتضمن الاشراط الكلاسيكي الاستجابات اللاإرادية او المنعكسات الفطرية التي تثيرها مثيرات طبيعة محددة، في حين يعنى الاشراط الاجرائي بالاستجابات الارادية التي تصدر على نحو حر وهادف من الانسان، أي فئة الاستجابات المتعلمة (المكتسبة).

ثانيا: في الاشراط الكلاسيكي يكون الارتباط بين مثيرين تتبعهما استجابة (م١+م٢ استجابة)؛ اي ان مثيرا معينا يعقبه مثير آخر، في حين نجد ان الاستجابة في الاشراط الاجرائي يتبعها مثير ما (استجابة - مثير).

نظرية التعلم الاجرائي

ثالثا: ينطوي الاشراط الكلاسيكي على الاستجابات المستقلة، في حين يتضمن الاشراط الاجرائي الاستجابات الهيكلية.

رابعا: الاستجابات في الاشراط الكلاسيكي هي بمثابة ردة فعل للمثيرات البيئية، اي من النوع الاستجراري التي تقع تحت رحمة المحددات البيئية، في حين نجدها في الاشراط الاجرائي ارادية ذات تأثير في البيئة، اذ ان مثل هذه الاستجابات تحدث تغييرا فيها.

خامسا: دور الكائن الحي في الاشراط الكلاسيكي سلبي ينتظر حدوث المثيرات كي يستجيب، في حين أنه نشط وفعال في الاشراط الاجرائي، حيث تصدر عنه المبادرات السلوكية دون ان يكون لها بالضرورة مثيرات تثيرها، ومثل هذه المبادرات السلوكية يتوقف بقاءها على نتائجها او المثيرات البعدية التي تتبعها.

سادسا: في الاشراط الكلاسيكي يلعب المثير غير الشرطي دور العقاب أو التعزيز الذي على اساسه يتحدد نمط الاستجابة للمثير الشرطي، في حين نجد ان المثيرات التي تتبع الاستجابة في الاشراط الاجرائي ربما تكون تعزيزية اوعقابية، وعلى مثل هذه النتائج يتوقف حدوث الارتباط بين الاستجابة والمثير في موقف ما.

السلوك اللغوي Verbal behavior:

بالرغم ان سكنر تعرض الى عملية الاكتساب اللغوي، الا أن اهتمامه كان منصبا على وظائف السلوك اللغوي اكثر من البناء اللغوي. وبذلك نجد ان سكنر اهتم بما يسمى بالوصف الوظيفي للسلوك اللغوي، ومثل هذا الوصف يتمحور حول الكيفية التي من خلالها تعمل الاستجابات اللغوية. وينطوي هذا الوصف على تحديد الشروط التي تستعمل ضمن نطاقها الاستجابات اللغوية وما يترتب عليها من نتائج (جازادا وريموندجي، ١٩٨٣).

وعموما فإن سكنر ينظر الى السلوك اللغوي على انه سلوك كأي سلوك آخر وهو بمثابة ارتباطات تتشكل بين مثيرات واستجابات تقوى اوتضعف وفقا لعمليات التعزيز والعقاب. ويرى ان مثل هذا السلوك يتم تعلمه من خلال النمذجة والمحاكاة وما يترتب عليها من عمليات تدعيم من قبل الآخرين او وفقا لمبدأ المحاولة والخطأ. فالسلوك اللغوي هو مجرد سلاسل من الارتباطات بين المثيرات والاستجابات بحيث تشكل كل مفردة مثيرا لتحديد المفردة الاخرى لتحديد المعنى او الهدف المقصود منها.

السلوك الخرافي Supersitious Behavior:

تحدث سكنر عن موضوع السلوك الخرافي، وهو نوع من السلوك الذي يقع في حصيلة الفرد السلوكية ويمارسه باستمرار على اعتبار أن له علاقة بالتعزيز الذي يحصل عليه، فمثل هذا السلوك ليس له تفسير علمي ويمارسه الفرد على أنه جزء لا يتجزأ من الموقف، معتقدا أن له علاقة بالنتائج التعزيزية. ففي احدى تجاربه كانت الحمامة تدور حول نفسها قبل النقر على الرافعة، واصبحت تكرر مثل هذا السلوك دائما قبل النقر على الرافعة على اعتبار أن مثل هذا السلوك يرتبط بالتعزيز. ومن الأمثلة على ذلك، طالب ذهب إلى قاعة الامتحان وهو يرتدي قميصا أحمر وحصل على علامة عالية على هذا الامتحان، فنجده أنه يكرر مثل هذا السلوك بحيث يرتدي القميص الأحمر في كل مرة يتقدم بها للامتحان (Hill, 1990).

ومن السلوكات الخرافية الأخرى في المجتمع العربي على سبيل المثال، التشاؤم من رؤية البوم أو سماع صوته بحيث تظهر عند الافراد علامات الضيق أو الخوف من وقوع مصيبة أو كارثة لمجرد رؤيتهم البوم أو سماع صوته.

وفي الواقع إن السلوك الخرافي ليس له أية صلة مطلقا بالتعزيز أو العقاب، ولكن بسبب تزامنه على نحو غير اتفاقي (بالصدفة) مع حصول التعزيز أو العقاب في موقف معين، فإنه يصبح جزءا من المحصلة الاستجابية لذلك الموقف.

وهكذا نجد أن السلوك الخرافي عبارة عن استجابة اجرائية متعلمة صادف ظهورها عند حدوث التعزيز أو العقاب، بحيث يميل الفرد لاحقا إلى القيام بها للحصول على التعزيز أو تجنب العقاب.

برامج تعديل السلوك Behavoir modification:

تعد برامج تعديل السلوك أحد المضامين العملية الهامة لما يسمى بالتحليل السلوكي التطبيقي، ومع أن هذه البرامج توظف مبادئ ومفاهيم متنوعة مستمدة من نظريات التعلم السلوكية المتعددة كالاشراط الكلاسيكي والتعلم الاجتماعي والمحاولة والخطأ والتعلم الاشاري وغيرها، وذلك لإحداث التغيرات المرغوب بها في سلوك الأفراد، إلا أن الفضل في تطويرها يعود إلى سكنر، فهي تكاد ترتبط بنظرية الاشراط الاجرائي نظرا

لاستخدامها العديد من المبادئ والمفاهيم المرتبطة بإجراءات العقاب والتعزيز وغيرها من المبادئ الأخرى (Santrock, 2003).

ويشير مفهوم تعديل السلوك إلى التغير المقصود والمرغوب فيه المراد إحداثه في سلوك الفرد. ويختلف هذا التغير باختلاف الهدف من برنامج التعديل الذي يتم توظيفه. فقد يكون الهدف منه تشكيل سلوك أو عادة جديدة لدى الأفراد، أو إحداث محو في سلوك واستبداله بسلوك جديد، أو تطوير في سلوك معين وتحسينه (Catania,1998). وعموما فإن إجراء تعديل السلوك يقوم على تحديد السلوك المراد تعديله والظروف والشروط التي تسبقه والمثيرات البعدية التي تتبعه، ثم القياس الدقيق لهذا السلوك بدلالة شدته أو تكراره أو ديمومته وتحديد ما يعرف بالخط القاعدي Base line. وبعد ذلك يتم تنفيذ اجراءات برنامج تعديل السلوك المناسب، ثم يصار إلى قياس التغير الذي يحدث على هذا السلوك من جراء تنفيذ البرنامج، ثم اعادة تطبيق اجراءات البرنامج أو التعديل فيها إذا تبين أنها غير فعالة، ثم القياس وهكذا إلى أن يتم تحقيق الهدف المطلوب (Kalish, 1981).

وتجدر الاشارة هنا، أن برامج تعديل السلوك تختلف في إجراءاتها وأهدافها؛ فمنها ما يستخدم لتشكيل سلوك جديد والبعض الآخر لمحو أو إطفاء سلوك سابق، في حين أن بعضها الآخر يستخدم لغايات تحسين سلوك ما وتطويره. فهي في معظمها تستند إلى إحداث تغيير في الظروف المادية والاجتماعية التي تسبق السلوك أو تلك التي تتبعه أو إحداث التغيير في كلاهما، دون التعرض إلى تغيير في العمليات النفسية الداخلية التي يفترض أنها تعمل بمثابة دافع لمثل هذا السلوك (Kazdin,1978).

عموما يمكن توظيف عددا من الاجراءات في برامج تعديل السلوك تتمثل في إزالة فرط الحساسية التدريجي Systematic Desnsitization، والاشراط المنفر Aversion theropy بالاضافة إلى إجراءات التشكيل السلوكي Behavioral Shaping.

التعليم المبرمج Programmed Learning:

يكاد يكون التعليم المبرمج من أهم التطبيقات التربوية لنظرية الاشراط الاجرائي في مجال عمليات التدريس. وتقوم فكرته على تجزئة المادة التعليمية إلى وحدات جزئية يشكل كل منها إطارا (Frame) يشتمل على فكرة معينة في الغالب تكون على شكل

نظريات التعلم

سؤال. ويتطلب هذا النوع من التعليم تفاعل المتعلم مع المادة الدراسية مباشرة Interactive دون الحاجة إلى تدخل المدرس على نحو مباشر، بحيث يقتصر دور المدرس على تحديد مصادر التعلم والتوجيه والاشراف فقط.

يقوم المتعلم بتحقيق أهداف التعلم خطوة خطوة وفق تسلسل معين، إذ عليه الاستجابة إلى كل سؤال في البرنامج وتتبع استجابته عادة بنوع من التغذية الراجعة بحيث لا يسمح له الانتقال إلى السؤال التالي ما لم يتقن السؤال الأول (Sharp, 1996).

وقد يقع التعليم المبرمج في نوعين من البرامج: الخطية linear tutorial؛ والمتشعبة Branching. ففي البرامج الخطية يتم الانتقال من إطار إلى آخر على نحو متسلسل وفق ترتيب معين، بحيث لا يسمح للمتعلم القفز إلى إطار لاحق ما لم يتم المرور بالاطار السابق له. أما في البرامج المتشعبة فإن هناك نوعا من المرونة من حيث أن الحاسوب يقرر نوع المادة التي سيقدمها للمتعلم بالاضافة إلى امكانية القفز عن بعض الأفكار إلى أفكار أكثر تعقيدا.

هنالك العديد من البرامج التعليمية التي تم تطويرها وفقا لمبادئ التعليم المبرمج وجميعها تقوم على فكرة الأهداف السلوكية واجراءات التغذية الراجعة للأداء وتمكين المتعلم من تحقيق التعلم الذاتي، حيث يسير فيها حسب سرعته وقدراته الخاصة، الأمر الذي يمكنه من تحقيق التمكن في التعلم Mastery Learning.

الفصل الخامس

نظرية التعلم الاقتراني
Contiguous Conditioning

تمهيد:

تعد نظرية أدوين جثري في التعلم إحدى النظريات السلوكية التي تؤكد مبدأ الاقتران في التعلم، وهي في افتراضاتها تقترب إلى حد كبير من أفكار واطسون في التعلم. يرى جثري أن اقتران استجابة ما في موقف ما كاف لتكرار مثل هذه الاستجابة لاحقا عندما يتعرض الكائن إلى نفس الموقف؛ أي أنه يؤكد على عملية الاقتران المباشرة بين المثير والاستجابة ولا يتعرض أبدا في نظريته إلى الاقتران بين المثير الشرطي والمثير غير الشرطي واستجابة ما كما هو الحال في نظرية الاشراط عند بافلوف (Hill,1990) .

يرى جثري أنه ليس من المهم كيف تقترن الاستجابة مع المثير سواء بوجود أو عدم وجود المثير غير الشرطي، ولكن المهم هو أن تقترن هذه الاستجابة مع المثير الشرطي لأن مجرد اقترانها به لمرة واحدة يعد كافيا لهذا المثير لاستجرار مثل هذه الاستجابة. فالتعلم يحدث لمجرد اقتران استجابة معينة بمثير معين، إذ يميل حدوث هذا المثير إلى

أن يتبع بمثل هذه الاستجابة؛ لذا نجد جثري يؤكد على آخر فعل حركي أو استجابي يقوم به الفرد في موقف ما، لأن مثل هذا الفعل بلا شك هو الذي سيتم تكراره لاحقا. للوهلة الأولى تبدو نظرية جثري سهلة القراءة ولكنها بالوقت نفسه صعبة التفسير. فقد حاول وضع نظرية شاملة في التعلم، وقد اعتمد في بناء مفاهيمها على نتائج عدد محدود من الدراسات، ولم يجر أية تعديلات على مفاهيمها منذ أن صاغها لأول مرة، وتكاد تكمن أهميتها من حيث الأفكار التي جاءت بها لنظريات التعلم وليس للآثار التي تركتها على هذه النظريات .

تعريف بـ (أدوين أر جثري) (Guthrie:1886-1959) :

لا يعد أدوين جثري من الرواد الأوائل في مجال نظريات التعلم التي ظهرت في أمريكا، فهو يعتبر من الرعيل الثاني في هذا المجال. ولد جثري في الولايات المتحدة الأمريكية عام (١٨٩٦) والتحق في الثامنة عشرة من عمره في جامعة واشنطن (University of Washington)، وقد تخصص في دراسة الفلسفة وتدرب ليكون فيلسوفا وليس عالم نفس. لقد أمضى جثري حياته الأكاديمية كلها في جامعة واشنطن، فهو لم يغادرها منذ التحاقه بها عام ١٩١٤ حتى سن تقاعده، إذ أنه اكمل دراساته العليا وعمل استاذا للفلسفة وعلم النفس فيها حتى عام ١٩٥٦.

في عام ١٩٣٥ ألف جثري كتابا بعنوان علم نفس التعلم ThePsychology of Learining وتعرض فيه إلى أهم أفكاره وافتراضاته حول التعلم، وجرى تنقيح هذا الكتاب من قبله عام ١٩٥٢. ويؤكد جثري أن التعلم هو عبارة عن تغيير سلوكي ليس بالضرورة أن يكون نحو الأحسن، حيث ربما يتم تعلم الاستجابات التي تؤدي إلى التلاؤم السيئ أو التلاؤم الجيد. وبطبيعة الحال فهو يرى أن التعلم ينطوي على القدرة على الاستجابة بصورة مختلفة في موقف ما بسبب استجابة سابقة لهذا الموقف. بالرغم أن جثري تأثر إلى حد كبير بأفكار من سبقوه ومعاصريه من الفلاسفة وعلماء النفس، إلا أنه في الوقت نفسه تحدى الكثير من الأفكار التي جاءوا بها وعارضها. فقد تأثر بمبدأ الاقتران الذي جاءت به نظرية واطسون في الاشراط الكلاسيكي، ولكنه اعترض على هذه النظرية من حيث أن الاقتران يتم بين مثير واستجابة وفق علاقة زمنية وليس بين مثير ومثير واستجابة كما هو الحال في نظرية بافلوف .

ففي الوقت الذي كان جثري فيه يحترم منهج ثورنديك التجريبي، وقد استخدم مثل هذا المنهج مع إجراء بعض التعديلات عليه، إلا انه انتقد قانون الأثر عند ثورنديك، اذ يرى أن ليس الأثر (المكافأة) الذي يؤدي إلى التحسن التدريجي في السلوك وانما الأداء ذاته الذي يصدر عن الكائن .

تأثر جثري أيضا بأفكار عالم النفس بي هولت صاحب كتاب حافز الحيوان وعملية التعلم (Process Animal drive and the learining) الذي حدد فيه بشكل واضح بعض عمليات الاشراط في التعلم، واعتبر أيضا فيه أن غالبية السلوك هو من النوع المتعلم، وأن السلوك هو المكون الأساسي لموضوع علم النفس وليس الانعكاس الشرطي الذي أشار إليه بافلوف. واعتبر هولت بأن تقلصات العضلات لها القدرة على العمل الذاتي. لقد تأثر جثري بالكثير من هذه الأفكار لكنه عارض هولت من حيث تأكيده لدور النضج والنمو في تعلم العديد من الأنماط السلوكية كالمشي والنطق. ففي هذا الصدد يرى جثري أنه لا يمكن بأي شكل من الأشكال القول إن جميع اشكال الارتباطات بين المثير والاستجابة تعتمد على الاشراط فقط وفقا لعمليات التعلم وحدها، وانما يعتمد البعض منها على نضج الجهاز العصبي .

اعترض جثري على بعض أفكار نظرية تولمان في التعلم الاشاري من حيث رفضه لما يسمى بالعمليات العقلانية وفكرة الهدفية من تعلم السلوك. وبالرغم من اتفاقه مع بعض آراء هل في التعلم، إلا أنه خالفه من حيث أن الارتباطات أو العادات لا يتم تعلمها على نحو تدريجي ولكن دفعة واحدة. كما اعترض مع سكنر فيما يتعلق بدور التعزيز والعقاب في عمليات التعلم إذاعتبرها ذات أثر ثانوي وليس رئيسي في التعلم.

الافتراضات الرئيسية حول التعلم Basic hypothesis :

لقد وضع جثري عددا من الافتراضات حول موضوع التعلم ومثل هذه الافتراضات تشكل الملامح الرئيسية المميزة لنظريته في التعلم، وفيما يلي عرض لهذه الافتراضات:

أولا: يحدث التعلم من خلال الاقتران Learning by Contiguty:

يرى جثري أن التعلم هو بمثابة عملية تشكيل ارتباطات بين مثيرات واستجابات، وأن مثل هذه الارتباطات تتوقف على عامل الاقتران الزمني، حيث يرى أن الاستجابة التي

تصاحب مجموعة مثيرات من شأنها أن تحدث مرة أخرى كنتيجة لحدوث مثل هذه المثيرات. فحسب وجهة نظره فأن تزامن حدوث المثير والاستجابة معا كاف لتكوين الارتباط بينهما بحيث تنزع هذه الاستجابة للظهور مرة أخرى حال وجود ذلك المثير. لقد استعاض جثري عن مفهوم الاستجابة واستخدم عوضا عنها مفهوم الحركة على اعتبار أن الحركة لها القدرة على التنظيم الذاتي كونها تنبع عن الكائن ككل. فهو ينطلق من الافتراض الرئيسي التالي (أن مجموعة المثيرات التي تصاحب حركة ما تميل عند حدوثها إلى أن تستتبعها تلك الحركةZ (Hill, 1990). واعتمادا على ذلك، فإن اقتران استجابة ما بمثير معين لمرة واحدة كاف لارتباط مثل هذه الاستجابة بذلك المثير، وفي حال حدوث الاقتران، فإن الاستجابة (الحركة) تكتسب قوة ارتباطها بالمثير وتصبح حركة مباشرة له.

خلافا لنظرية الاشراط الكلاسيكي التي تفترض ضرورة تكرار الاقتران بين مثير شرطي ومثير غير شرطي لعدد من المرات حتى يصبح المثير الشرطي قادرا على استجرار الاستجابة التي يحدثها المثير غير الشرطي، فإننا نجد جثري يؤكد أن الاقتران بين مثير واستجابة يكفي حدوثه لمرة واحدة بصرف النظر عن وجود مثير غير شرطي أو عدم ذلك. وهكذا فإننا نجد أن الاقتران بين المثير والاستجابة هو المحور الاساسي لنظرية جثري (غازادا وريموندجي، ١٩٨٦).

يشير مفهوم المثير عند جثري إلى كافة أنواع التغيرات التي تحدث في العالم المادي المحسوس والتي من شأنها أن تحدث استجابات معينة لدى الكائن الحي؛ فأي حدث في هذا العالم يثير الحواس لدى الكائن الحي هو بمثابة مثير من شأنه أن يؤدي إلى استجابة ما لدى هذا الكائن. أما الاستجابة عند جثري فهي تتمثل في نوعين من السلوك وهما:

١- فئة السلوكات المعقدة التي تتألف من مجموعة استجابات؛ وفئة الحركات العضلية المنفردة التي تؤلف في مجموعها فعلا أو نشاطا معين. لذلك أكد على الحركات العضلية المفردة لأن الكائن بحضور مثير معين يتعلم أي الحركات التي يجب تنفيذها، وما السلوك عنده الا مجموعة من الحركات العضلية يتم تنفيذها في تسلسل معين بناء على العديد من الارتباطات بين هذه الحركات والمثيرات البيئية، فعندما يقوم الانسان بسلوك ما فإنما يقوم بمجموعة من الحركات العضلية التي تشكل في مجموعها ذلك السلوك.

٢- الحركات العضلية تشكل مصدرا لحدوث مثيرات أخرى جديدة بالإضافة للمثيرات البيئة الخارجية، لأن الحركات التي تقوم بها العضوية قد تشكل بحد ذاتها مصدرا لحدوث مثيرات جديدة، وهذا من شأنه أن يؤدي إلى حدوث ارتباطات جديدة بين هذه المثيرات وحركات أخرى جديدة، وذلك لأن كل حركة تحدد الحركة التي تليها في السلسلة الحركية السلوكية.

وهذا ما يفسر تسلسل الأداء الحركي، إذ إن نتائج كل حركة هي بمثابة مثير لانتاج الحركة التالية؛ أي أن ما يقوم به الكائن في وقت ما سيحدد ما سيفعله في الخطوة اللاحقة. وبذلك نجد أن جثري اهتم بعمل الجهاز العصبي والعضلي، فهو يرى أن كل حركة هي بمثابة مثير للمستقبلات في الجهاز العصبي والعضلي، وهي في الوقت نفسه منبه للمثيرات الخارجية مما يترتب على ذلك استجرار حركات أخرى على نحو متسلسل إلى أن يتم تنفيذ الأداء أو العمل.

ثانيا: ينطوي التعلم على تعلم الكل أو لا شيء على الإطلاق

يرفض جثري بشدة فكرةالتعلم والاتقان في السلوك من خلال المحاولة والخطأ أو من خلال المران والممارسة؛ فهو يرى أن ليس هناك تعلم يحدث على نحو تدريجي مدعما بالتعزيز كما هو الحال في نظريات ثورنديك وسكنر وهل. فالتعلم يحدث دفعة واحدة أو لا يحدث أبدا؛ أي أن الارتباط بين مثير واستجابة قد يحدث أو لا يحدث مطلقا، حيث ليس هناك مكان للتعلم المتدرج الذي من خلاله يتشكل الارتباط بين مثير واستجابة ما. وبذلك يرى جثري أن المواقف المختلفة إما أن يحدث فيها التعلم أو لا يحدث، وهذا ما يسمى بتعلم الكل مقابل عدم التعلم (عاقل، ١٩٨١).

وفي حال السلوكات المعقدة التي تتألف من عدد من الحركات والاستجابات، فنجد أن جثري لا يرى أن المسؤول عن تعلم السلوك النهائي هو التدريب أو المران ولكن آخر فعل أو حركة يقوم بها الكائن الحي وهو ما أطلق عليه اسم الحداثة. وعليه فإن تعلم السلوك المناسب للمواقف المعقدة لا يعتمد على المحاولات والمران، وإنما يعتمد على آخر فعل يقوم به الفرد بحيث يتم الاحتفاظ بآخر ارتباط بين المثير والاستجابة، لأن مثل هذا الفعل بحد ذاته يتألف من مجموعة من الارتباطات المتناسقة بين حركات عضلية ومثيرات معينة.

ثالثا: انطفاء الاستجابة يعني تشكيل ارتباط جديد

يرى جثري أن محو العادات والارتباطات المتعلمة لا يتضمن التوقف عنها وعدم القيام بها فحسب، وإنما تتضمن عملية احلال أو ابدال لمثل هذه الارتباطات من حيث أن عادة أو رابطة جديدة تحل مكانها. وعليه فإن الارتباطات والعادات يمكن محوها والقضاء عليها من خلال تشكيل عادات أو ارتباطات جديدة؛ أي تشكيل رابطة جديدة بين مثير ما واستجابة أخرى غير الاستجابة السابقة. وحتى يحدث انطفاء تلك الاستجابة لذلك المثير ينبغي استبدالها باستجابة أخرى معارضة أو مناقضة لها حتى تمنعها من الحدوث لذلك المثير.

وانطلاقا من وجهة نظر جثري حول الحركات العضلية، فإن الاستجابة الجديدة يجب أن تنطوي على حركات عضلية مخالفة للحركات العضلية المطلوبة لتنفيذ الاستجابة المراد محوها. ففي تجارب بافلوف يرى جثري أن انطفاء الاستجابة (سيلان اللعاب) لصوت الجرس حدث ليس بسبب غياب المثير الطبيعي (الطعام)، وإنما بسبب وجود استجابة أخرى ينشغل بها الكلب تتنافس مع استجابة سيلان اللعاب. وبهذا المنظور، يرى جثري أن النسيان يحدث عند الافراد بسبب وجود خبرات جديدة تكف الخبرات السابقة، وهو ما يسمى بمبدأ الكف الرجعي، إذ يرى أن ارتباطات جديدة في موقف ما تعمل على كف ارتباطات سابقة ارتبطت بهذا الموقف.

رابعا : التعزيز ليس ضروريا لحدوث التعلم

خلافا لما أكده كل من ثورنديك وسكنر وهل حول أثر التعزيز في التعلم، نجد أن جثري يؤكد أن التعزيز أو المكافأة ليس عنصرا حاسما وأساسيا في عمليات التعلم؛ فهو يرى ان الارتباطات بين المثيرات والاستجابات لا تتطلب وجود التعزيز أو التدعيم، إذ أن الاقتران الزمني كاف لوحده لتقوية مثل هذا الارتباط والاحتفاظ به. فهو يعتقد أن التعزيز أو المكافأة ما هي الا شكل من أشكال المثير، أو نوع من التغير في المثير الذي يحدث في نهاية السلسلة السلوكية الحركية. ويتوقف دور التعزيز أو المكافأة على تهيئة الكائن الحي من الانتقال من موقف إلى موقف آخر أثناء الفعل السلوكي. ومن هنا نجد أن جثري أكد مبدأ الحداثة أثناء الفعل السلوكي وليس نتائج الفعل التعزيزية، إذ يفترض أن الاستجابات الأكثر حداثة التي تحصل بوجود مثير ما هي المرشحة لتبقى جزءا من الارتباط المشكل (Hilgard & Bower, 1981).

خامسا: الدافعية هي حالة إثارة داخلية دائمة

يفسر جثري الدافعية بدلالة وجود مثيرات داخلية توجد لدى الكائن الحي وتصر عليه لانتاج استجابة معينة. فهو يرى أن الدافعية هي مجرد مجموعة من المثيرات الداخلية التي تبقى على الدوام أثناء أداء فعل ما حتى تحدث استجابة مناسبة من قبل الكائن الحي. وانطلاقا من ذلك فإن بعض المثيرات يتم إزالتها أو التخلص منها من خلال أداء بعض الاستجابات التي تثيرها مثل هذه المثيرات. فالعطش على سبيل المثال حالة داخلية تنشأ بفعل مثيرات داخلية تتمثل بجفاف الحلق وينتج عنها عدة استجابات تتعلق بشرب الماء وتستمر هذه الاستجابات حتى انتهاء حالة العطش. ويرى جثري أن الحالات الداخلية من الدوافع تثار بفعل مثيرات مختلفة، فمثيرات العطش تختلف عن مثيرات الجوع، وبذلك فإن الأنواع المختلفة من المثيرات تشكل اشارات لحدوث أنواع مختلفة من الاستجابات (Hill, 1990)، وهكذا نجد أن جثري يؤكد أن الدوافع هي بمثابة داخله تنشط وتشكل مصدرا للاشارات ترتبط بسلسلة من الحركات والتي تستمر حتى يتم تنفيذها الفعل المناسب.

سادسا: العقاب لا يعمل على قمع الاستجابات أو اضعافها بل يعمل على إحداث نوع جديد من التعلم

يرى جثري أن أثر العقاب لا يتمثل في اضعاف الارتباطات بين المثيرات والاستجابات، فهو لا يعمل على ابطال أو إضعاف العادات، وإنما يؤدي إلى تعلم انماط أخرى من الاستجابات.

فعند عقاب الفرد على سلوك ما، فإن العقاب حسب وجهة نظر جثري لا يؤدي إلى محو هذا السلوك عند ذلك الفرد، ولكن يؤدي الى تعلم استجابة جديدة تجنبا لهذا العقاب. فالعقاب يعمل على إحداث تعلم سلوك جديد مخالف للسلوك المعاقب، بحيث يحل السلوك الجديد محل السلوك القديم في الارتباط مع المثيرات ذات العلاقة.

واعتمادا على وجهة نظر جثري فإن العقاب كالتعزيز من حيث أنه شكل من أشكال التغير في المثير، ويرى أن العقاب نفس قوة التأثير التي يحدثها التعزيز بالاستجابة، ويؤكد جثري أن أهمية العقاب تكمن في نوع واشكال الاستجابات الجديدة التي يتعلمها الفرد لتحل محل الاستجابات المعاقبة، فالمهم في الأمر ليس إحداث عقاب لاستجابة ما في موقف ما، وإنما في نوعية الاستجابات البديلة التي يحدثها مثل هذا

العقاب. فالعقاب يكون اجراء فعالا عندما يحدث استجابة جديدة مقبولة لترتبط بالمثير عوضا عن الاستجابة السابقة (Hilgard & Bower, 1981).

يعطي جثري مثالا على طفل عمره عشرة سنوات يقوم بالقاء حقيبته ومعطفه على الارض عند دخوله المنزل، فلجأت والدته الى عقابه من خلال اجباره على لبس معطفه وحمل حقيبته والخروج من المنزل ثم الدخول مرة أخرى ليقوم بخلع معطفه وتعليقه في المكان المخصص ووضع حقيبته أيضا في مكانها المخصص لها.

وبذلك فمن خلال اجراء العقاب هذا تعلم الطفل احلال استجابات أكثر ملائمة بدل الاستجابات السابقة (Hill,1990).

يمكن إزالة العادات أو الارتباطات غير المرغوبة والاستعاضة عنها بارتباطات جديدة مرغوبة من خلال عدة اجراءات تتمثل في :

١- اجراء العتبة Threshold: وفيه يتم أولا تقديم المثير بشكل خافت أو ضعيف على نحو لا يسمح بحدوث الاستجابة المراد محوها، ثم الزيادة في شدة المثير تدريجيا في مناسبات متعددة. ويتم الاستمرار في هذا الاجراء الى أن يصبح المثير بكامل قوته غير قادر على استجرار الاستجابة غير المرغوبة.

ويعد مثل هذا الاجراء فعالا في حالة الاستجابات الانفعالية مثل الغضب والخوف والخجل وغيرها، ففي مثل هذا الاجراء يتم إزالة الحساسية نحو المثير بحيث تتلاشى الاستجابة التي ترتبط به على نحو تدريجي إلى أن تتوقف بحيث لا تعود ترتبط بذلك المثير.

٢- اجراء التعب أو ما يسمى بإجراء الممارسة السلبية "Fatigue or Negative Practice" : وفي هذا الاجراء يتم محو الاستجابة غير المرغوبة من خلال اجبار الفرد على ممارستها. فالاصرار على ممارسة هذه الاستجابة لأكثر من مرة يؤدي بالفرد الى المملل والتعب والاشباع، وهذا من شأنه أن يؤدي إلى الامتناع عن هذه الاستجابة مستقبلا. فالطفل الذي يحب أكل التراب مثلا، يمكن محو مثل هذه العادة عنده من خلال اجباره على أكل التراب لعدد من المرات المتتالية.

٣- اجراء المثيرات المتعارضة Incompatile Stimuli: يتم في هذه الاجراء محو الاستجابة غير المرغوبة لمثير ما من خلال تقديم هذا المثير مع مثيرات أخرى تمنع حدوث تلك الاستجابة لذلك المثير، وتدفع الفرد الى القيام باستجابة أخرى جديدة

مرغوبة، فمن خلال هذا الاجراء فإن استجابة جديدة مرغوبة ترتبط بذلك المثير وتحل محل الاستجابة السابقة غير المرغوبة، وحتى يكون هذا الاجراء فعالا يجب تقديم المثير مع مثيرات مضادة للمثيرات التي يستجر بوجودها الاستجابة، وذلك من أجل توليد حركات مضاده.

سابعا: يلعب الانتباه دورا هاما في اختيار الاستجابة

يؤكد جثري دور الانتباه في اختيار الاستجابة وتنفيذها بحضور مثيرات معينة. فهو يعتبر أن ما يتم ملاحظته والانتباه له يحدد ما سيتم عمله، إذ إنه يصبح إشارة لذلك العمل أو الأداء. ويتوقف ارتباط استجابة ما بمثير معين على زمن ومدة الانتباه، إذ إن الاقتران أو الارتباط بين تلك الاستجابة وذلك المثير يعتمد على عملية الانتباه التي تمت لذلك المثير بحيث يتم اختياره دون غيره من المثيرات لترتبط به الاستجابة.

المفاهيم الأساسية في نظرية جثري Basic concepts :

بعد أن تم التعرض إلى أهم الافتراضات التي قدمها جثري حول موضوع التعلم، بات من المفيد تناول المفاهيم والمبادئ الرئيسية في نظريته. وتجدر الاشارة هنا إلى أن جثري لم يضف أية مفاهيم جديدة في موضوع التعلم غير تلك التي استخدمها سابقوه من المنظرين، لا بل استخدم نفس المصطلحات ولكن بتفسيرات جديدة. وفيما يلي عرض لمثل هذه المفاهيم :

النضج Maturation

في الوقت الذي قلل فيه علماء التعلم أمثال هل وسكنر وثورنديك من شأن عوامل التكوين والنضج في عمليات التعلم، نجد أن جثري أولى هذا العامل أهمية بالغة، إذ يرى أن النضج الحسي والعصبي والعضلي ضروري لتعلم العديد من الانماط السلوكية. وتحديدا فهو يرى أن نضج الجهاز العصبي على أنه المحدد الرئيسي لتعلم الكثير من الاستجابات (غازادا وريموندجي، ١٩٨٦).

الاقتران Congtiguty

يتم تعلم الاستجابة أو الحركة لمثير أو موقف ما وفقا لعملية الاقتران الزمني؛ أي التزامن بين حدوث استجابة ومثير معين. فالآلية الرئيسية في التعلم هي الرابطة الزمنية

بين المثير والاستجابة، وليس ما يترتب على هذه الاستجابة من نتائج تعزيزية أو ليس بسبب اقتران المثير الشرطي بمثير آخر طبيعي. وعلى هذا الاساس فإن التعلم هو بمثابة تشكيل علاقات ارتباطية بين مثيرات واستجابات ، بحيث يتكرر الميل الى حدوث استجابة لمثير ما بسبب أن مثل هذه الاستجابة سبق وأن تم استدعاؤها من قبل ذلك المثير.

التعلم Learning

يعرف جثري التعلم على أنه تغير شبه ثابت في السلوك، ويرى أن التعلم الحقيقي يحدث لدى الفرد عندما يمتلك القدرة على تنفيذ سلوكات جديدة مغايرة لسلوكات أخرى ارتبطت في موقف ما. ولا يعني بالضرورة أن التغير الذي يحدث بسبب التعلم قد يكون نحو الاحسن؛ فقد يكون نحو الاحسن أو نحو الاسوأ.

الاستجابة أو الحركة Response or movement

يشير مفهوم الاستجابة أو الحركة إلى جزء من الأداء أو السلوك الذي يرتبط بمثير ما. وبذلك نجد أن جثري يرى أن الأداء أو الفعل (Act) هو مجموعة من الحركات أو الاستجابات، وهذا الفعل هو بحد ذاته الهدف النهائي. وعليه فإن الحركة هي الاستجابة الأولية لذلك الفعل، لقد أنصب اهتمام جثري على تعلم الحركة لأنها تمثل الهدف النهائي لأي فعل سلوكي، وهي أكثر أهمية من نتيجة ذلك الفعل.

الكف Inhibition

يحدث الكف لاستجابة ما من خلال الانشغال في استجابات أخرى. ويفسر جثري الكف من خلال عمل النظام العصبي المركزي، إذ يرى أن الوصلات العصبية المرتبطة باستجابة ما يكف عملها من خلال اثارة وصلات عصبية أخرى ترتبط باستجابة مغايرة. وانطلاقا من ذلك فهو يرى أن ردات الفعل أو الاستجابات الانفعالية أو العضلية يمكن منعها أو كفها من خلال توليد أنشطة أو أفعال أخرى معاكسة لها.

ففي هذا الصدد، يرى جثري أن بعض الأنشطة العضلية يمكن منعها من خلال اشغال عضلات أخرى بأنشطة حركية مختلفة عن السابقة، كما يمكن اثارة الفرد في أنشطة انفعالية لكف ردات انفعالية أخرى.

الكف الارتباطي Associative inhibition

يقابل هذا المفهوم مبدأ الانطفاء أو المحو Extinction عند بافلوف وسكنر، ولكن يفسر جثري عملية الانطفاء بطريقة مغايرة لما قدمه كل من بافلوف وسكنر، فهو يرى أن الانطفاء في الارتباط أو العادة يحدث نتيجة تشكيل ارتباط جديد، أي أن استجابة كفيه جديدة تحل محل استجابة سابقة في ذلك الارتباط، وليس مجرد عملية تراجع تدريجي في الارتباطات بسبب غياب التعزيز أو عدم الاقتران بالمثير غير الشرطي.

المكافأة أو التعزيز Reward or Reinforcement

هي شكل من أشكال التغير في المثير الذي يحدث في نهاية السلسلة السلوكية وتعمل على تهيئة الكائن الى الانتقال من موقف الى موقف آخر اثناء تنفيذ الفعل. فالتعزيز ليس عاملا أساسيا في الاحتفاظ في السلوك أو تقوية الارتباطات، وإنما هو مجرد إشارة لحدوث استجابة ما في السلسلة السلوكية التي يؤديها الفرد (Hilgrad & Bower, 1981).

العقاب Punishment

هو شكل من أشكال المثير أو التغير في ذلك المثير يحدث في نهاية سلسلة سلوكية ما، ويعمل على انتاج استجابة جديدة لتحل في الارتباط محل استجابة غير مرغوبة. فالعقاب لا يؤدي إلى إضعاف أو قمع الارتباطات، وإنما يعمل على توليد فعل أو سلوك جديد مغاير للفعل السلوكي الذي تمت معاقبته.

المثير Stimulus

يشير مفهوم المثير الى جميع التغيرات البيئية التي يمكن للحواس التأثر بها بحيث تحدث تغيرا جسميا كاستجابة لها، بحيث يتولد عند ذلك سلسلة من الافعال الحركية.

الاحتفاظ بالمثير Stimulus Maintaining

تنشأ حالة الاحتفاظ بالمثير أو المثيرات بفعل عوامل الدافعية، حيث تمثل الدافعية مجموعة من المثيرات الداخلية التي تبقى نشطة باستمرار حتى يتم أداء الاستجابة المطلوبة. فالاحتفاظ يرتبط بمجموعتين من المثيرات: وهي المثيرات الداخلية التي تدفع الى تنفيذ بعض الاستجابات أو الحركات، ومجموعة المثيرات الأخرى التي تنتج عن هذه

الحركات. وبذلك فإن الاحتفاظ بهاتين المجموعتين من المثيرات يستمر لغاية الوصول الى الهدف المتمثل في تنفيذ الاستجابة الكاملة المناسبة لتلك المثيرات.

المثيرات الناجمة عن الحركة Stimuli Produced by Movement

وهي مجموعة المثيرات التي تنشأ عن الاستجابات أو الحركات، فكل حركة بحد ذاتها هي مثير منبه للجمل العصبية في مناطق الجسم المختلفة، كما أنها في الوقت نفسه منبه للمثيرات الخارجية، وعلى ضوء هذه الحركة يتحدد شكل الحركة اللاحقة. وبلغة أخرى، فإن كل حركة في السلسلة الحركية المعقدة هي بمثابة مثير للحركة اللاحقة وهكذا إلى أن يتم تنفيذ الأداء والعمل المطلوب (عاقل، ١٩٨١).

تعليق أخير على نظرية جثري:

لقد اهتم جثري بالأمثلة التطبيقية لنظريته أكثر من اهتمامه بالمسائل النظرية، ففي أحد كتبه أفرد فصلا كاملا حول كيفية الاستفادة من مبدأ الارتباط في مجال التربية والتعليم وقدم نصائح عملية للأمهات والمربين والمعلمين والاكلينيكيين حول أساليب التربية الصحيحة، ففي مجال عملية المذاكرة ينصح جثري المتعلمين المذاكره في ظروف مماثلة لتلك التي حدث فيها التعلم في الأصل، إذ ينصح بضرورة بذل أقصى جهد لتوفير التشابه بين البيئتين للإفادة من مفهوم تعميم المثير. وحتى يحدث التمكن في التعلم ينصح جثري المعلميين التركيز على الأداء المطلوب تعلمه لأن الهدف من التعلم في الأصل هو تعلم الاستجابة الدقيقة أو الفعل الذي تشتمل عليه المحاضرة أو الحصة الدراسية.

وفي مجال محو السلوكات غير المرغوبة، ينصح جثري باستخدام الكف الارتباطي وذلك من خلال تشكيل رابطة جديدة بين المثير واستجابة أخرى تكف الاستجابة المراد محوها. كما يمكن احداث ذلك من خلال تغيير المثيرات التي ترتبط بتلك الاستجابة، على نحو تدريجي وذلك حتى تتلاشى مثل هذه الاستجابة.

بالاضافة إلى ذلك يقترح استخدام أسلوب الاجهاد وذلك من خلال دفع الفرد إلي أداء الاستجابة غير المرغوبة، مما ينتج عنه حاله من الاشباع والملل والتعب وبالتالي ميل

الفرد إلى التخلي عنها. وهناك أيضا إجراء العلاج الانفجاري Implosive therapy لعلاج الاضطرابات الانفعالية وفيه يتم تعريض الفرد بصورة عنيفة إلى المثيرات التي تثير الانفعال لديه مما ينتج عنه بالتالي حالة من التعود. ويرى أيضا أنه بالإمكان تقليل حالات القلق والخوف من خلال توظيف إجراء إزالة فرط الحساسية التدريجي بصورة منظمة Systematie desensitizatin ، وفيه يتم التعرض لمثيرات الخوف على نحو تدريجي بحيث تزداد كثافتها عبر مراحل العلاج.

126

الفصل السادس

" نظرية هل في التعلم"
" نظرية الحافز "

Hull's systematic behavoir theory
"Drive theory"

تمهيد:

تعرف هذه النظرية بأسماء أخرى مثل نظرية الدافع "Drive theory" أو نظرية هل في السلوك النظامي "Hull's Systematic behavior theory" أو ترابطية هل السلوكية "Hull's Connectism" وإلى غير ذلك من الأسماء الأخرى، وتصنف هذه النظرية ضمن النظريات السلوكية التي تؤكد مبدأ الارتباط بين مثير واستجابة ومثير تعزيزي (مثير- استجابة - تعزيز)، وهي أيضا من النظريات الوظيفية التي ترى أن للسلوك وظيفية معينة. وهي تنظر إلى التعلم على أنه العملية التي من خلالها ترتبط استجابات بمثيرات معينة، وأن مثل هذا التعلم يحدث على نحو تدريجي بحيث تزداد الارتباطات قوة بالمران والتدريب مع وجود التعزيز أو المكافأة.

طور هذه النظرية عالم النفس الأمريكي كلارك هل (Clark L. Hull: 1884-1952) بحيث سادت أفكارها في مجال التعلم خلال الخمسينات والستينات من القرن الماضي، وتعد

نظرية هل سلوكية وميكانيكية بالوقت نفسه "Behavioristic & Mechanistic"، يتمحور اهتمامها حول مفهوم العادة "Habit" وقد جاءت نتائجها من تجارب الأشراط الكلاسيكي على الحيوانات (Hilgard & Bower, 1981)، وفيها انصب اهتمام هل بالإجابة عن الأسئلة المتعلقة بأسباب تعلم الكائن الحي لبعض السلوكات والكيفية التي من خلالها يتم تعلم مثل هذه السلوكات؟ لذلك فقد اهتم بمسألة (لماذا وكيف) يتم تعلم الاستجابات، أو ما يطلق عليها اسم العادات.

تعريف بـ (كلارك هل) (١٩٥٢-١٨٨٤):

ولد هل في اكرون - نيويورك في ١٨٨٤ / ٥ / ٢٤، وتمثلت اهتماماته الأولى بعلم الهندسة، إلا أن انجذابه نحو علم النفس دفعه إلى التحول من دراسة الهندسة إلى دراسة علم النفس حيث حصل في عام ١٩١٨ على درجة الدكتوراه في الفلسفة وعلم النفس من جامعة ويسكونسن.

انصبت اهتمامات هل الأولى في مجال علم النفس على الأداء والتنويم المغناطيسي، فكان من أوائل العلماء الذين أخضعوا ظاهرة التنويم المغناطيسي للتجريب، ويجمع كتابه الموسوم بعنوان التنويم والقابلية للإيحاء: منهج تجريبي"Hypnosis and Suggestibility: An experimental approach" أهم أفكاره وأبحاثه في هذا المجال.

في الثلاثينات من القرن الماضي توجه هل إلى دراسة التعلم وأصدر كتابا بهذا الشأن بعنوان مبادئ السلوك "The principles of behavior" وفيه عرض نظريته في مجال التعلم التي تقوم على توليفية من مبادئ الأشراط الكلاسيكي والأشراط الوسيلي، لأن هل تأثر إلى درجة كبيرة بأفكار كل من واطسون وبافلوف في الأشراط الكلاسيكي بالإضافة إلى تأثره بقانون الأثر عند ثورنديك.

وقد عمل هل على إعادة صياغة في العديد من مبادئ الأشراط الكلاسيكي والوسيلي معتمدا في تفسيرها على نظام قياسي جديد.

منهجية هل Hull's Methodolgy:

لقد اعتمد هل في دراسة التعلم على منهجية مغايرة لما كان سائدا عند ممن سبقوه أو معاصريه من علماء النفس، وتعرف هذه المنهجية باسم طريقة الفرضية القياسية أو

الاستنباطية "Hypothetico deductive method" ، وفيها يستخدم المنطق والقياس الرياضي في دراسة الظواهر السلوكية مستفيدا في ذلك من اهتماماته الأولى في مجال الهندسة. لقد أراد هل وضع نظرية شاملة لتفسير التعلم، إذ أنه في بناء هذه النظرية انطلق من مفاهيم ومصطلحات (Theorems) تتبع بمسلمات "Postulates"، ومثل هذه المسلمات قد تشكل بحد ذاتها فرضيات قابلة للاختبار المنطقي والتجريبي، أو أنها نتائج يمكن اختبار صحتها تجريبيا، ومن خلال ربط هذه المسلمات والمصطلحات معا يمكن انتاج افتراضات أو قياسات جديدة يمكن التأكد من صحتها تجريبيا. فالمسلمات هي بمثابة صياغات عامة عن المظاهر المختلفة للسلوك؛ أي أنها صياغات عامة عن العمليات الأساسية للسلوك وليست مبادئ وقوانين مشتقة على نحو مباشر من التجريب ، ومثل هذه المسلمات لا تحتاج إلى برهان، أو اثبات وتؤخذ على أنها نقاط بداية براهين إذ يمكن منطقيا استخلاص عدد من الافتراضات من هذه المسلمات يصار إلى الحكم على صحتها أو خطئها باستخدام قواعد المنطق، ثم بالتجريب. ولذلك فهو في منهجيته لم يبدأ بفرضيات أو مسلمات محاولا اثباتها لاشتقاق مبادئ أو مفاهيم حول التعلم، وإنما اتبع أسلوبا معاكسا تمثل في تقديم المفاهيم والمبادئ أولا ثم اتبعها بمسلمات وفرضيات، وقد أطلق على هذه الطريقة اسم طريقة المتغيرات المتداخلة "Intervening Variable Approach" ، فالمتغير المتداخل هو بمثابة عمليه عضويه مستنتجة تتوسط بين المثير والاستجابة وتعمل على زيادة التحرك لدى الكائن الحي.

الافتراضات الرئيسية في نظرية هل Basic Hypothesis:

صاغ هل العديد من الافتراضات حول التعلم والتي تعكس وجهة نظره في هذا الشأن، وقد توصل إلى مثل هذه الافتراضات من خلال منهجيته الصارمة في البحث التجريبي وطريقته التي تعتمد على القياس المنطقي الاستنباطي. وتتمثل هذه الافتراضات بالآتي:-

أولا: ينطوي التعلم على تشكيل عادات "Habits"

يمثل مفهوم العادة رابطة مستقرة نسبيا بين مثير واستجابة، فالتعلم عند هل يقوم على أساس اقتران المثير والاستجابة بوجود التعزيز أو المكافأة، ويرى أن مثل هذا الاقتران بين المثير والاستجابة يزداد قوة على نحو تدريجي بعدد مرات التعزيز أو التدعيم.

يطلق هل على الرابطة بين المثير والاستجابة اسم العادة ويفترض أنها تزداد قوة بعدد مرات التدعيم أو التعزيز، ومن هذا المنطلق فإن قوة العادة هي دالة عدد مرات التعزيز على افتراض ثبات عوامل أخرى. تتشكل العادات لدى الكائن الحي نظرا لوجود الحاجات الفسيولوجية التي يتولد عنها دافع للتحرك بسبب حالة الحرمان التي تحدثها. ويكمن الهدف منها مساعدة الكائن الحي على البناء وتمكينه من التكيف مع الظروف البيئة المتغيرة.

ثانيا: تأخير التعزيز يضعف قوة العادة.

إذا تشكلت عادة (رابطة بين مثير واستجابة) بوجود تعزيز معين، فإن قوة مثل هذه العادة تضعف إذا تم تنفيذ الاستجابة وتأخر ظهور التعزيز. لقد أطلق هل على هذه الحالة "فرضية ممال الهدف" والتي تنص على أن الاستجابات التي تكون أقرب إلى الهدف تكون أقوى من تلك التي تبتعد عن ذلك الهدف، وقد تنطبق مثل هذه الحالة على الأشراط الوسيلي الذي يتضمن الاستجابات الموجهة نحو هدف أو غاية معينة، بحيث أن مثل هذه الاستجابات تضعف بازدياد الفاصل الزمني بين تنفيذ هذه الاستجابات والمعزز الذي يتبعها. ويرى أيضا أن قوة مثل هذه العادة تتأثر بوجود مثيرات تعزيزية ثانوية أخرى أو بوجود مثيرات أخرى لا ترتبط بالعادة أثناء فترة التأخير (Hill,1990).

ثالثا: تضعف قوة العادة بازدياد الفاصل الزمني بين تقديم المثير الشرطي والمثير غير الشرطي.

يرى هل أن قوة العادة في حالة الأشراط الكلاسيكي تتناقص بسبب وجود فاصل زمني بين ظهور المثير الشرطي والمثير غير الشرطي، وقد أطلق على هذا الانحراف الزمني اسم اللاتزامن بين المثير والاستجابة، وحتى تكون العادة مرتبطة ارتباطا وثيقا بخفض الحاجة يفترض أن لا يكون الفاصل الزمني طويلا، ويرى هل أن اللاتزامن الأمثل بين المثير والاستجابة ذلك الذي لا يتجاوز ٢/١ ثانية.

لقد وجد هل أن تأثير مثير معين عندما يقترن باستجابة ما وفق فاصل زمني قصير يكون في الغالب أكثر ارتباطا بتناقص الحاجة أو الدافع، وهذا ما ينجم عنه زيادة الميل لذلك الدافع في إثارة رد الفعل المتمثل في الاستجابة المتعلمة (غازادا وريموندجي، ١٩٨٦).

وانطلاقا من الافتراض الثاني والثالث فإن منحى التعلم النهائي المتمثل في قوة العادة يتوقف على العوامل التالية:-

أ- هو دالة نمو موجبة لأثر حجم التعزيز الأولي أو الثانوي في تخفيض الدافع أو المثير الحافز.
ب- هو دالة نمو سالبة لتأخير التعزيز بعد تنفيذ الاستجابة .
ج- هو دالة نمو سالبة لدرجة اللاتزامن بين المثير الشرطي والاستجابة، أي أنه دالة سلبيه للفترة الزمنية التي تفصل بين المثير الشرطي والبدء في تنفيذ الاستجابة.

رابعا: ينعكس أثر حجم التعزيز في دافعية الباعث.

افترض هل في كتابه الذي نشره عام (١٩٤٣) أن حجم التعزيز هو مظهر من مظاهر التعزيز بحيث كلما كان حجمه أكبر كان تخفيف الدافع أكبر، مما يتسبب عن ذلك زيادة أكبر في قوة العادة، إلا أن مثل هذا الافتراض لم تثبت صحته، إذ أشارت نتائج التجارب أن حجم التعزيز ينتج عن تغيرات سريعة في الأداء أو العمل، لذلك فإن مقدار التعزيز يؤثر في مستوى الباعث وليس في قوة العادة، ويشير الباعث إلى أثر المثير الحافز الذي يقدم من أجل القيام باستجابة ما (Houston, 1985).

ولزيادة قوة العادة لابد أن تتبع الاستجابة بتعزيز يخفض دافعية المثير الباعث، وهنا حجم التعزيز غير مهم بالنسبة لقوة العادة، إلا أنه مطلوب للتأثير في إثارة المثير الباعث، فالمكافآت الكبيرة تعمل على إثارة المثير الباعث بشكل أكبر، في حين أن المكافآت الصغيرة تؤثر على نحو أقل في هذا الباعث. فعلى سبيل المثال، يمكن زيادة انتاجية العامل من خلال تقديم زيادة أكبر في الأجر لكل قطعة إضافية ينتجها لأن مثل هذا الإجراء يساعد في زيادة شدة الباعث لديه للانتاج. مما يتسبب معه بالتالي زيادة في قوة العادة.

خامسا: عدد مرات التعزيز يقوي العادة على نحو متناقص.

من المعروف أن قوة العادة تعتمد إلى درجة كبيرة على عدد مرات التعزيز حيث أن كل تعزيز اضافي يشتمل على تخفيف في شدة المثير الباعث. وعليه فإن كل استجابة معززه تساهم على نحو أقل من الاستجابة السابقة في قوة العادة. وبلغه أخرى، فإن أثر التعزيز في قوة العادة يتناقص على نحو تدريجي مع عدد مرات التعزيز، بحيث أن مرات التعزيز الأولى تسهم على نحو أكبر في قوة العادة مقارنة مع المرات المتلاحقة.

وتبقى قوة العادة في تزايد إلى حد معين بحيث لا تضيف أي استجابات أخرى معززة أية زيادة إلى قوتها.

سادسا: تتمثل آثار التعزيز في خفض الحافز (الباعث).

خلافا لم افترضه العديد من علماء النفس من حيث أن التعزيز بحد ذاته يشكل دافعا للقيام بسلوك ما، نجد أن هل يفترض أن دور التعزيز يتوقف على قدرته على خفض الباعث أو الدافع، فهو يرى أن المعززات ترتبط دائما بدوافع نوعية عند الحيوان والإنسان، إذ أن الأحداث التي تعزز هي تلك التي تختزل الحاجات البيولوجية لأنها الأساس لجميع أنواع الدوافع، وعليه فإن الكائن الحي يميل إلى تعلم السلوكات التكيفية التي تساعده على خفض الحاجات. لقد افترض هل في كتاباته النظرية الأولى أن التعزيز يرتبط بخفض الحاجات البيولوجية، وقد يكون هذا مناسبا في حالة المثيرات الطبيعية التي ترتبط بحاجات معينة مثل الطعام لخفض حاجة الجوع، والماء لخفض حاجة العطش، ولكن في حالة المثيرات المحايدة التي تصبح معززات ثانوية وفقا لمبدأ الأشراط كيف لها أن تخفض الحاجة البيولوجية؟ إن مثل هذه المسألة شكلت تحديا حقيقيا لنظرية هل مما دفعه إلى استخدام تعبير خفض الحافز (الباعث) بدلا من خفض الحاجة، فالحافز أو المثير الحافز هو بمثابة متغيرات توسطية ترتبط إلى درجة كبيرة بالعمليات التي تنتج الحاجات البيولوجية، ويمكن خفض مثل هذا المثير الحافز في وقت يسبق خفض الحاجة الفعلي (غازادا وريموندجي، ١٩٨٦).

سابعا: من خلال الأشراط الكلاسيكي يمكن للمثيرات المحايدة أن تصبح مثيرات تعزيزية

يرى هل أن بالإمكان أن تصبح المثيرات المحايدة مثيرات تعزيزية ثانوية من خلال اقترانها بالمثيرات التعزيزية الأولية كالطعام والشراب والحاجات البيولوجية الأخرى، ومثل هذه المثيرات يمكن أن تؤثر في السلوك في المواقف المختلفة، وهذا يتضمن ضرورة أن تقترن هذه المثيرات بمثيرات أولية لها القدرة على خفض الحافز (الباعث).

فالمثيرات التعزيزية الأولية بطبيعتها تقوم بوظيفتها لأنها تعلم كبواعث تثير الدوافع وتعمل على اشباعها، لذلك فالعملية التي يصبح من خلالها المثير المحايد معززا ثانويا تتوقف على اقترانه بمثير طبيعي، أو باعث يرتبط بإشباع دافع أو حاجة.

ثامنا: يمكن تعميم العادات إلى مثيرات جديدة غير تلك المتضمنة في الأشراط الأصلي.

ينطوي مفهوم السلوك التكيفي على المرونة في الاستجابة إلى المواقف المختلفة، فإذا ما تعلم فرد ما سلوكا معينا في موقف معين، فإنه من الممكن لهذا الفرد استخدام مثل هذا السلوك في مواقف أخرى مشابهة، وهذا بالطبع يشير إلى مفهوم تعميم التعلم. افترض هل وجود ثلاثة أنواع من التعميم وهي:-

أ- تعميم المثير: ويقصد بذلك أن الاستجابة التي ارتبطت بمثير معين أثناء عمليات الأشراط يمكن أن تعمم إلى مثيرات أخرى تترافق أو تتجاور مع ذلك المثير.

ب- تعميم الاستجابة: ويقصد به أن المثير الذي ارتبط باستجابة معززة أثناء عمليات الاشراط يمكن أن يرتبط بمجموعة استجابات أخرى، غير تلك المتضمنة بعملية التعزيز.

ج- تعميم المثير والاستجابة: ويحدث هذا النوع عندما ترتبط مثيرات غير متضمنة بعملية الاشراط أو التعزيز الأصلي باستجابات أو ردات فعل هي أيضا غير متضمنة في التعزيز، ولكنها تقع ضمن منطقة متعلقة به.

تاسعا : تنشط السلوكات المتعددة بفعل الدوافع.

يرى هل أن الدوافع تعمل على إثارة السلوك وتنشيطه لأن الدافع يعكس الحاجة الكلية لدى العضوية. يرتبط كل دافع بحالة بيولوجية محددة تترافق بتغيرات فسيولوجية معينة وتتطلب خفضا من نوع خاص. فعلى سبيل المثال الجوع يرتبط بنقص كمية السكر في الدم بسبب الحرمان من الطعام لفترة ما، وبذلك فإن خفض مثل هذه الحاجة يتطلب تناول الطعام.

فالحاجات الفسيولوجية تتحول إلى حالة حافز (دافع) عندما تصبح ملحة ويتولد عن ذلك استجابة أو سلوك غالبا ما يوجه نحو المثير الباعث الذي يخفض مثل هذا الدافع، ويمثل المثير الباعث المعزز أو المدعم الذي يعمل على خفض الدافع.

واعتمادا على ذلك، فإن المكافئة أو التعزيز التي تصلح لتقوية عاده معينة قد لا تصلح لتدعيم أخرى، والحوافز تعمل على خفض دافع معين (كالجوع مثلا) قد لا تنفع لخفض دافع آخر مثل العطش.

المفاهيم الأساسية في نظرية هل Basic Concepts:

بعد أن تم استعراض أهم الافتراضات حول التعلم في نظرية هل، فإنه من الأهمية بمكان التعرف على مفاهيمها الرئيسية، وكما أسلفنا سابقا أن هل اتبع منهجية مختلفة في بناء مفاهيم نظريته ، تقوم على القياس المنطقي الاستنباطي الخاضع للتجريب وقد طبق العديد من المعادلات الرياضية في صياغة وتعريف هذه المفاهيم، الأمر الذي جعل نظريته صعبة ومستعصية على الفهم. ولعل عدم انتشارها وتوظيف مفاهيمها في المواقف العملية وفي برامج تعديل السلوك يرجع إلى هذا السبب، رغم دقتها الكمية. وفيما يلي عرض لأهم المفاهيم التي تشتمل عليها:-

أولا: العادة "Habit"

تمثل العادة الوحدة الأساسية في نظرية هل، فهي تشير إلى رابطة مستقرة نسبيا بين مثير واستجابة معززة. يرى هل أن الكائن الحي يتعلم عادات تستقر في حصيلته السلوكية بحيث يستخدمها في مثل مواقف تعلمها أو المواقف الأخرى المماثلة لها. فالتعلم حسب وجهة نظر هل يتم من خلال تكوين اقتران بين مثير واستجابة ما بوجود التعزيز أو المكافأة ، ويرى هل أن التدريب أو ممارسة العادة غير كاف لزيادة قوتها ويتوقف دور التدريب في زيادة قوة العادة، على وجود المكافأة أو التعزيز، حيث أن قوة العادة هي دالة لعدد مرات التعزيز على اعتبار ثبات العوامل الأخرى.

فالتدريب يؤثر في قوة العادة فقط بوجود المكافأة أو التعزيز، وأن المحاولات الأولى من التدريب ينتج عنها زيادة كبيرة في قوة العادة، ومع التقدم في عمليات التدريب، فإن المحاولات اللاحقة تضيف زيادة أقل في قوة مثل هذه العادة (Klein, 1987).

ثانيا: الدافع الحافز "Drive"

يشير مفهوم الدافع إلى الحاجات البيولوجية الأولية لدى الكائن الحي وتشمل الحوافز الرئيسية مثل الجوع والعطش والحفاظ على درجة الجسم والتنفس، والتخلص من الفضلات والنوم والراحة والنشاط والجماع والتخلص من الألم والأمومة والرعاية وغيرها. يرى هل أن مثل هذه الدوافع هي المحركات الأساسية للتعلم والسلوك، إذ أن الحرمان منها يدفع الكائن الحي إلى توليد السلوك المناسب (Houston, 1985).

وينجم عن مثل هذه الدوافع حالة حفز كلية خاصة لدى الكائن الحي، تختلف من دافع إلى آخر، وتسمى حالة الحفز هذه بالمثير الحافز، وهو بمثابة المكون الحقيقي للدافع. فعلى سبيل المثال، وجود الطعام في حال الجوع يعد مثيرا حافزا ملائما لهذا الدافع، في حين تعزيز الجوع في حالة العطش لا يعد مثيرا حافزا مناسبا (Beck, 2000).

ثالثا: الحوافز الثانوية "Secondary Drives"

وهي مجموعة المثيرات المحايدة بالأصل التي يتزامن حدوثها أو وجودها مع الحوافز الأولية بحيث تصبح مثل هذه المثيرات نتيجة لهذا الاقتران قادرة على توليد السلوك الذي تحدثه الحوافز الأولية. فعلى سبيل المثال، إذا تزامن حدوث مثير ما مع الجوع، فيمكن لهذا المثير توليد سلوك البحث عن الطعام في المناسبات التي يتعرض فيها الكائن الحي لمثل هذا المثير (Chance, 1988).

رابعا: الباعث "Incentive"

يشير الباعث بالمفهوم العام إلى الأشياء الخارجية التي ترتبط بإشباع الدوافع أو الحوافز، فهي بمثابة المعززات أو المكافآت المختلفة التي ترتبط بالدوافع مثل الطعام والشراب والدفء وغيرها. أما في نظرية هل فيشير الباعث إلى كمية التعزيز أو التدعيم الذي يتم الحصول عليه، ومثل هذه الكمية من التعزيز لا تؤثر على نحو مباشر في قوة العادة، ولكنها تؤثر في مستوى الدافعية للأداء والسلوك، إذ أنها تؤثر في السلوك من خلال تغيير مستوى الدافعية لدى الكائن الحي (Beck,2000).

خامسا: دينامية شدة المثير "Stimulus - Intensity Dynamism"

يشير هذا المفهوم إلى أن المثير الأقوى في الموقف الأشراطي يعمل على استثارة استجابة قوية. وهذا بالطبع يعني أن الموقف الاشراطي لا يتضمن مثيرا واحدا فقط وإنما مجموعة من المثيرات بحيث يستجر المثير الأقوى في هذا الموقف استجابة أقوى.

سادسا: جهد الاستجابة "Reaction Potential"

يشير جهد الاستجابة إلى الأداء النهائي الذي يظهره الكائن الحي في موقف ما، ويعتمد هذا الجهد على تفاعل مدخلات الأشراط المتمثلة في قوة العادة (H) والحافز

(D) والباعث (K) وشدة المثير (V). ويمكن التعبير عن جهد الاستجابة (E) بالمعادلة التالية:

جهد الاستجابة = قوة العادة ×الحافز ×الباعث × دينامية شدة المثير (E = H (D (K (V) .

سابعا: قوة العادة المعممة "Generalized Habit Strength"

ويقصد بها أن الاستجابة التي ارتبطت بمثيرات معينة في الأشراط الأصلي يمكن لها أن ترتبط بمثيرات أخرى لم تتضمن في ذلك الأشراط، ومثل هذه الاستجابة ربما تؤثر في جهد الاستجابة التي تظهره العضوية في موقف ما.

ثامنا: الكف الاستجابي والكف الشرطي "Reactive & Conditioned Inhibition"

يشير مفهوم الكف الاستجابي "Reactive inhibition" إلى حالة حفز سلبية تؤدي بالكائن الحي إلى عدم الاستجابة، ويبدو ذلك جليا في الميل إلى عدم إعادة استجابة تم تنفيذها للتو. يرتبط الكف الاستجابي بحالة الاعياء والتعب، إذ تميل العضوية إلى التوقف عن استجابة ما بسبب التعب.

ويعتمد هذا الكف على مقدار الجهد (الشغل) اللازم لإنتاج استجابة ما بحيث يتبدد مثل هذا الكف بوجود فترات راحة بين مرات تنفيذ الاستجابة . وهكذا فإن هذا النوع من الكف مؤقت يزول بوجود الراحة (Beck,2000).

أما الكف الشرطي "Conditioned Inhibition" فيحدث نتيجة الفشل في الاستجابة بحيث أن هذا الفشل يتعزز ويصبح عادة متعلمة تمتاز بالثبات والديمومة. وعندما يتحد كل من الكف الاستجابي والكف المشروط معا ينتج عنه ما يسمى بجهد الكف المجمع للعادة "Aggregate Inhibitory Inhibition" .

تاسعا: التذبذب السلوكي "Behavioral Oscillation"

يفترض هل أن جهد الاستجابة يمكن قياسه من خلال أبعاد أربعة هي: احتمالات ظهور الاستجابة، وكمونها وسعتها ومقاومتها للانطفاء. وبذلك فإن التذبذب السلوكي يحدث عندما تتغير سعة الاستجابة ومدة كمونها من محاولة إلى أخرى. وهذا يعني أن الاستجابة قد تحدث في محاولة ولا تحدث في التي تليها، أو أنها تكون قوية في محاولة وضعيفة في محاولة أخرى.

عاشرا: عتبة رد الفعل "Reaction Threshold"

يشير مفهوم عتبة رد الفعل إلى الحد الأدنى من الجهد الاستجابي الذي يجب توفره لدى الكائن الحي حتى تحدث استجابة معينة. ويتوقف الجهد الاستجابي على تفاعل أربعة مدخلات هي قوة العادة والدافع والباعث وشدة المثير في الموقف الأشراطي.

حادي عشر: التعزيز الأولي "Primary Reinforcement"

يرتبط مفهوم التعزيز الأولي بعملية خفض المثير الحافز، إذ أن هذا التعزيز يحدث فقط عندما يتم تخفيض المثير الحافز، أما في حالة عدم حدوث خفض في المثير الحافز فإن الباعث لا يعتبر معززا. ويشتمل التعزيز الأولي على جميع المثيرات الطبيعية التي تعمل على اشباع الحاجات مثل الطعام والشراب.

ثاني عشر: التعزيز الثانوي Secondary Reinforcement

يمكن لمثير محايد ما أن يصبح معززا ثانويا إذا اقترن بالتعزيز الاولي وفق آلية الاشراط الكلاسيكي بحيث يصبح مثل هذا المثير قادرا على استجرار جزء من الاستجابة المطلوبة. إن مثل هذه العملية تتطلب حدوث ثلاث حوادث بتتابع سريع يتضمن: تقديم مثير محايد، فالمثير الحافز، ثم انخفاض في المثير الحافز. وبناء على ذلك، فإنه إذا اقترن مثير محايد بتخفيض مفاجئ للمثير الحافز فإن هذا المثير المحايد سيكتسب خصائص تعزيزية. ومثل هذا المعزز الثانوي يمكن استخدامه لجعل مثير محايد آخر مثيرا معززا من خلال مبدأ الاقتران أو الاشراط.

مفهوم التعلم التمييزي Discrimination Learning

يتطلب التعلم التمييزي أن يتعلم الفرد الاستجابة الى مثير ما دون غيرها من المثيرات الاخرى التي يتضمنها الاشراط الاصلي. ويحدث هذا النوع من التعلم عندما يتم تعزيز تلك الاستجابة وحدها أثناء عمليات التدريب، وهذا يعني أن مثل هذه الاستجابة ضرورية في الجهد الاستجابي النهائي.

تعليق أخير على نظرية هل :

يمكن تصنيف نظرية هل ضمن النظريات الوظيفية التي تؤكد على الآلية التي تمكن الفرد من البقاء والاستمرار؛ فهي ترى أن السلوك يعمل على ارضاء الحاجات والدوافع، ولذلك تعمل العضوية على تعلم السلوك الذي ينجح في خفض المثير الحافز بحيث يصبح جزءا من حصيلتها السلوكية. وبذلك فإن نظرية هل تقوم على الدوافع والدافعية أكثر من كونها نظرية ارتباطية.

لا تكمن اهمية هذه النظرية في تأكيدها على المتغيرات أو العوامل المتدخلة فحسب، ولكن في دقتها الكمية من حيث قدرتها على ربط المسلمات معا على نحو يؤدي إلى معادلات وصيغ رياضية يمكن من خلالها التنبؤ بالسلوك على نحو دقيق وفقا لعدد مرات التعزيز المتتابعة. كما أنه بتحديد قيم مدخلات الأشراط الأصلية وهي قوة العادة والحافز والباعث وشدة المثير، يمكن تحديد مدى الجهد الاستجابي الناتج من مضروب تلك المدخلات الأربعة.

الفصل السابع

نظرية التعلم الاجتماعي

"Social Learning theory"

تمهيد :

تعرف هذه النظرية بأسماء أخرى مثل نظرية التعلم بالملاحظة والتقليد " Learning by Observing and Imitating"، أو نظرية التعلم بالنمذجة "Learning by Modeling"، وهي من النظريات الانتقائية التوفيقية "Eclectic Theory" لأنها حلقة وصل بين النظريات المعرفية والسلوكية (نظريات الارتباط - المثير والاستجابة)، فهي في تفسيرها لعملية التعلم تستند إلى توليفة من المفاهيم المختلفة المستمدة من تلك النظريات.

يرجع الفضل في تطوير الكثير من أفكار هذه النظرية إلى عالمي النفس البرت باندورا وولترز (Bandura & Walters, 1963). وفيها يؤكدان مبدأ الحتمية التبادلية "Reciprocal determinism" في عملية التعلم من حيث التفاعل بين ثلاث مكونات رئيسية وهي: السلوك والمحددات المرتبطة بالشخص والمحددات البيئية. فالسلوك وفقا لهذه المعادلة هو وظيفة لمجموعة المحددات المتعلمة السابقة واللاحقة (Bandurs, 1978)، بحيث تشتمل كل مجموعة منها على متغيرات ذات طابع معرفي، وذلك كما هو مبين في الشكل التالي:-

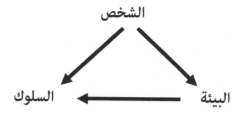

الشخص
البيئة
السلوك

شكل رقم (١-٧) مخطط يبين مبدأ الحتمية المتبادلة بين السلوك والبيئة والشخص

إن الحتمية المتبادلة هي في حد ذاتها نظرية معقدة وشاملة للسلوك الإنساني قامت على المنهج الامبريقي وتعنى بالقضايا الكبيرة والضيقة من القضايا الوظيفية الإنسانية، فهي تهتم بشكل أساسي بعمليات التبادل بين الأحداث الداخلية والخارجية للفرد والسلوك الذي يصدر عنه. فوفقا لهذا المبدأ فإن العمليات المعرفية تلعب دورا بارزا في السلوك الإنساني، ومثل هذه العمليات تتحكم بكل من السلوك والفرد والبيئة، وهي في الوقت نفسه أيضا محكومة بسلوك الفرد والبيئة. يمكن النظر إلى العمليات المعرفية على أنها نظم تمثيلية رمزية تأخذ شكل الأفكار والصور الذهنية، وتتضمن أحداثا معرفية مثل التوقعات والمقاصد والآليات الفطرية للتعلم. أما محددات السلوك السابقة فتشمل كافة المتغيرات الفسيولوجية والوجدانية، في حين تتمثل المحددات اللاحقة بأشكال التعزيز والعقاب الداخلية والخارجية منها (Bandura,1969).

افتراضات ومفاهيم النظرية Theory Concepts :

تنطلق هذه النظرية من افتراض رئيسي مفاده أن الإنسان كائن اجتماعي يعيش ضمن مجموعات من الأفراد يتفاعل معها ويؤثر ويتأثر فيها، وبذلك فهو يلاحظ سلوكات وعادات واتجاهات الأفراد الآخرين ويعمل على تعلمها من خلال الملاحظة والتقليد. فوفقا لهذه النظرية، فإن الأفراد يستطيعون تعلم العديد من الانماط السلوكية لمجرد ملاحظة سلوك الآخرين، حيث يعتبر هؤلاء الآخرين بمثابة نماذج (Models) يتم الاقتداء بسلوكاتهم. تقترح هذه النظرية أن غالبية الأنشطة الانسانية يتم تعلمها على نحو بديلي من خلال ملاحظة أنشطة النماذج وأنماطهم السلوكية والعمل على محاكاتها (Thornburg, 1984) .

وترى هذه النظرية أن هناك عمليات معرفية معينة تتوسط بين الملاحظة للانماط السلوكية التي تؤديها النماذج وتنفيذها من قبل الشخص الملاحظ. ومثل هذه الأنماط ربما لا تظهر على نحو مباشر، ولكن تستقر في البناء المعرفي للفرد بحيث يصار إلى تنفيذها في الوقت المناسب، وهذا ما يشير إلى مفهوم التعلم الكامن "Latent learning" والذي يتضمن تخزين الاستجابة المتعلمة من خلال الملاحظة على نحو معين من التمثيل العقلي ليصار إلى استرجاعها لاحقا.

يتضمن التعلم بالملاحظة جانبا انتقائيا ، إذ ليس بالضرورة أن عمليات التعرض إلى الانماط السلوكية التي تعرضها النماذج يعني تقليدها. وانطلاقا من هذه القضية، فالأفراد عندما يشاهدون سلوكات النماذج، فإن بعضهم يتعلم جوانبا مختلفة من جوانب سلوك ذلك النموذج. ولا يقتصر الجانب الانتقائي على عمليات التعلم فحسب، وإنما ينعكس أيضا على عملية الأداء لمثل هذه الجوانب السلوكية. فقد يعمل الأشخاص على إعادة صياغة تلك الأنماط السلوكية على نحو معين، أو ربما يلجأون إلى تنفيذ جوانب منها على نحو انتقائي. وهكذا فإن الانتقائية في تعلم جوانب معينة من سلوكات النماذج، وأداء بعض الجوانب منها يرتبط على نحو دقيق بمستوى الدافعية والعمليات المعرفية لدى الفرد الملاحظ.

آليات التعلم الاجتماعي Social Learning mechenisms:

يرى باندورا (Bandura, 1969) أن التعلم بالملاحظة يتضمن ثلاث آليات رئيسية هي:

أولا: العمليات الإبدالية "Reciprocal processes"

وفقا لهذه الآلية ليس بالضرورة أن يتعرض الفرد مباشرة إلى الخبرات المتعددة كي يتعلمها، ولكن يمكن له ملاحظة النماذج المختلفة وهي تمارس مثل هذه الخبرات. إن تعلم الخبرات والأنماط السلوكية المختلفة يمكن اكتسابها على نحو بديلي من خلال ملاحظة الآخرين دون الحاجة إلى مرور الفرد الملاحظ بهذه الخبرات على نحو مباشر. ففي هذا الصدد يقول باندورا إن جميع الخبرات الناجمة عن الخبرة أو التجربة المباشرة يمكنها أن تحدث على أساس بديلي من خلال ملاحظة سلوك الآخرين ونتائجه على الشخص الملاحظ (,Bandura 1976).

وانطلاقا من هذا المبدأ، فإن الكثير من الأنماط السلوكية والخبرات التي تظهر لدى الفرد في بعض المواقف لم يتم تعلمها بالأصل من خلال التجربة الشخصية والخبرة المباشرة ، ولكن جاءت نتيجة ملاحظة نماذج تمارس مثل هذه السلوكات.

إن ملاحظة سلوكيات الآخرين وخبراتهم وما يترتب عليها من نتائج تعزيزية أو عقابية ربما يثير الدافع لدى الأفراد الملاحظين لمثل هذه النماذج في تعلم الانماط السلوكية التي تعرضها أو تجنب ذلك، فالنتائج التعزيزية أوالعقابية الناجمة عن سلوك النماذج تؤثر على نحو بديلي في عملية التعلم، وهو ما يطلق عليه التعزيز البديلي أو العقاب البديلي (Vicarous reinforcement or punishment). فعند ملاحظة فرد يعزز على سلوك معين، ربما يشكل هذا دافعا لنا لتعلم مثل هذا السلوك، كما أن رؤية فرد يعاقب على سلوك ما، ربما يثير لدينا دافعا لتجنب هذا السلوك، وهكذا نجد أن تعلم بعض الخبرات والانماط السلوكية قد يتم على نحو غير مباشر من خلال ملاحظة سلوكات النماذج وما يترتب عليها من نتائج تعزيزية أو عقابية (Bigge & Shermis, 1999).

هناك العديد من الأنماط السلوكية التي يتم تعلمها على نحو بديلي، ومن الأمثلة عليها الخوف من بعض الاشياء كالحيوانات والحشرات وغيرها من الأحداث، كما ويمكن أن يتشكل القلق لدينا نتيجة الملاحظة والتقليد، فالطفل على سبيل المثال، ربما يتعلم القلق من خلال ملاحظة والده أو والدته وهو يظهر القلق في موقف معين. بالإضافة إلى ذلك هناك العديد من أنماط السلوك المعقدة التي يفترض على الفرد تعلمها مثل العادات والقيم والتقاليد واللغة واللـهجة وأنماط السلوك الاجتماعي السائد في بيئته والمهارات الأخرى مثل الألعاب الرياضية وقيادة السيارة وغيرها والتي قد يتم تعلمها أيضا على نحو بديلي من خلال الملاحظة والتقليد. وتجدر الإشاره هنا، أن مبدأ المحاولة والخطأ قد لا يكون كافيا لتعلم مثل هذه الأنماط السلوكية، إذ يتطلب تعلمها بالإضافة إلى المحاولة والخطأ ملاحظة نماذج تعرض مثل هذه السلوكات.

ثانيا: العمليات المعرفية "Cognitive processes"

يرى باندورا أن عمليات التعلم للانماط السلوكية من خلال الملاحظة لا تتم على نحو أتوماتيكي، فمثل هذه العمليات تتم على نحو انتقائي وتتأثر إلى درجة كبيرة بالعديد من العمليات المعرفية لدى الفرد الملاحظ. إن عملية تعلم استجابة ما من خلال الملاحظة وأداء مثل هذه الاستجابة يخضع إلى عمليات وسيطية مثل الاستدلال والتوقع والقصد

والإدراك وعمليات التمثيل الرمزي. وعموما إن هذا التعلم ينطوي على عمليات معالجة تتوسط بين ملاحظة سلوك النموذج وتعلم هذه الاستجابة وأدائها(Bandura, 1977).

ففي هذا النوع من التعلم يعمد المتعلم إلى تمثل الأنماط السلوكيه الملاحظة بطريقة ما على نحو يساعده لاحقا في الاستفادة منها واعادة انتاجها سلوكيا، وهو ما يعرف بالتسجيل الرمزي للمخبرات Symbilic Conding.

ثالثا: عمليات التنظيم الذاتي "Self - Regularity Processes"

يشير هذا المبدأ إلى قدرة الإنسان على تنظيم الانماط السلوكية في ضوء النتائج المتوقعة منها. يرى باندورا أن الأفراد يعملون على تنظيم سلوكاتهم وتحديد آلية تنفيذها في ضوء النتائج التي يتوقعون تحقيقها من جراء القيام بها. فالتوقع بالنتائج المترتبة على السلوك هو الذي يحدد إمكانية تعلم هذا السلوك أو عدم ذلك، كما ويلعب التوقع أيضا دورا هاما في أداء مثل هذا السلوك وتحت أي ظروف يكون من المناسب القيام به (Bandura, 1986). وبناء على ما سبق، يمكن استنتاج القضايا التالية حول التعلم بالملاحظة:-

١- تعلم العديد من الأنماط السلوكية لا يتطلب بالضرورة المرور بالخبرات المباشرة، وإنما ربما يتم تعلمها على نحو بديلي غير مباشر، ممثلا في ملاحظة سلوك الآخرين، وخير دليل على ذلك اللـهجة.

٢- تلعب النتائج المترتبة على سلوك النماذج مثل (العقاب أو التعزيز) دورا هاما في زيادة دافيعة الفرد أو اضعافها في تعلم مثل هذا السلوك.

٣- إن عمليات التعلم بالملاحظة لبعض الأنماط السلوكية تتم على نحو انتقائي، إذ ليس بالضرورة أن يتعلم الفرد هذه الأنماط على نحو حرفي، وإنما قد يتعلم جانبا منها، ومثل حالة الانتقائية تنطبق أيضا على عملية تنفيذ مثل هذه الأنماط.

٤- هناك عمليات معرفية وسيطية تحكم حالة الانتقائية تلك، وتحدد النتائج المتوقعة على تعلم بعض الاستجابات وعمليات أدائها.

٥- ليس بالضرورة أن يتم أداء كل ما يتم تعلمه من خلال الملاحظة مباشرة ، أي بعد الانتهاء من عملية الملاحظة ، وإنما يتم تمثله وتخزينه في الذاكرة رمزيا على

نحو معين ليصار استدعاءه لاحقا عندما يتطلب الأمر القيام ببعض الاستجابات في مواقف معينة.

٦- التعلم الاجتماعي هو من النوع الإجرائي، ولكن يتوقف تأثير كل من التعزيز والعقاب في السلوك على طبيعة العمليات المعرفية التي يجريها الفرد.

تجارب باندورا:

لقد أجرى باندورا وتلميذه والترز العديد من الابحاث التجريبية على الأطفال والأفراد الراشدين لاختبار صحة فرضيات نظريتهما في التعلم الاجتماعي، وقد كان محور اهتمامها يتمركز حول متغيرات الشخصية مثل تعلم الأدوار الجنسية والعدوان والاعتمادية، بالإضافة إلى اهتمامها بعمليات التعديل السلوكي، وفيما يلي عرض لبعض هذه التجارب:-

التجربة رقم (١):

اشتملت هذه التجربة على عينة من الأطفال تم تقسيمها عشوائيا إلى خمس مجموعات على النحو التالي:

- المجموعة الأولى: شاهدت نموذجا (مجموعة أفراد بالغين) تمارس سلوكا عدوانيا لفظيا وجسديا حيال دمية، وكانت المشاهدة مباشرة من قبل هذه المجموعة لسلوك النموذج.

- المجموعة الثانية: شاهدت هذه الأنماط السلوكية لنفس النموذج على نحو غير مباشر، أي من خلال فيلم تلفزيوني.

- المجموعة الثالثة: شاهدت هذه الأنماط السلوكية على نحو غير مباشر، ولكن من خلال نماذج كرتونية، أي من خلال فيلم يشتمل على صورة متحركة تمارس السلوك العدواني حيال دمية ما.

- المجموعة الرابعة: لم تشاهد أحداث السلوك العدواني، وهي تمثل المجموعة الضابطة.

- المجموعة الخامسة: شاهدت نموذجا يعرض سلوكا مسالما حيال الدمية.

في المرحلة اللاحقة من التجربة، تم تعريض المجموعات الخمس وعلى نحو منفرد إلى نفس الخبرة التي شاهدوها. وتضمن هذا الإجراء وضع كل مجموعة في غرفة

خاصة اشتملت على دمية، وتتيح مثل هذه الغرفة، إمكانية مراقبة سلوكات أفراد المجموعة. تم ملاحظة ورصد السلوكات العدوانية لكل مجموعة من هذه المجموعات، وأشارت النتائج إلى أن متوسط الاستجابات العدوانية التي أظهرتها المجموعات الخمس كان (١٨٣) للأولى، و (٩٢) للثانية، و (١٩٨) للثالثة، و (٥٢) للرابعة، و(٤٢) للخامسة، ويتضح من نتائج التجربة السابقة ما يلي:-

١- أظهرت المجموعات الأولى الثلاث التي شاهدت النموذج التي يمارس السلوك العدواني ميلا أكبر لتعلم مثل هذا السلوك وممارسته حيال الدمية مقارنة بالمجموعتين الرابعة والخامسة.

٢- أظهرت المجموعة الثالثة التي شاهدت نموذجا كرتونيا ميلا أكبر لممارسة السلوك العدواني من المجموعتين الثانية والأولى.

٣- أظهرت المجموعة الخامسة التي شاهدت نموذجا يمارس السلوك المسالم ميلا أقل من المجموعة الرابعة لممارسة السلوك العدواني.

تعليق على نتائج هذه التجربة:

أ- إن ممارسة أفراد المجموعات الثلاث السلوك العدواني على نحو أكبر بكثير من أفراد المجوعتين الرابعة والخامسة مؤشر إلى أن أفراد هذه المجموعات قد تعلموا مثل هذه السلوك نتيجة ملاحظة نماذج تمارس مثل هذه السلوكات، وهذا ما يدلل على أن التعلم قد تم فعلا من خلال الملاحظة والتقليد.

ب- إن ممارسة أفراد المجموعة الثالثة للسلوك العدواني على نحو أكثر من أفراد المجوعتين الأولى والثانية يؤكد مما لا شك فيه أهمية النموذج ومدى تأثر الأفراد به، فمن الملاحظ أن الأطفال أكثر انجذابا إلى أفلام الكرتون، وهذا ما يفسر سبب أن أفراد هذه المجموعة كانوا أكثر تأثرا بسلوك هذا النموذج، الأمر الذي انعكس في ممارستهم للسلوك العدواني على نحو أكبر من المجوعتين الأولى والثانية.

ج- أظهر أفراد المجموعة الخامسة ميلا أقل لممارسة السلوك العدواني مقارنة مع أفراد المجموعات الأخرى، ويرجع السبب في ذلك إلى أن هذه المجموعة شاهدت نموذجا يعرض سلوكا مسالما، وبالتالي فقد تأثرت بمثل هذا السلوك ، وهذا بحد ذاته دليل آخر على أهمية التعلم من خلال الملاحظة والتقليد.

التجربة رقم (٢):

اشتملت هذه التجربة على ثلاث مجموعات من الأفراد تم تعرضها إلى أفلام تتضمن نماذجا مختلفة تعرض أنماطا من السلوكات العدوانية حيال دمية، وقد ترتب على سلوكها هذا نتائج مختلفة، وذلك كما هو مبين أدناه:-

١- المجموعة الأولى: شاهدت نموذجا يمارس سلوكا عدوانيا وقد تمت معاقبة هذا النموذج بشدة على السلوك العدواني .

٢- المجموعة الثانية: شاهدت نموذجا يمارس سلوكا عدوانيا وقد جرى تعزيز هذا النموذج على السلوك العدواني.

٣- المجموعة الثالثة: شاهدت نموذجا يمارس سلوكا عدوانيا ولم يعاقب أو يعزز على هذا السلوك.

في المرحلة الثانية من التجربة، تم تعريض أفراد المجموعات الثلاث إلى نفس الخبرة التي شاهدوها، وتم رصد وتسجيل أنماطهم السلوكية. وقد ظهرت النتائج على النحو الآتي:-

١- أظهرت المجموعة الثانية التي شاهدت النموذج الذي عزز على سلوكه العدواني ميلا أكبر لممارسة مثل هذا السلوك أكثر من المجموعتين الأولى والثالثة.

٢- أظهرت المجموعة الثالثة التي شاهدت النموذج الذي لم يعزز أو يعاقب على السلوك العدواني ميلا أكبر لممارسة مثل هذا السلوك مقارنة مع المجموعة الأولى.

٣- أظهرت المجموعة الأولى التي شاهدت النموذج الذي عوقب على السلوك العدواني ميلا قليلا لممارسة مثل هذا السلوك.

في المرحلة الثالثة من التجربة، تم تشجيع أفراد المجموعات الثلاث على ممارسة السلوك العدواني كما شاهدوه في سلوك النماذج التي تعرضوا لها، وقد أظهرت النتائج أن الجميع مارسوا السلوك العدواني، ولم تظهر أية فروق بين المجموعات الثلاث من حيث ممارسة هذا السلوك.

تعليق على هذه التجربة:

إن نتائج هذه التجربة تشير بلا شك إلى أهمية النتائج المترتبة على سلوك النموذج في حدوث التعلم من خلال الملاحظة والتقليد. فالمجموعة الثانية أظهرت الميل إلى تعلم وممارسة السلوك العدواني لأن النموذج تم تعزيزه على هذا السلوك، في حين أن أفراد المجموعة الأولى لم تظهر الميل الكبير إلى تعلم وممارسة هذا السلوك لأن النموذج عوقب بشدة على هذا السلوك. وهكذا نجد أن مثل هذه النتائج شكلت دافعا لأفراد المجموعات لتعلم السلوك العدواني وممارسته أو تجنب ذلك. ويظهر ذلك جليا، عندما طلب من جميع أفراد المجوعات الثلاث ممارسة السلوك العدواني وقد عززوا على ذلك، وهذا ما شكل دافعا قويا لتذكر مثل هذا السلوك وممارسته من قبل أفراد المجموعات الثلاث على السواء.

تجربة رقم (٣):

تضمنت هذه التجربة ثلاث مجموعات من الأفراد تم تعريضها إلى جداول تعزيز فترات متماثلة (إعطاء تعزيز كل دقيقة في المتوسط) لاستجابة يدوية، وأعطيت كل مجموعة معلومات مختلفة حول مهمات الأداء والاستجابة، حيث أعطيت إحدى المجموعات معلومات صحيحة عن جداول التعزيز، بينما أعطيت المجوعتين الباقيتين معلومات مضللة، فالمجموعة الثانية تم إعلامها أن السلوك المطلوب سوف يتم تعزيزه كل دقيقة، في حين لمجموعة الثالثة أعلمت أن تعزيز السلوك سيتم بعد تنفيذ (١٥٠) استجابة في المعدل. أظهرت النتائج أن أداء هذه المجموعات الثلاث لم يتأثر بجداول التعزيز أو الخبرة المباشرة. وإنما بالاعتقاد الذي تكون لدى أفراد هذه المجموعات عن جداول التعزيز. وعليه فإن نتائج هذه الدراسة تثبت دور العمليات المعرفية ممثلا ذلك بالاعتقادات والتوقعات التي يكونها الفرد حيال نتائج تعلم سلوكات ما وتنفيذها (غازادا وريموندجي، ١٩٨٦).

نواتج التعلم الاجتماعي Social Learning outcomes:

يمكن أن يؤدي التعلم الاجتماعي المتمثل في ملاحظة سلوك الآخرين ومحاكاتها إلى ثلاثة أنواع من نواتج التعلم.

أولا: تعلم أنماط سلوكية جديدة Learning New Behaviors:

إن التعرض إلى سلوك النماذج وعمليات التفاعل مع الآخرين ينتج عنها تعلم أنماط سلوكية متعددة مثل المهارات والعادات والممارسات والألفاظ التي ليست في حصيلة الفرد السلوكية. وتزداد احتمالية حدوث هذا النوع من التعلم بزيادة فرص التفاعل مع الآخرين وتنوعها.

وتجدر الإشارة هنا إلى أن احتمالية تعلم الأنماط السلوكية من خلال الملاحظة تكون أعلى عند الأطفال منها عند الراشدين، ويرجع السبب في ذلك إلى قلة الخبرات لدى الأطفال وحاجتهم الشديدة لتعلم مثل هذه الأنماط السلوكية لمساعدتهم على التكيف. من جهة أخرى تزداد احتمالية حدوث تعلم جديد لدى الأفراد الراشدين من خلال الملاحظة عندما لا يكون هناك مناص من تعلم مثل هذه الأنماط، أو عندما يواجهون مواقف جديدة أو يتفاعلون مع بيئات أخرى غير البيئات التي نشاؤا فيها ، عندها تتولد الدافعية لديهم لتعلم أنماط سلوكية جديدة لم تكن أصلا في حصيلتهم السلوكية (Bigge & Shermis,1999).

ويمكن القول هنا، أن هناك أشكالا متعددة من الأنماط السلوكية يمكن اكتسابها من خلال الملاحظة والمحاكاة مثل اللغة والـلـهجة والقواعد الثقافية والاتجاهات والانفعالات وأساليب حل المشكلات، ومثل هذه الأنماط قد لا تكون لدى الفرد بالأصل، ولكن يضطر إلى تعلمها من جراء التفاعل مع الآخرين وملاحظـة الأنماط السلوكية لديهم. وبالرغم أن باندورا لا ينكر التعلم من خلال المحاولة والخطأ أو التعلم من خلال الخبرة المباشرة، إلا أنه يرى أن بعض الأنماط السلوكية ولا سيما المعقدة منها يتطلب تعلمها ملاحظة سلوك الآخرين.

لقد دلت نتائج الدراسات التجريبية على أن الأطفال يتعلمون الكثير من الأنماط السلوكية من خلال مراقبة أفلام تلفزيونية أو كرتونية، كما أشارت نتائج دراسات أخرى أن الأطفال هادئو الطباع يتعلمون السلوك العدواني من جراء تفاعلهم مع الأطفال العدوانين. ويعد تعلم اللغة الأجنبية والعديد من المهارات الحركية والقواعد الاجتماعية دليلا على تعلم البالغين لمثل هذه الجوانب من خلال ملاحظة النماذج المختلفة في البيئات التي يتفاعلون فيها.

ثانيا: كف أو تحرير سلوك Inhibiting or disinhibiting behavoir:

إن ملاحظة سلوك الآخرين وما يترتب عليه من نتائج ربما تعمل على كف أو تحرير سلوك لدى الأفراد، فملاحظة نموذج يعاقب على سلوك ما، ربما يشكل دافعا للآخرين للتوقف عن ممارسة مثل هذا السلوك أو كفه، في حين أن مشاهدة نماذج تعزز على سلوك ما قد تثير الدافعية للآخرين لممارسة مثل هذا السلوك. وتجدر الإشارة هناإلى أنه في مثل هذه الحالات يكون السلوك متعلما ويوجد في حصيلة الأفراد، ولكن في حالة مشاهدة نموذج يعاقب على مثل هذا السلوك ، فإن ذلك يؤدي إلى قمعه لديهم، أما في حالة مشاهدة نموذج يعزز على هذا السلوك، فربما يشكل ذلك دافعا إلى إطلاقه.

فعلى سبيل المثال، إن معاقبة طالب بشدة أمام الآخرين نتيجة الغش في الامتحان قد يؤدي ذلك إلى قمع أو كف سلوك الغش لدى الآخرين، وهنا تتضح الحكمة من تنفيذ العقوبات الإسلامية على الجرائم أمام أكبر عدد ممكن من الناس بهدف كف مثل هذه السلوكات لديهم وردعهم عن ممارستها. من جهة أخرى إن مكافأة شخص معين على سلوك ما أمام الآخرين قد يشكل ذلك دافعا لهم لممارسة هذا السلوك. هذا وقد يحدث تحرير أو إطلاق السلوكات ولا سيما المكفوفة أو المقموعة منها نتيجة ملاحظة نماذج تمارس مثل هذه السلوكات وتعزز عليها أو أنها لا تعاقب عليها.

لقد لاحظنا في إحدى تجارب باندورا السابقة أن الأفراد مارسوا السلوك العدواني نتيجة ملاحظة نموذج يمارس مثل هذا السلوك وقد عزز عليه. كما أن أفراد المجموعة الأخيرة لم تمارس السلوك العدواني بسبب أنها شاهدت نموذجا عوقب بشدة على مثل هذا السلوك. ولكن يرى باندورا أنه طالما يوجد لدى الأفراد دوافع خاصة لممارسة السلوك الإجرامي أو غير المرغوب فيه، فإن مشاهدة النماذج المعاقبة على هذا السلوك ربما لا تؤثر على ممارستها، أو عدم ممارستها من قبل هؤلاء الأفراد. وعموما فإن نتائج الدرسات التجريبية تشير بلا شك إلى أن عقاب النماذج أو تعزيزها على سلوكات معينة من شأنه أن يؤثر في دافعية الأفراد لممارسة مثل هذه السلوكات أو تجنبها.

ثالثا: تسهيل ظهور سلوك Facilitating behavoir:

إن ملاحظة سلوك النماذج ربما تعمل على إثارة وتسهيل ظهور سلوك متعلم على نحو سابق لدى الأفراد لكنهم لا يستخدمونه بسبب النسيان أو لأسباب أخرى. فعند ملاحظة نماذج تمارس مثل هذا السلوك ربما يسهل عملية عودته من جديد، وخير مثال

على ذلك المدخن الذي توقف عن سلوك التدخين وانقطع عنه لفترة طويلة، فمن المحتمل أن يعود لمثل هذا السلوك عندما يتعامل مع مجموعة من الأفراد المدخنين.

عوامل التعلم الاجتماعي Modeling Processes:

هناك أربعة جوانب رئيسية يجب توفرها لحدوث التعلم من خلال الملاحظة، حيث أن عدم توفر أحدها ربما يؤدي إلى حدوث خلل في هذا النوع من التعلم (Bandura, 1986)، ويمكن النظر إلى هذه الجوانب على أنها عمليات أو متطلبات أو عوامل أو مراحل للتعلم الاجتماعي، وتتمثل هذه الجوانب في الانتباه والاحتفاظ والاستخراج الحركي والدافعية، وفيما يلي عرض لهذه العمليات الأربع:

أولا: الانتباه والاهتمام Attention & Interest

إن مجرد وجود نماذج تعرض أنماطا سلوكية ليس كافيا لحدوث التعلم بالملاحظة ما لم يتم الانتباه لما تعرضه مثل هذه النماذج من أنماط سلوكية. فالانتباه يعد عملية مدخلية أولية لحدوث التعلم الاجتماعي، إذ من خلاله يتولد لدى الفرد الاهتمام وحب الاستطلاع ويتيح له إجراء المعالجات المعرفية اللاحقة.

ويرى باندورا أنه ليس بالضرورة الانتباه إلى كل ما يدور حولنا من الأنماط السلوكية للنماذج وإنما يتم الانتباه على نحو انتقائي اعتمادا على عدد من العوامل التي ترتبط بنا أو بخصائص النماذج أو بخصائص السلوك والدوافع. هذا ويعتمد الانتباه المرتبط بالتعلم الاجتماعي بمجموعة من العوامل تتمثل في:-

أ- خصائص النموذج: إن انتباه الفرد إلى نموذج معين وما يعرضه من أنماط سلوكية يتأثر إلى درجة كبيرة بخصائص النموذج من حيث الجاذبية المتبادلة والرعاية والتقبل وكفاءة النموذج التي يتم إدراكها، بالإضافة إلى المتغيرات المرتبطة بالمكانة المدركة والقوة الاجتماعية للنموذج، ومدى توفر خصائص مشتركة بين النموذج والملاحظ من حيث مستوى العمر و الجنس و المستوى الاقتصادي والاجتماعي والثقافي.

ب- خصائص الشخص الملاحظ: إن درجة الانتباه إلى سلوكات النماذج تتفاوت من فرد إلى آخر تبعا لعدد من الخصائص مثل مستوى مفهوم الذات والاستقلالية، فالأفراد ذوو مفهوم الذات المرتفع هم أكثر ميلا للاستقلالية

والتميز، لذا هم أقل ميلا للانتباه إلى سلوكات الآخرين، كما أن مستوى الكفاءة والدافعية والمكانة الاقتصادية والاجتماعية والعرق والجنس ومستوى الذكاء تؤثر في درجة الانتباه، وتلعب أيضا خبرات الفرد التعليمية السابقة بنتائج التعزيز المترتب على التعلم بالملاحظة دورا بارزا في الانتباه إلى الأنماط السلوكية التي تعرضها النماذج .

ج- ظروف الباعث: تلعب ظروف الباعث دورا بارزا في عملية الانتباه، إذ أن مثل هذه الظروف ربما تعزز أو تعيق عملية الانتباه، وعموما فإن وجود باعث لدى الفرد لتعلم سلوك ما من شأنه أن يزيد في درجة الانتباه إلى سلوك النماذج.

ثانيا: الاحتفاظ Retention

يتطلب التعلم بالملاحظة توفر قدرات لدى الملاحظ تتمثل في القدرة على التمثيل الرمزي للأنماط السلوكية وتخزينها على نحو لفظي أو حركي أو تعبيري في الذاكرة، فعدم توفر مثل هذه القدرة تجعل ملاحظة سلوك النماذج عديمة النفع. وهكذا فلكي يتم الاحتفاظ بالمدخلات الحسية لابد من ترميزها على نحو معين بحيث يسهل عملية تخزينها واسترجاعها لاحقا (Chance, 1988).

إن عملية الممارسة والإعادة من شأنها أن تسهل عملية الاحتفاظ بالأنماط السلوكية التي يتم ملاحظتها. ومن هذا المنطلق، فإنه ينبغي التعرض إلى الأنماط السلوكية إلى أكبر قدر ممكن من الزمن كي يتاح المجال للأفراد في ترميزها على نحو جيد. وفي حالة استخدام النماذج في التعليم، فيفترض التنويع في هذه النماذج وعرضها لأكثر من مرة على الأفراد كي يستطيع هؤلاء الأفراد من ترميز ما تعرضه هذه النماذج من خبرات. فعملية الإعادة هذه تتيح للأفراد التنظيم النشط لظروف وحوادث الاستجابة المراد تعلمها، وهذا بالتالي يساعدهم على تخزينها على نحو أفضل، مما يساعد في عملية تذكرها لاحقا.

كما أن عملية الممارسة الذاتية من قبل الملاحظ سواءا على المستوى العلني Covert rehearsal أو الضمني Invert تعمل على تدعيم تخزين الانماط السلوكية في الذاكرة مما يسهم في عملية اعادة انتاجها لاحقا.

ثالثا: الانتاج أو الاستخراج الحركي Production or motor electing

للكشف عن حدوث التعلم بالملاحظة لدى الأفراد يتطلب توفر قدرات لفظية أو حركية لديهم لترجمة هذا التعلم في سلوك أو أداء خارجي قابل للملاحظة والقياس. إن عدم توفر المهارات الحركية أو القدرات اللفظية ينطوي على عدم قدرة الفرد على أداء الاستجابات المتعلمة، وهذا الأمر يتطلب توفر عوامل النضج من جهة، وتوفير فرص الملاحظة والممارسة من جهة أخرى (Owen etal., 1981).

وتكمن أهمية توفر مثل هذه القدرات في أن الصور العقلية والأفكار المكتسبة خلال التعلم بالملاحظة تشكل في حد ذاتها مثيرات داخلية شبيهة بالمثيرات الخارجية التي يقدمها النموذج، ومثل هذه المثيرات الداخلية توضح القاعدة التي تجري على أساسها عملية اختيار الاستجابات وتنظيمها على المستوى المعرفي من أجل تنفيذها ، ومن هنا فهي تتطلب توفر القدرات الحركية واللفظية اللازمة لترجمتها ادائيا.

وتجدر الاشارة هنا، إن اعادة انتاج الفعل السلوكي لا يعني بالضرورة أن يكون هذا الفعل صورة طبق الاصل للسلوك الملاحظ بالاصل، فقد يعمل الفرد وفقا لعمليات التنظيم الذاتي على اعادة انتاجه على نحو يتلائم مع توقعاته.

رابعا: الدافعية Motivation

يعتمد التعلم بالملاحظة على وجود دافع لدى الفرد لتعلم نمط سلوكي معين. إن غياب الدافعية من شأنه أن يقلل مستوى الانتباه والاهتمام بما يعرضه الآخرون من نماذج سلوكية. وتجدر الإشارة هنا، أن التعلم لمثل هذه الأنماط لا يتطلب الدافعية فقط، وإنما تنفيذ هذا التعلم في أداء ظاهر كذلك. ويتوقف الدافع على عدد من العوامل منها النتائج التعزيزية أو العقابية (النتائج الخارجية)المترتبة على سلوك النماذج، وهو ما يطلق عليه التعزيز أو العقاب البديلي، كما ويعتمد أيضا على العمليات المنظمة ذاتيا، أي التعزيز الداخلي. هذا وقد يشكل السلوك الذي يعرضه النموذج دافعا بحد ذاته للملاحظ لتعلم مثل هذا السلوك وفقا للعمليات المعرفية مثل التوقع والاعتقاد حول أهمية مثل تعلم هذا السلوك في تحقيق أهداف للفرد (Bandura, 1969).

وعموما، ينحو الفرد إلى إنتاج السلوك إذا اعتقد بأنه يحقق أهدافه وغاياته أو عندما يتوقع بتنفيذ هذا السلوك يترتب عليه حصوله على التعزيز أو تجنب العقاب (Thornburg, 1984) .

مصادر التعلم الاجتماعي Sourecs of Social Learning:

يتطلب التعلم بالملاحظة توفر فرص التفاعل مع النماذج، وقد يكون هذا التفاعل مباشرا كما هو الحال في المواقف الحياتية اليومية، أو غير مباشر من خلال وسائل الإعلام المختلفة والمصادر الأخرى. وفيما يلي عرض لهذه المصادر:-

أولا: التفاعل المباشر مع الأشخاص الحقيقيين في الحياة الواقعية

يمكن أن يتم تعلم العديد من الخبرات والأنماط السلوكية من خلال التفاعل اليومي المباشر، حيث يكتسب الأفراد هذه الأنماط من خلال ملاحظة أداء نماذج حية في البيئة. فنحن نتعلم من خلال التفاعل مع الوالدين وأفراد الأسرة والاقران وأفراد المجتمع الذي نعيش فيه. فعلى سبيل المثال، نجد أن الأطفال يتعلمون الكثير من الانماط السلوكية من خلال محاكاة سلوك والديهم أو أفراد الأسرة التي يعيشون في ظلها، كما أنهم يتمثلون خصائص جنسهم و الادوار الاجتماعية والمهارات الحركية من خلال التفاعل مع الآخرين، ومثل هذه الفئة تسمى بالتوضيح المادي المحسوس.

أما تعلم اللغة واللـهجة والمهارات اللفظية الأخرى ، فهي أيضا يتم تعلمها من قبل الأفراد على نحو مباشر من خلال التفاعل مع أفراد المجتمع الذين يعيشون فيه، ومثل هذه الفئة تسمى بالتوضيح اللفظي أو التوضيح من خلال الكلمات.

ثانيا: التفاعل غير المباشر ويتمثل في وسائل الإعلام المختلفة كالسينما والتلفزيون والراديو

يمكن من خلال هذه الوسائل تعلم الكثير من الأنماط السلوكية، إذ أن مثل هذه الوسائل تعد أدواتا إعلامية مؤثرة في السلوك. ويصنف التعلم الذي يتم من خلال التلفزيون والسينما بالتمثيل من خلال الصور. هذا وتشير الدلائل إلى أن أشكال التوضيح المعتمدة على المادة المحسوسة أو الصور هي أكثر قدرة على نقل حجم معلومات أكبر مقارنة بالأشكال المعتمدة على الوصف اللفظي. ولكن هناك بعض المهارات تنقل الرموز الكلامية فيها قدرا أكبر من المعلومات مقارنة بأشكال التمثيل بالمادة والصور كما هو الحال في تعلم اللغة واللـهجة.

لقد أشارت نتائج العديد من الدراسات أن التلفزيون يشكل مصدرا مهما لتعلم الأنماط السلوكية ولا سيما العنف والسلوك العدواني، فكما ظهر سابقا في نتائج

التجارب السابقة، وجد أن الأطفال تعلموا مظاهر السلوك العدواني من مشاهدة الأفلام التلفزيونية الحية والكرتونية.

ثالثا: هناك مصادر أخرى غير مباشرة يمكن من خلالها تمثل بعض الأنماط السلوكية وذلك على اعتبار أن مثل هذه الانماط يتم تمثلها رمزيا وصوريا على نحو معين، ومن هذه المصادر القصص والروايات الأدبية والدينية، وكذلك من خلال عمليات تمثل الشخصيات الأسطورية والتاريخية.

الكفاءة الذاتية " Self Efficacy ":

تحدث باندورا عن مفهوم الكفاءة الذاتية، وقد عنى به توقعات الفرد واعتقاده حول كفاءته الشخصية في مجال معين، حيث يرى أن مثل هذه التوقعات والاعتقادات حول الكفاءة الذاتية تؤثر إلى حد كبير في دافعية الفرد للسلوك أوعدم السلوك في موقف ما (Bandura, 1977).

فالكفاءة الذاتية تؤثر في طبيعة ونوعية الأهداف التي يضعها الأفراد لأنفسهم وفي مستوى المثابرة والأداء. فالاعتقاد بوجود مستوى عال من الكفاءة الذاتية يزيد من الدافعية إلى وضع أهداف أكثر صعوبة وبذل المزيد من الجهد والمثابرة لتحقيق مثل هذه الأهداف، أما في حالة الاعتقاد بتدني مستوى الكفاءة الذاتية، فهذا من شأنه أن يؤدي إلى وضع أهداف سهلة تجنبا للفشل.

من جهة أخرى، فالأفراد الذين لديهم مستوى عال من الكفاءة الذاتية يتجهون إلى القيام بمهام أكثر تحديا، كما أنهم أكثر إصرارا على تحقيق الأهداف ولديهم القدرة على الاصرار لوقت أطول في الجهد المبذول مقارنة بالأفراد من ذوي المستوى المتدني.

ويرتبط مفهوم الكفاءة الذاتية أيضا بطبيعة العزوات التي ينسبها الفرد للنجاح أو الفشل؛ فالفرد الذي لديه كفاءة ذاتية عالية في مجال معين، فهو في الغالب يعزو سبب فشله في هذا المجال إلى عامل الجهد المبذول، أما أولئك الذين لديهم مستوى كفاءة ذاتية منخفض فهم في الغالب يعزون فشلهم إلى ضعف قدراتهم الذاتية (Bandura,1993).

ملاحظات أخرى حول التعلم بالملاحظة:

إن التعلم من خلال الملاحظة لا يقتصر فقط على تعلم استجابات وأنماط سلوكية محددة يتم التقيد بها وتنفيذها على نحو حرفي فحسب، وإنما ينطوي أيضا على تعلم القواعد والمبادئ للسلوك، وهذا بالتالي يتيح للفرد تنويع الاستجابات والتعديل فيها بما يتناسب وطبيعة المواقف التي يتعرض إليها في المواقف البيئه المتغيره، وتسمى مثل هذه العملية بالنمذجة المجردة أو الأشكال ذات المرتبة الأعلى من أشكال التعلم بالملاحظة.

"Abstract Modeling or Higher - Order forms of Observational Learning"

ومن الأمثلة على ذلك، أساليب التفاعل الاجتماعي واللياقة اللغوية وعمليات تكوين القواعد النحوية للغة.

من جهة أخرى يعد التعلم بالملاحظة مصدرا هاما لتعلم السلوك الإبداعي، وينتج ذلك من خلال التعرض إلى عدد كبير من النماذج بحيث يعمل الفرد على استخلاص ملامح مختلفة من سلوكيات هذه النماذج لتوليد سلوكات مبتكرة وجديدة. وتجدر الإشارة هنا أنه كلما تنوعت النماذج وازداد عددها ، زادت احتمالية توليد استجابات جديدة ومبتكرة (غازادا وريموندجي، ١٩٨٦).

نظرية التعلم القصدي

الفصل الثامن

نظرية التعلم القصدي

Purposive Learning Theory

تمهيد :

تعرف هذه النظرية بعدة مسميات أخرى مثل نظرية التعلم التوقعي "Expectancy Learning Theory" أو نظرية التعلم الإشاري "Sign Learning Theory" أو السلوكية الغرضية أو القصدية " Purposive Behaviorism" ، وهي من النظريات الانتقائية التي حاولت التوفيق ما بين الترابطية السلوكية والنظريات المعرفية. ويعود الفضل في تطوير أفكار هذه النظرية إلى عالم النفس الأمريكي ادوارد تولمان (Edward Tolman; 1986-1959) حيث عمل أستاذا لعلم النفس لأكثر من ٣٥ عاما في جامعة كاليفورنيا - بيركلي، وقد ألف كتابا مهما بهذا الشأن تحت عنوان السلوك الغرضي لدى الحيوان والإنسان (Purposive Behavior in Animal and Men)، وفيه يتعرض إلى العديد من الأفكار والمفاهيم والافتراضات حول التعلم الحيواني والإنساني.

وبالرغم أن تولمان ابتدأ مسيرته العلمية كأحد اعلام المدرسة السلوكية ، إلا أنه أخذ بالابتعاد عنها، من حيث أنه اعترض على اعتبار أن عملية التعلم مجرد تكوين ارتباطات بين مثيرات واستجابات على نحو آلي ميكانيكي تقوى او تضعف وفقا لآليات العقاب

والتعزيز وفرص التدريب، وذلك كما تفترض معظم نظريات الارتباط السلوكية؛ فهو يرى أن لعملية التعلم مظاهر معرفية ترتبط بالتوقعات والاعتقادات والإدراكات (Klein,1987).

ففي الوقت الذي يحترم فيه تولمان الموضوعية السلوكية ومنهجيتها العلمية في دراسة السلوك والذي حاول الحفاظ عليها في نظريته، إلا أنه بالوقت نفسه لم يغفل المظاهر المعرفية السلوكية، لأنه اتجه إلى تفسير عمليات التعلم بدلالة العمليات المعرفية مثل المعرفة والتفكير والتخطيط والاستدلال والقصد والنية والتوقع والدوافع . وعليه فإن نظرية تولمان تصنف ضمن النظريات السلوكية المعرفية، وهي ما تسمى بالسلوكية الغرضية أو القصدية "Purposive Behaviorison" (Hill,1990).

السمات الرئيسية للسلوكية القصدية Basic Features:

تستند السلوكية القصدية إلى عدد من الافتراضات والتي تمثل في حد ذاتها سمات أو مميزات لهذه النظرية تتمثل بالآتي:

أولا: هي إحدى النظريات السلوكية التي تعنى بالسلوك الموضوعي وليس بالخبرة الشعورية، فهي تعنى بأثر المثيرات الخارجية في السلوك، وليس بما يستدل عليه من آثار للسلوك.

ثانيا: تعنى بالطريقة التي يتغير فيها السلوك تبعا لتغير الخبرة عن العالم الخارجي، وبذلك فهي تحاول تفسير عملية التعلم بدلالة التغيرات التي تطرأ على الخبرات المرتبطة بالعالم الخارجي.

ثالثا: تعنى بالأهداف والغايات التي تفرض سلوكا ما وتوجهه ؛ فهي تفترض أن السلوك موجه هدفيا لتحقيق شيء أو تجنب شيء ما(Hill, 1990).

قصدية السلوك Purposive behavior:

لقد اعترض تولمان على افتراضات النظريات الارتباطية السلوكية التي ترى أن التعلم هو بمثابة عملية تشكيل ارتباطات بين مثيرات واستجابات؛ فهو يرفض فكرة اعتبار أن السلوك هو مجرد مجموعة استجابات فورية لمثيرات، وإنما يؤكد على العلاقة ما بين السلوك والأهداف . ففي هذا الصدد يقول تولمان "إننا لا نستجيب على نحو آلي مباشر

إلى المثيرات ولكننا نعمل وفقا لمعتقداتنا وادراكاتنا وتوقعاتنا حول الأهداف والغايات التي نسعى إليها".
ويرى تولمان إن المثيرات لا تستدعي الاستجابات على نحو مباشر، ولكن تقود الكائن الحي إلى حيث توجد الأهداف، وتحدد في كل خطوة ما هي الوسائل المناسبة للوصول إلى مثل تلك الأهداف، وبذلك فإن عملية البحث عن الأهداف هي التي تعطي السلوك الوحدة والمعنى. ففي الوقت الذي نوجه فيه جهودنا وانشطتنا نحو الهدف المطلوب فإننا قد نغير في وسائلنا وأساليبنا مع الحفاظ على نفس الهدف. وهكذا فإن عملية التنبؤ بالسلوك لا يمكن أن تحدث على أساس معرفة الحوادث القبلية أو البعدية المترتبة عليه كما هو الحال في نظرية الاشراط الإجرائي، وإنما يصبح من الضروري تحديد الهدف الذي يسعى إليه الفرد بالإضافة إلى المثيرات التي يواجهها في محاولاته لتحقيق ذلك الهدف (Leahey,1997).
اعتمادا على ما سبق، سميت نظرية تولمان بالسلوكية القصدية لأنها تدرس السلوك المنظم حول الهدف، ففي هذا الصدد يقول تولمان (ان السلوك نشاط موجه هدفيا " Behavior as goal- directed action" ، ويفترض أن افضل وصف للسلوك ليس من خلال ذكر الحركات أو الاستجابات ولكن من خلال الفعل. ويدلل على ذلك بقوله بأن فلان يتسوق أو يشرب أو يركض أو يقرأ... لأن تحقيق الأهداف أو الغايات ليس النهاية الحتمية لسلسلة من الحركات العضلية، وإنما هي نتاج الفعل أو السلوك (Hilgard & Bower, 1981).
ومن هذا المنطلق، ينظر تولمان إلى السلوك على أنه سهل الانقياد ويمتاز بالمرونة (Docile) حيث أنه قابل للتغير تبعا لتغير الظروف، إذ أن طريقة تحقيق الهدف تعتمد على ما هو متوفر من الوسائل. فعلى سبيل المثال، إذا لم تكن قادرا على قيادة سيارتك إلى السوق، فبإمكانك اللجوء إلى وسيلة أخرى لتحقيق هذا الغرض مثل ركوب الباص أو استئجار سيارة أجرة أو السير على الأقدام إلى ذلك المكان.
إن افتراض أن السلوك سهل الانقياد "Docility of Behavior " يعني بالضرورة تحليل هذا السلوك بدلالة الأفعال والأنشطة على المستوى الكلي وليس بدلالة الحركات، لأن مثل هذه الأفعال هي في الأصل موجهة هدفيا وتختلف باختلاف الوسائل والظروف البيئة. فالسلوك الذي يختاره الفرد ليس مجرد استجابة انعكاسية لتحقيق هدف ما،

وانما يعتمد تنفيذه على المعلومات المتوفرة لدى الكائن الحي عند ذلك الهدف والوسائل السلوكية المتاحة؛ أي أن سلوك الفرد يوجه بدلالة النتائج التي يتوقعها من خلال هذا السلوك، فالسلوك قابل للتغيير والتعديل اعتمادا على تغير الظروف البيئة، ومدى توفر الامكانات والوسائل.

وعليه نجد أن تولمان اهتم بالدرجة الأولى بدراسة السلوك الكلي (Molar) ، ومفهوم الكلية هنا لا يشير إلى نوع معين من أنواع السلوك لكنه يرتبط بطريقة تحليل السلوك. وعليه نجد أن تولمان لم يهتم كثيرا بمسألة السلوك الجزئي " Molecular Behavior"، فهو لم ينظر إلى السلوك على أنه مجموعة حركات عضلية خاصة، وعمل على تحليله على هذا الأساس وذلك كما فعل جثري، وانما تعامل معه على أنه مجموعة من الوحدات الواسعة التي تعمل معا لانتاج الأفعال، ولم يعن أبدا بالكيفية التي تتجمع فيها تلك الوحدات او الحركات لانتاج مثل هذه الافعال (Leahey, 1997).

العمليات المعرفية (Cognitions):

لقد عنى تولمان بالعمليات المعرفية والإدراكات والتوقعات وعمليات التمثيل الداخلي والمعتقدات التي يشكلها الفرد حول سلوكه، والهدف الذي يسعى إليه والظروف البيئة المحيطة به، وذلك لأن الكائن الحي يكتسب معرفة خول بيئته وأين توجد الأهداف الهامة فيها وكيفية الوصول إليها. وهذه المعرفة هي عبارة عن علاقة بين مثيرين أو أكثر أو بين مثير واستجابه له.

فهو يرى أن الكائن الحي يسعى على نحو مقصود إلى عمل تمثيلات داخلية للأهداف التي يسعى إلى تحقيقها والظروف والوسائل التي من شأنها أن تسهل أو تحول دون تحقيقها، بالاضافة إلى الكيفية التي يمكن من خلالها تحقيق مثل تلك الأهداف وحل المشكلات التي تعترضه. وبذلك أدخل تولمان فكرة العمليات التي تتوسط بين المثيرات والاستجابات ، ويعد من أوائل علماء النفس السلوكيين الذين تعرضوا إلى هذا الموضوع (Hill, 1990).

إن مسألة العمليات المعرفية شكلت تحديا كبيرا لتولمان من حيث كيفية تفسيرها في الوقت الذي لا يضحي فيه بالموضوعية التي تقوم عليها السلوكية. وللخروج من هذا المأزق، استخدم تولمان مصطلح المتغيرات المتدخلة " Intervening Variables" للدلالة على مثل هذه العمليات، وقد اعتبرها على أنها مثيرات داخلية، وهذا ما جعل منها

مقبولة لدى علماء السلوكية.

لقد عرف تولمان المتغيرات المتدخلة بدلالة المثير والاستجابة كون أن مثل هذه المتغيرات تتدخل او تتوسط بين المثير والاستجابة؛ لأن الخبرة بمثيرات معينة ينتج عنها ادراكات او تمييزات معينة يطورها الكائن الحي وتصبح دليلا أو هاديا للسلوك.

إن تحقيق أي هدف يتم من خلال العديد من الأفعال والأنشطة المتنوعة وليس فقط من خلال سلاسل من الاستجابات الفورية. فتحقيق الهدف يقتضي احيانا استخدام طرائق ممكنة للوصول إليه، وهذا بالطبع يتطلب من الكائن الحي توظيف بعض الأنشطة الداخلية مثل الإدراكات والتميزات والمعتقدات، وهو ما يطلق عليه تولمان اسم المتغيرات المتدخلة.

بالإضافة إلى ما سبق، يرى تولمان ان بعض الحاجات ينتج عنها مطالب خاصة "Demands" لتحقيق أهداف ما. ومثل هذه المطالب تشكل بحد ذاتها متغيرات متدخلة تعمل جنبا إلى جنب مع الإدراكات والتوقعات لانتاج أفعال معينة.

فعلى سبيل المثال، الحرمان من الطعام (الجوع) ينتج عنه طلب للطعام، فمثل هذا الطلب يعمل جنبا إلى جنب مع ادراكات الفرد وتوقعاته حول الطعام ومكان وجوده، وكيفية الحصول عليه لإنتاج الفعل المناسب لتحقيق الهدف.

لقد حاول تولمان التأكد من حقيقة ما يسمى بالعمليات المعرفية من خلال دراساته وأبحاثه على الحيوانات، وتحديدا على الفئران وليس الإنسان (Hilgard & Bower, 1981). ففي تجاربه المتعددة توصل إلى نتيجة مفادها أن الفئران تتعلم من خلال التجول في المتاهة بنية أو مخطط المكان والممرات التي توصلها إلى الهدف (الطعام)، وليس سلسلة من الارتباطات بين المثيرات والاستجابات؛ أي بمعنى انها على نحو مقصود تعمل على تشكيل تمثيلات معرفية للمكان والممرات التي توصلها إلى الأهداف. ففي إحدى تجاربه قام بتصميم متاهة تشتمل على عدد من الممرات تؤدي إلى هدف ما وهو الطعام، وكان الهدف من التجربة هو أن لا يقوم الفأر بالوصول إلى الطعام من خلال اقصر الطرق، اذ تم تدريبه على الوصول إلى ذلك الطعام بعد اجتياز ممر طويل يدور في المتاهة إلى أن يصل إليه (Klein,1987).

وقد عمد تولمان الى اغلاق جميع الممرات المختصرة التي تؤدي إلى الطعام أثناء فترة التدريب، وبعد الانتهاء من عمليات التدريب ، فتح تولمان أحد الممرات المختصرة ولاحظ

ان الفأر يستخدم هذا الممر المختصر للوصول إلى الطعام ولم يستخدم الممر الطويل الذي جرى تدريبه عليه. إن مثل هذه النتائج تعد مخالفة لافتراضات النظريات الارتباطية ، فالفأر هنا شكل على نحو تدريجي صورة داخلية للبيئة، واستخدم مثل هذه الصورة للوصول إلى الهدف. سمى تولمان هذه الصورة (بالخريطة المعرفية Cognitive Map) التي سهلت عليه عملية تمثل المعلومات الموجودة في البيئة، مما سهل عليه بالتالي اختيار الوسيلة المناسبة لذلك وهي (اقصر الممرات) (Solso, 1991).

بالرغم أن تولمان تأثر إلى درجة كبيرة بأفكار علماء النفس الذين سبقوه امثال سكنر وهل وثورنديك وواطسون وغيرهم ممن عاصروه مثل جثري وغيرهم بالإضافة إلى تأثره بأفكار المنظرين في المدرسة المعرفية أمثال ليفن وغيرهم ، إلا أنه في الوقت نفسه عارضهم واختلف معهم في الكثير من القضايا والمسائل التي تخص التعلم. ففي الوقت الذي يرى فيه ليفين -صاحب نظرية المجال- أن العلاقة ما بين حيز الحياة الحيوي " Life space" والمثيرات الخارجية هي مسألة هامشية ثانوية، نجد أنها مركزية في نظرية تولمان لأنه ينظر إلى التعلم على أنه تغيرات بالإدراكات والتوقعات ناتجة عن الخبرة بالمثيرات الخارجية المرتبطة بالمكان حيث توجد المكافآت. وبذلك نجد أن تولمان يولي أهمية كبرى لهذه العلاقة وتحديدا بالتغيرات التي تطرأ على المثيرات الخارجية.

كيف تختلف نظرية تولمان عن نظريات الارتباط السلوكية؟

تسعى كل من النظريات الارتباطية ونظرية تولمان الى التنبؤ بالسلوك استنادا إلى المثيرات والشروط القبلية التي تسبقه ؛ ولكن السؤال الذي يطرح نفسه هنا هو: هل خلق تولمان بإدخاله فكرة المتغيرات المتدخلة فرقا بين التفسيرات التي تقدمه نظريات الارتباط ونظريته؟ فلنأخذ على سبيل التوضيح المثال التالي: هناك شخص يقوم بإستجابة ما حيال مثيرات معينة لتحقيق مكافأة. فما الذي ينتج عن هذه الخبرة؟ أو ما هو التعلم الناتج؟ نجد أن كل من هل وجثري وسكنر وميلر وغيرهم يرون بأن هذه الخبرة تنتج ميلا لتلك المثيرات بأن تستتبع بمثل تلك الاستجابة، ولكن تولمان يرى بأنها تنتج ادراكا او توقعا. ان هذه الاستجابة سوف تؤدي إلى المكافأة، ويتوقف تنفيذ مثل هذه الاستجابة على وجود حاجة لمثل هذه المكافأة من قبل الفرد (عاقل، ١٩٨١؛Hill,1900).

وعليه، فما هوالفرق بين هذين التفسيرين؟

يرى تولمان أن ليس كل الادراكات او التوقعات تأخذ شكل (اذا ما قمت بذلك فإنني سأحصل على ذاك Z إذ إننا بطبيعة الحال نشكل العديد من اشكال الادراكات والتوقعات المرتبطة بتنظيم البيئة والاشياء التي تسير معا جنبا إلى جنب، وأيضا حول اي المسارات التي يمكن أن تؤدي الى أي الاماكن. ومثل هذه الإدراكات يستخدمها الفرد عند الحاجة لمساعدته في تحقيق اهدافه.

واعتمادا على ذلك يرى تولمان أن الافراد يستخدمون الادراكات والتوقعات المختلفة التي يحصلون عليها من الخبرات التعليمية المتعددة بحيث يتم جمع بعضها إلى بعض لتحقيق الأهداف والاستجابة على نحو ملائم مع المواقف والأوضاع الجديدة، وهذا بالطبع يعني عدم الآلية في السلوك اعتمادا على نتائجه التعزيزية أو العقابية.

وفقا لذلك يفسر تولمان عملية انتقال اثر التعلم، إذ أن الإدراكات والتوقعات التي يشكلها الفرد حيال المواقف المختلفة تتيح له إمكانية استخدام مثل هذه المعرفة في أوضاع جديدة مشابهة (Hill,1990).

التوقعات والخرائط العقلية "Expectancies and Cognitive Maps":

يرى تولمان أن التعلم ينطوي على اكتساب معرفة ترتبط بالإدراكات والتوقعات ، ومثل هذه المعرفة تدور حول البيئة التي يوجد فيها، ومكان الأهداف المهمة بالنسبة له ، والكيفية التي من خلالها يمكن الانتقال من مكان إلى آخر، أو التحول من وسيلة إلى وسيلة أخرى مع الحفاظ على التوجه نحو الهدف.

ويرى أن وحدة المعرفة تتمثل في العلاقة بين مثيرين أو أكثر أو بين المثير والاستجابة له ومثير آخر يتبع مثل هذه الاستجابة. يطلق تولمان على العلاقة بين المثير والاستجابة والمثير الذي يتبعها بالتوقع والتي يمكن تمثيلها على النحو التالي: (م١- س١-م٢)، حيث يشير (م١) إلى المثير الأول الذي يسبق الاستجابة، أما س١ فهي الاستجابة، إلى المثير الأول، في حين (م٢) هو المثير الذي يتبع الاستجابة، ولتذكر ذلك، فلنأخذ المثال التالي إذا اعتبرنا مفتاح الجرس المثير الأول (م١)، فالضغط عليه يمثل الاستجابة (س١) عندها نتوقع سماع صوت الجرس (م٢).

فهو يرى ان الكائن الحي يتعلم توقعات، وان مثل هذه المعرفة تكتسب كنتيجة لتعرض هذا الكائن وانتباهه للاحداث والمثيرات البيئية. ويمكن النظر هنا إلى المثير الذي يتبع الاستجابة على أنه بمثابة نتائج السلوك أو ما يشير إلى المكافأة أو التعزيز. ويرى تولمان أن مثل هذه المكافأة لا تشكل في الاساس هدف التعلم أو السلوك؛ أي أنها في حد ذاتها ليست غاية السلوك، فهي ليست ضرورية، وانما يكفي الاقتران بين الاحداث التي نخبرها لحدوث التعلم.

يفترض تولمان ان التوقع (م١-س١-م٢) يقوى بالتكرار، أي في كل مرة فيها تظهر مثل هذه الأحداث بالتسلسل ذاته، ويضعف عندما يحدث كل من (م١ و س١) دون أن يتبع بـ (م٢) لعدد من المرات، وهذا ما يطلق عليه اسم انطفاء أو محو التوقع. ويعني ذلك أنه إذا أخفق توقع أو إدراك فرد بأن سلوكا ما في موقف معين قد لا يؤدي إلى الغرض الذي يسعى إليه، فإن هذا يقود بالتالي إلى تحول ذلك الفرد إلى وسيلة أخرى.

يستخدم تولمان مفهوم التوقع لتفسير أثر كل من التدريب والتعميم والانتقال وعملية تنافس الاستجابات (Hilgard & Bower, 1981). ويرى أن سلسلة من التوقعات يمكن أن تتوحد معا في وحدة أكبر؛ أي إمكانية الربط بين عدة توقعات في سلسلة مترابطة يصار إلى تفعيلها معا عند مواجهة موقف ما.

أشار تولمان إلى ما يسمى بعملية الاستدلال Inference، إذ يرى أنه إذا كان لدى الفرد توقع معين (م١-س١ -م٢)، فإذا ما حدث ارتباط جديد بين المثير الثاني (م٢) ومثير آخر (م*)، فإن ذلك سيؤدي بالفرد الى الاستلالال على توقع جديد هو (م١ - س١ -م*).

ويشير مثل هذه الاستدلال إلى العملية التي من خلالها تعمل بعض الاحداث التعزيزية الجديدة في التأثير على اختيار استجابة لاحقة. وهكذا فالكائن الحي أثناء تفاعلاته مع المواقف يكتسب المعرفة حول البيئة بحيث يتم تنظيمها على شكل خرائط عقلية للمكان ومواقع الأهداف والوسائل الممكنة المؤدية لها، وليس مجرد ارتباطات بين مثيرات واستجابات.

واعتمادا على ذلك، فإن الكائن الحي يستخدم المعرفة المتوفرة لديه عن البيئة ومعرفة وجود الأهداف (الخرائط المعرفية) للوصول إلى ما يسعى إليه أو ما يرغب في تحقيقه.

التعلم مقابل الأداء Learning vs. Performance:

لقد ميز تولمان بين التعلم والأداء، وحسب اعتقاده أنه ليس بالضرورة أن ما يتم تعلمه يظهر على نحو مباشر في السلوك، وهذا ما يطلق عليه بالتعلم الكامن (Latent learning). ومن هذا المنطلق، فإن كثيرا من الخبرات التي يتم تعلمها تبقى كامنة حتى تسنح الفرصة لظهورها أو عندما يتطلب الموقف استخدام مثل هذه الخبرات. وهذا التفسير يتفق إلى حد كبير مع أفكار باندورا في التعلم الاجتماعي، الذي يرى أن ملاحظة سلوكات النماذج وتعلمها من خلال المحاكاة لا يعني بالضرورة ممارستها في الموقف الذي تم تعلمها فيه، وإنما تخزن على نحو معين من التمثيل ليصار استخدامها لاحقا عندما تقتضي الحاجة.

إن مفهوم التوقعات عند تولمان هو بمثابة اجزاء من المعرفة يتعلمها الكائن الحي وتبقى مثل هذه الاجزاء كامنة في الذاكرة حتى تصبح الحاجة ملحة لاستخدامها في تحقيق هدف ما. فكل جزء من هذه المعرفة هو توقع بحد ذاته يبقى كامنا في الذاكرة، ويصبح نشطا عندما يكون هناك هدف لا يتحقق الا من خلال هذا التوقع. ومن هنا، يعد تولمان من أوائل علماء النفس الذين تعرضوا إلى مسألة التعلم الكامن والتمييز بين الأداء والتعلم؛ فحسب وجهة نظره فإن الكائن يتعلم كيف يقوم بعمل ما لكنه لا يقوم بالعمل ذاته إلا عندما يحفز لذلك.

فالتوقع (م١ - س١ - م٢) يتحول فقط إلى نشاط أو فعل عندما يصبح هدف هذا التوقع المتمثل في (م٢) محفزا على نحو قوي وموجب (Strongly & Positively Valenced). ففي تجاربه التي أجراها على الفئران، وجد أن مثل هذه الفئران تعلمت خريطة المكان وشكلت ما يسمى بالتوقعات لكنها لم تستعمل مثل هذه المعرفة الا حين توفر سبب جوهري لذلك وهو الحاجة إلى الطعام.

يؤكد تولمان مبدأ تنافس الاستجابات (التوقعات)، إذ يرى أن الميل إلى استخدام ردة فعل ما أو توقع معين ربما تتنافس مع توقعات أو استجابات أخرى، وهذا يشير إلى أن استخدام توقع ما يعتمد على مدى ارتباطه بتحقيق هدف خاص في موقف أو لحظة معينة. وهذا يشير أيضا إلى أنه بمجرد تعلم خريطة المكان حيث توجد المكافأة أو الأهداف، فإنه بالامكان تحقيق مثل هذه الأهداف بوسائط وطرائق متعددة غير تلك التي استعملها بالاصل (Solso,1998).

نظريات التعلم

الذاكرة قصيرة المدى لدى الحيوانات Short-term Memory:

استطاع تولمان من خلال تجاربه وأبحاثه اثبات أن لدى الحيوانات القدرة على تخزين المعلومات حول مواقع الأهداف ممثلا ذلك في الخرائط المعرفية. لقد أظهرت نتائج الدراسات أن لدى الحيوانات ذاكرة قصيرة المدى تمكنها من تذكر المواقع حيث توجد المكافآت فيها، ومثل هذه الدراسات استخدمت إجراء يعرف برد الفعل المؤجل (Delayed Reaction) وفيه يتاح للحيوان فرصة مشاهدة المجرب وهو يخفي الطعام (المكافأة) في مكان مميز، ومثل هذا المكان يتم تغييره من محاولة لأخرى.

وبعد فترة يطلق الحيوان، ويلاحظ المجرب ما إذا سينجح الحيوان في اختيار المكان المناسب أم لا. ففي تجربة قام بها تنكلبف (Tinklepauph) وفيها أخفى الطعام تحت أحد وعائين بينما كان القرد يشاهد ذلك، وبعد فترة قصيرة من الزمن أطلق القرد ولاحظ تنكلبف أن القرد توجه إلى الاناء الصحيح الذي يوجد تحته الطعام. ومن نتائج هذه الدراسة استنتج أن لدى القرد ذاكرة قصيرة المدى لتخزين الخرائط المعرفية حول المكان حيث يتوقع وجود المكافأة (Hilgard & Bower, 1981).

ومثل هذه النتائج ظهرت أيضا في التجارب التي أجرها تولمان على الفئران، حيث وجد أن الفئران سرعان ما كانت تلجأ إلى أقصر الطرق للوصول إلى الهدف في المتاهات عندما كانت تفتح هذه الطرق أمام الفئران.

التعزيز والتوقع Reinforcement & Expectency :

لقد عارض تولمان بشدة قانون الاثر عند ثورنديك، من حيث أن الاثر البعدي ليس العامل الحازم في تكوين الارتباط بين المثير والاستجابة وتقوية مثل هذا الارتباط؛ فهو يرى أن مجرد حدوث أو اقتران الاحداث معا كاف لتشكيل الارتباط فيما بينها، بحيث لا يكون التعزيز أو العقاب لازما أو ضروريا لذلك. ويرى تولمان أن للتعزيز أثرا غير مباشر في عملية التعلم، ويتمثل هذا الاثر في جذب انتباه الكائن الحي إلى مثيرات أو توقعات محددة.

إن مثل هذا القول يقودنا الى الحديث عن ما يسمى بالتوقعات الاشارية الشكلية " Sign - Gestalt Expecations" وتعني أن الفرد يتوقع أن تكون البيئة منظمة بطريقة ما بحيث أن بعض المثيرات تؤدي إلى مثيرات أخرى، وبذلك فإن بعض المثيرات ربما تشكل

اشارة لحدوث مثيرات أخرى. وعليه فإن الفرد ربما يركز انتباهه إلى بعض المثيرات لأن مثل هذه المثيرات تعد بمثابة اشارات إلى مثيرات أخرى ممثلة بالتعزيز أو المكافأة.

تحدث تولمان عن ما يسمى بالتعزيز الثانوي الذي ينتج عن اقتران مثير محايد مع مثير تعزيزي تم تحفيزه في توقع معين. فإذا كان المثير (م٢) في التوقع (م١ - س١ - م٢) محفزا واقترن به مثير محايد آخر (م*)، فإن المثير الثاني يصبح محفزا وذا قيمة بالنسبة للكائن، وانطلاقا من ذلك فإن المثيرات التي تؤدي إلى أهداف ذات قيمة فإنها تصبح أيضا أهدافا ذات قيمة فرعية للكائن.

أنواع التعلم Types of Learning:

لقد ميز تولمان بين ستة أنواع من التعلم وذلك على النحو الآتي:

النوع الأول: تعلم تركيز الطاقة النفسية Cathexis

ويتمثل هذا النوع في الميل إلى تركيز الطاقة النفسية على هدف معين دون غيره من الاهداف الأخرى، وغالبا ما يرتبط مثل هذا الهدف بإشباع حاجة أو دافع. فعندما تنشأ حاجة أو دافع لدى الفرد، فإن الطاقة النفسية تميل لتتركز حول الهدف أو الباعث الذي يشبع مثل هذه الحاجة. فعلى سبيل المثال، الحرمان من الطعام يحدث الجوع، وهذا يتسبب في ميل الكائن الحي لتركيز الطاقة النفسية على الباعث الذي يشبع مثل هذه الحاجة وهو الطعام وإهمال أية دوافع أخرى (عاقل، ١٩٨١).

النوع الثاني: تعلم الاعتقادات المتكافئة Equivalence Bielfs

ويتمثل هذا النوع في تعلم الفرد بأن بعض المواقف التي يمارسها هي في حد ذاتها مكافئة للتعزيز أو العقاب؛ أي إدراكات يشكلها الفرد بأن بعض الأوضاع هي معادلة للتعزيز أو العقاب. وهذا بالطبع لا يشكل اعتقادات حول التعزيز أو العقاب الذي سيحصل عليها في بعض المواقف والاوضاع، وإنما يرتبط بالإدراك بأن الأوضاع أو المواقف بحد ذاتها مكافأة لمثل هذا التعزيز أو العقاب (Klein,1987).

النوع الثالث: تعلم التوقعات حول المجال Field Expectancies

يشير هذا النوع إلى تكوين إدراكات حول تنظيم البيئة والمثيرات الموجودة فيها ممثلا ذلك في الخرائط المعرفية. فالكائن الحي يتعلم أي طريق يسلك للوصول إلى هدف ما،

وما هي الوسائل والأدوات المناسبة لتحقيق الاهداف. كما ويتعلم أي المثيرات أو الأحداث التي يمكن أن تؤدي إلى مثيرات أو أحداث معينة (التعلم الاشاري).

النوع الرابع: تعلم أنماط الإدراك المجالي Field Cognition Modes

ويشير هذا النوع إلى الميل إلى تعلم بعض الخبرات على نحو أسهل مقارنة بغيرها من الخبرات الأخرى. ومثل هذه الخبرات تشكل صيغا من الادراك المجالي تسهم في تعلم خبرات أخرى. فعلى سبيل المثال، الميل إلى تعلم اللغة واستخدامها في العديد من المواقف يعد كبيرا لدى الانسان، لأن تعلم اللغة واستخدامها يسهل تعلم العديد من الاشياء الأخرى ويسهل عملية تحقيق العديد من الأهداف.

النوع الخامس: تمييز الدافع Dirve Discrimination

يتمثل هذه النوع في قدرة الكائن الحي على التفريق بين الدوافع المختلفة كالعطش والجوع وما يترتب عن ذلك من التمييز بين الأهداف والغايات. ويرتبط هذا النوع من التعلم بتعلم تركيز الطاقة النفسية التي تمت الاشارة إليه سابقا على دافع معين، إذ أن التمييز بين الدوافع يوجه الكائن الحي لتركيز هذه الطاقة على بواعثها الخاصة بها عندما يستثار أي منها. فعلى سبيل المثال، تعلم التمييز بين دافع الجوع ودافع العطش من قبل الكائن الحي يساعده في تركيز الطاقة النفسية على الباعث الذي يرتبط بكل منهما عندما يصبح مثل هذا الباعث مهما أو متكافئا Valence. ففي حالة العطش مثلا يتم تركيز الطاقة النفسية على شرب الماء، في حين يكون التركيز على الطعام في حالة الجوع (Ormord,1999).

النوع السادس: تعلم الأنماط الحركية Motor Patterns

يتمثل هذا النوع في تعلم الانماط الحركية المتعددة التي تساعد الفرد على تحقيق الأهداف. فعندما يدرك الفرد أن فعلا ما سيؤدي به إلى تحقيق هدف معين، فإن هذا من شأنه أن يشكل دافعا لدى الفرد في تعلم مثل هذا الفعل أو النمط الحركي.

كما أسلفنا سابقا لم يبد تولمان اهتماما بالحركات العضلية، وإنما انصب اهتمامه على إدراك الفرد لأهمية مثل هذه الحركات في تحقيق الاهداف. ولكن نتيجة للانتقادات التي وجهت إليه من قبل العديد من علماء النفس امثال جثري وغيرهم، اضطر الى

الاخذ بعين الاعتبار أهمية تعلم مثل هذه الحركات، ولا سيما عندما يرتبط تعلمها بتحقيق أهداف يسعى إليها الكائن الحي.

كلمة أخيرة حول نظرية تولمان :

يعد تولمان أول من أدخل فكرة المتغيرات المتدخلة بين المثير والاستجابة، وقد عني بمثل هذه المتغيرات الجوانب المعرفية للسلوك كالتوقع والادراك والاعتقاد والدوافع، كما أنه أثار مسألة التمييز بين التعلم والاداء وأدخل فكرة التعلم الكامن ومفاهيم أخرى مثل توقع الهدف والدافع الحافز وسلوك اختبار الفرضية والخرائط المعرفية وغيرها من المسائل الأخرى. وبالرغم من قبول فكرة المتغيرات المتدخلة لدى علماء نظريات الارتباط السلوكية، الا أن مثل هذه المسائل شكلت عبئا وتحديا لتلك النظريات. ففي هذا الصدد يقول سكنر أن تولمان أضاف عبئا اضافيا عن كاهل المدرسة السلوكية بإدخاله لما يسمى بالمتغيرات المتدخلة. من جهة أخرى نرى أن معظم نظريات الارتباط السلوكية ترى أن الوحدات الاساسية التي يتم تشكيل الارتباط بينها هي المثير والاستجابة، في حين نجد تولمان يرى أن الارتباطات تتشكل بين الاحساسات Sensory - Sensory associations، ومثل هذا القول أثار جدلا إضافيا لدى نظريات التعلم.

نظرية الجشتلت

الفصل التاسع

نظرية الجشتلت

Gestalt Theory

تمهيد:

ظهرت هذه النظرية في بدايات القرن العشرين في المانيا على يد عالم النفس الألماني ماكس وريثماير(.Max Wertheimer: 1980 - 1943)، وقد ساهم أيضا في تطوير أفكارها كل من عالم النفس و ولفانج كوهلر (١٨٨٧-١٩٦٧) وكورت كوفكا (١٨٨٦ - ١٩٤١)، وهي من النظريات المعرفية التي عارضت بشدة المدرسة السلوكية (نظريات المثير والاستجابة) والمدرسة البنائية من حيث دعوتهما إلى التأكيد على تحليل الظاهرة النفسية إلى مكوناتها الأولية كي يتيسر فهم مثل هذه الظاهرة.

والجشتلت كلمة ألمانية تعني الكل أو الشكل أو الهيئة أو النمط المنظم الذي يتعالى على مجموع الأجزاء، فالجشتلت هو بمثابة كل مترابط الأجزاء على نحو منظم ومتسق ويمتاز هذا الترابط بالديناميكية بحيث أن كل جزء فيه له دوره الخاص ومكانته ووظيفته التي يفرضها عليه هذا الكل (Guenther,1998).

لقد رفضت مدرسة الجشتلت أفكار كل من المدرسة البنائية والمدرسة السلوكية لأنهما يعتمدان على اختزال الظاهرة النفسية أو السلوك إلى مجموعة عناصر أولية ؛

أي أنهما يعتمدان على تحليل الخبرات إلى مجموعة من العناصر المكونة لها بهدف فهم مثل هذه الخبرات.

فالبرغم من أن هذه المدرسة ترى أن الخبرات النفسية تنشأ من مجموعة العناصر الحسية، إلا أنها تؤكد أن مثل هذه الخبرات تختلف اختلافا جوهريا عن هذه العناصر؛ فالمدرسة الجشتلتية تؤكد مبدأ الكلية وتنطلق من مبدأ أن الكل أكثر من مجموع العناصر المكونة له، فهي ترى أن للكل وظيفة أو معنى معينا يصعب إدراكه على مستوى الأجزاء أو العناصر، وذلك لأن الجزء يكون عديم المعنى على نحو منفصل عن الكل، فالجزء يؤدي أدوارا مختلفة باختلاف الكليات التي ينتمي لها. وانطلاقا من هذا المبدأ، فهي تفترض أن الكائن الحي يضيف شيئا من عنده إلى تلك الخبرة بحيث لا يعمل الكل على توحيد العناصر الحسية لتلك الخبرة فحسب، بل يتضمن أيضا عنصر التنظيم وهو الشيء الذي يضيفه الكائن الحي إلى هذه العناصر.

وهكذا فإن فهم الظاهرة السلوكية أو الخبرة النفسية لا يتم على المستوى الجزئي، أي من خلال تحليلها إلى مكوناتها أو عناصرها، وإنما على المستوى الكلي الأكثر عمومية وشمولية، لأن جوهر هذه الظاهرة يتضمن في الكل وليس في مجموع العناصر (Solso,1998).

فعلى سبيل المثال، ترى المدرسة الجشتلتية أن العقل ليس مجرد مجموعة العناصر، وأن اللحن الموسيقي ليس مجرد مجموعة أصوات تعزفها الآلات المختلفة، وأن النفس ليس مجرد مجموعة أفكار ومشاعر وميول وحركات، وإنما تنظر إلى هذه الأشياء على أنها كليات ذات تنظيم ديناميكي تشتمل على معان ووظائف معينة.

تعد النظرية الجشتلتية من أكثر المدارس المعرفية تحديدا وأكثرها اعتمادا على البيانات التجريبية، فقد رفضت المناهج التي اتبعتها المدرسة البنائية في دراسة الخبرة الشعورية والتي تستند إلى مبدأ الاستيطان التجريبي، وتلك التي اعتمدتها المدرسة السلوكية في دراسة عمليات الارتباط بين المثير والاستجابة، وينصب اهتمامها الرئيسي على سيكولوجية التفكير وعمليات الإدراك والتنظيم المعرفي وحل المشكلات، كما وامتد اهتمامها ليشمل مواضيع أخرى كالشخصية وعلم النفس الاجتماعي وديناميات الجماعة والمجالات الجمالية كنتيجة لمساهمات ليفين في هذا المجال، ممثلا بالأفكار التي قدمها في نظريته المعروفة باسم نظرية المجال "Field Theory".

بالرغم أن موضوع التعلم لم يكن المحور الأساسي لهذه النظرية، إلا أن ما قدمته من مبادئ حول الإدراك وقوانين التنظيم الإدراكي وحل المشكلات يسهم على نحو لا يدعو إلى الشك في فهم عملية التعلم الإنساني، فهي تفترض أن عملية فهم السلوك الإنساني

يتطلب بالدرجة الأولى معرفة كيف يدرك الكائن الحي نفسه والموقف الذي يتفاعل معه، فالتعلم يتضمن إدراك الأشياء كما هي على حقيقتها، وهو في صورته النموذجية بمثابة انتقال من موقف غامض غير واضح لا معنى له إلى حالة يمكن من خلالها أن يصبح هذا الموقف الغامض على غاية من الوضوح ويشتمل على معنى قابل للفهم ويتيح إمكانية التكيف معه (Hilgard & Bower,1981).

في مطلع العشرينات من القرن العشرين انتقلت أفكار هذه المدرسة إلى الولايات المتحدة الأمريكية ، حيث قام آر.إم اوجدن عام ١٩٢٤ بترجمة كتاب كوفكا كوهلر المعروف باسم نمو العقل " The Growth of the Mind" إلى اللغة الانجليزية، كما تمت عام ١٩٢٥ ترجمة تجارب كوهلر على القردة، وهي ما تعرف بتجارب حل المشكلات "The Mentality of the Apes". وكان قبل ذلك؛ أي في عام ١٩٢٢ قد جرت ترجمة إحدى مقالات كوهلر ونشرها في المجلة السيكولوجية "Psychological Bulletin" وكانت بعنوان الإدراك مقدمة للنظرية الجشتلتية. ومما ساهم أيضا في انتشار أفكار هذه المدرسة في أمريكا هو هجرة رواد هذه النظرية وهم ماكس وريثماير وكوفكا وكوهلر ومعهم ليفين إليها بسبب اضطهاد العلماء من قبل النازي هتلر، وقد بدأوا في نشر أفكار وفرضيات هذه النظرية. ولكن لم تجد مثل هذه الأفكار تأييدا كبيرا بسبب سوء الفهم. فقد ساد الاعتقاد هناك أن النظرية الجشتلتية تعنى بالدرجة الأولى بمجال الإدراك الحسي فقط، مع أنها في الواقع اهتمت بمجالات أخرى مثل التفكير والمعرفة وحل المشكلات والشخصية وعلم النفس الاجتماعي.

أعمال المؤسسين في الولايات المتحدة الأمريكية :

مع انتقال كل من ماكس وريثماير وكوفكا وكوهلر وليفين إلى الولايات المتحدة، أصبحت أمريكا المقر الرئيسي لنظرية الجشتلت بالرغم من وجود المؤيدين لها في دول أخرى من العالم كاليابان وفنلدا وألمانيا وإيطاليا والهند وغيرها من البلدان الأخرى، وتابع هؤلاء المنظرون الأربع أبحاثهم وتجاربهم المتعددة في مجال الإدراك وعمليات التنظيم الإدراكي وفي مجالات السلوك الاجتماعي ودينامات الجماعة وغيرها من المواضيع الأخرى، وفيما يلي عرض موجز لمساهمات هؤلاء المنظرين:-

أولا: ماكس وريثماير Max Wertheimer :

اتجه وريثماير إلى بيان تطبيقات نظرية الجشتلت في مجال التربية وعمليات التعلم والتعليم، وقد ألف كتابا بهذا الشأن تحت عنوان التفكير المنتج "Productive Thinking" حيث نشر بعد وفاته بعامين؛ أي عام ١٩٤٥. وقد تعرض فيه لطبيعة حل المشكلات والأساليب المناسبة لتعليمها، واشتمل أيضا على العديد من الأمثلة على عملية الاستبصار كونها إحدى العلميات الهامة في حل المشكلات والتعلم.

يرى وريتماير أن الادراك هو أساس عملية التعلم وليس مجرد تجميع من الارتباطات بين الأفكار، ويعتقد أن الأفراد يملكون إدراكات كلية ذات معنى للبيئة المحيطة بهم، فكل شيء مكتمل بحد ذاته ويحمل معنى معين وذلك لأن الأشياء هي عبارة عن توليفه من الأجزاء المتكاملة والتي تترابط معا بطريقة ما لتشكيل الكل، ويرى أن الصيغة التي تربط الأجزاء معا ليست ذات صفة تجميعية فيها تعتمد الأجزاء على بعضها البعض، وإنما هي ذات طابع ديناميكي، إذ لا يمكن الاستدلال على الكل من خلال مجموع الأجزاء، كما ترى المدرسة السلوكية، وإنما من خلال الادراك لهذا الكل، لأن الكل هو أكثر من مجموع الاجزاء التي يتكون منها.

ثانيا: ولفانج لفجانج كوهلر Wolfgang Kohler :

أصبح كوهلر من أكثر المتطرفين حماسة في الدفاع عن أفكار نظرية الجشتلت، وقد ألف العديد من الكتب بهذا الصدد، كان أبرزها كتاب (علم نفس الجشتلتZ الذي نشر عام ١٩٢٩ وتعرض فيه إلى افتراضات ومفاهيم نظرية الجشتلت، وأوضح فيه أيضا المبدأ المعروف باسم التماثل الشكلي "Isomorphism" والذي يعني أن بنية التجربة الظاهرية تمتلك نفس الشكل الأساسي للأهداف الكامنة في الجهاز العصبي. بالإضافة إلى ذلك، تابع كوهلر تجاربه على القردة، وهي ما تعرف بتجارب حل المشكلات والاستبصار.

ثالثا: كيرت كوفكا Kurt Koffka :

قام بالمشاركة مع عدد من طلابه في إجراء العديد من التجارب المرتبطة بالتفكير الجشتلتي وعمل على إعداد كتاب بعنوان مبادئ علم النفس الجشتلتي "The Principles of Gestalt Psychology" وفيه قدم كوفكا تفصيلا واضحا لمفاهيم نظرية

الجشتلت، حيث لخص فيه نتائج التجارب والاسهامات التي قدمها منظرو نظرية الجشتلت خلال ٢٥ عاما من ظهور هذه النظرية، وكان من اسهامته أن أضاف مبدأ التقارب ومبدأ الاغلاق إلى نظرية الجشتلت.

رابعا: كورت ليفين Kurt Lewin :

اتجه ليفين إلى دراسة أثر نظرية الجشتلت في مجالات الشخصية والدافعية وعلم النفس الاجتماعي وقد طور مجموعة من المصطلحات والرموز لوصف الأشخاص في البيئات التي يعيشون فيها. استخدم ليفين المنهج الرياضي في دراسة هؤلاء الأشخاص وأسس ما يعرف بعلم النفس الطبولوجي." - Topological Psychology" ، والذي على أساسه صاغ ليفين نظريته المسماه بنظرية المجال ، وفيها يرى أن تحديد سلوك الشخص يتطلب موقفا عيانيا آنيا، لأن السلوك في أي لحظة يتحدد بمجموع الوقائع أو البيئات النفسية التي يخبرها الفرد في تلك اللحظة. ففي نظرية المجال يرى ليفين أن هناك عالما ميتافيزيقيا يقع خارج نطاق الإدراك الحسي، وعالما آخر فيزيقي يقع ضمن نطاق الإدراك الحسي، وضمن هذا العالم يوجد الشخص وهو محاط ببيئة نفسية (حيز الحياة) تشتمل على العديد من البيئات النفسية الفرعية التي تؤثر فيه على نحو متباين وتحدد سلوك الفرد، وذلك كما هو مبين في الشكل التالي :

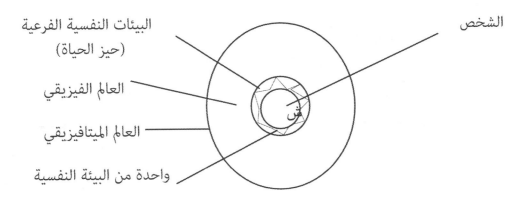

شكل رقم (٩-١) يوضح عملية تحديد سلوك الفرد حسب نظرية ليفين في المجال

يشير مفهوم البيئة النفسية إلى مجموعة الوقائع النفسية التي يخبرها الفرد في لحظة من اللحظات، وهو ما يعرف بحيز الحياة بالنسبة للفرد، والبيئة النفسية الفرعية

هي أي شيء يؤثر على سلوك الفرد سواء كان الجو أو أحداثا خاصة ما أو حالة انفعالية أو أشخاصا معينين أو مثيرات تتواجد حوله، وتسمى مثل هذه البيئات بحيز الوجود أو الحياة بالنسبة للفرد، إذ يعتمد سلوكه على التأثيرات المختلفة التي تحدثها مثل هذه البيئات عليه، ومدى إدراكه لأهمية مثل هذه القوى أو البيئات، وهكذا نجد أن ليفين أكد على ما يسمى بالسلوك الكتلي والذي يتحدد بمجال معين تتفاعل فيه مجموعة من الدوافع والحالات النفسية التي تجعل الذات تسلك بطريقة ما حتى تتلاشى الدوافع أو التخلص أو الحالات النفسية (Hill,1990).

لقد ساهم ليفين من خلال دراساته وأبحاثه في ميادين علم النفس الاجتماعي وديناميات الجماعة والشخصية في توضيح العديد من المفاهيم والأفكار ومجالات البحث المرتبطة بتلك المجالات. وبالإضافة إلى هؤلاء المنظرين الأربعة، فقد ساهم أيضا كل من رودلف ارنيم وسولومن إي آش في إبراز أفكار هذه النظرية. ففي هذا الصدد ساهم ارنيم في إجراء أبحاث حول موضوع الجماليات، وأصدر كتابا بهذا الشأن بعنوان الفن والإدراك البصري "Art and Visual Perception". كماساهم سولومن في نطاق البحث التجريبي على عمليات التعلم وفق المفهوم الجشتلتي، وقد أصدر كتابا بعنوان علم النفس الاجتماعي "Social Psychology".

في الأربعينات من القرن العشرين ازدهرت أفكار هذه المدرسة وأصبحت منافسة للمدرسة السلوكية، ولكن بوفاة مؤسسيها بدأ نجم هذه النظرية بالأفول بسبب تناقص عدد المؤيدين لها.

المفاهيم الرئيسية في نظرية الجشتلت Basic Concepts :

بالرغم من اتساع مجال اهتمام نظرية الجشتلت ليشمل مجالات السلوك الاجتماعي والشخصية وديناميات الجماعة والتعلم، إلا أن الإدراك يكاد يكون المحور الرئيسي المميز لهذه النظرية.

لقد حاولت هذه النظرية توضيح المبادئ الرئيسية التي تحكم عمليات الإدراك من خلال تحديد ما يعرف بآليات التنظيم الإدراكي. وتحديدا فقد عمدت إلى التركيز على القضية الخاصة بكيفية تجميع وانفصال الأجزاء المختلفة للموقف، وكيف أن هذه الأجزاء تتجمع معا لتشكل ما يسمى بالكل الجيد "Good Gestalt". ويعرف هذا بمبدأ

الدقة أو الاتضاح "Law of Pragnanz" والذي يرتبط بعلمية التوازن والاتساق التي يمتاز بها الكل ليعطي معنى معين في ظل الظروف السائدة في الموقف. وانطلاقا من ذلك سعت نظرية الجشتلت إلى صياغة العديد من المفاهيم والمبادئ، والتي تتمثل بالآتي:

التركيب أو البنية "Structure"

ترى نظرية الجشتلت أن هناك بنية خاصة متأصلة بالكل أو النمط بحيث تميزه عن غيره من الأنماط الأخرى وتجعل منه شيئا منظما ذا معنى أو وظيفة خاصة. وترى أن الكل يتألف من مجموعة من العناصر التي تترابط معا بصورة ديناميكية وفق مبادئ معينة، ويؤدي كل عنصر منها دورا محدودا ضمن الكل بحيث يفقد هذا الدور في حالة انفصاله عن الكل. واعتمادا على ذلك، فإن الأنواع المختلفة من الجشتلت (الكل) تشتمل على قوانين داخلية تحكم العلاقات القائمة بين عناصرها، ولا يمكن فهم أو إدراك هذا الكل، ما لم يتم التعرف على طبيعة هذه العلاقات القائمة بين عناصره، وترى أن التغير في أي عنصر من عناصر الكل، أو أي تغيير في طبيعة العلاقات القائمة ينتج عنه تغير في بنية هذا الكل وبالتالي المعنى أو الوظيفة التي تشتمل عليها (Ashraft,1998). وهكذا فإن إدراك البنية المتأصلة في الكل هي الأساس لإدراك المعنى الكامن فيه أو الوظيفة التي يخدمها؛ فعلى سبيل المثال ، تمثل المقطوعة الموسيقية مجموعة نغمات متناسقة ومتكاملة تعكس في مجموعهاجوهرا أو بنية معينة بحيث أن فقدان أي نغم منها أو حدوث أي تغير في الإيقاعات ربما يفقدها هذا المعنى أو الجوهر الكامن فيها. ومثل هذه المقطوعة لا يمكن إدراكها من خلال تحليلها إلى مجموعة أصوات مختلفة تصدر عن آلات موسيقية متعددة، لأن ذلك يؤدي إلى فقدان العلاقات القائمة بين هذه الأحداث، وهذا من شأنه بالتالي أن يغير البنية أو الجوهر لهذه المقطوعة.

قوانين التنظيم الإدراكي Laws of Perceptual Organization:

لقد توصل علماء نظرية الجشتلت من خلال نتائج أبحاثهم ودراساتهم التجريبية العديدة إلى عدد من المبادئ والقوانين التي تحكم عمليات الإدراك. ومثل هذه العمليات تؤثر بما لا يدعو للشك في عمليات التعلم والاجراءات السلوكية التي ينفذها الافراد حيال العديد من المواقف التي يواجهونها ويتفاعلون معها. كما أن هذه المبادئ تحكم

عمليات تنظيم الخبرات في الذاكرة وتخزينها على شكل وحدات كلية تخضع إلى قوانين تربط بين مكوناتها بحيث تعطي معنى أو تؤدي وظيفة معينة. ويمكن تلخيص هذه المبادئ بالآتي:

١- مبدأ الشكل والخلفية Figure- Ground Relationship

يعد هذا المبدأ الأساس لعملية الإدراك، إذ ترى نظرية الجشتلت أنه من الصعوبة تمييز الاشكال وإدراكها دون وجود محك مرجعي يتم ضمن نطاقه تحديد ملامح هذه الاشكال؛ فالأشياء لا توجد في فراغ وإنما تقع ضمن نطاق حسي، ومثل هذا النطاق يسمى بالمجال. يتألف المجال عادة من الشكل وهو الجزء الهام السائد والموحد الذي يحتل الانتباه، أما بقية المجال فيسمى الأرضية وهي مجموعة الأجزاء التي تحيط بالشكل وتعمل كخلفية متناسقة يبرز عليها هذا الشكل (Benjafield,1997).

يتم التمييز بين الشكل والخلفية وفقا لعدد من العوامل منها الحجم واللون والموقع ودرجة التباين بين الشكل والخلفية. فعلى سبيل المثال، يتم تمييز الكلمات على صفحة بيضاء، لأن الكلمات تكون نافرة عن الخلفية كونها مكتوبة بلون مختلف وهو الأسود بحيث تشكل مثل هذه الكلمات الشكل، في حين تمثل الصفحة الخلفية. كما يتم تمييز قطعة الماس على قطعة القماش السوداء لأن قطعة الماس تختلف في لونها عن لون قطعة القماش. وعموما نحن نتعامل مع المثيرات المختلفة في البيئة على أنها أشكال تحاط بمجموعة من المثيرات الأخرى التي تشكل الخلفية لها بحيث يتم الانتباه إلى البعض منها وإهمال بعضها الآخر.

ولكن في بعض الحالات التي يكون الشكل متداخلا مع الخلفية، ويصعب تحديد الحدود الفاصلة للشكل كما هو الحال في الاشكال الغامضة أو المتجانسة، ففي الغالب نجد صعوبة في تمييز الشكل عن الخلفية، بحيث يكون في البداية إدراكنا لها على المستوى الكلي ثم يتمايز الادراك لدى الافراد ويختلف من فرد إلى آخر اعتمادا على عملية الانتباه التي يوليها هؤلاء الأفراد إلى بعض الاجزاء. فقد يعتبر البعض أن جزءا منها هو الهام ويعتبرونه على أنه الشكل، وبقية الاجزاء الأخرى على أنها الخلفية، وذلك كما هو موضح في الشكل (٢-٩).

ففي الشكل رقم (٢-٩) يمكن إدراكه أولا على نحو كلي على أنه قطعة مزخرفة ، ثم

مع التدقيق بالنظر والانتباه ربما يتم تمييز الاشكال على أنها خفافيش (اللون الأسود) في حين بقية الأجزاء المحيطه (البيضاء) على أنها الخلفية، أو يتم إدراك الأشكال البيضاء على أنها فراشات في حين بقية الأجزاء المحيطة السوداء على أنها الخلفية.

شكل رقم (٩-٢)

وبالنظر إلى البورفيل (أ)، في شكل رقم (٩-٣)، يتم إدراك الشكل على أنه وجه فتاة حسناء وبقية الاجزاء على أنها الخلفية، أو إدراكه على أنه صورة لعجوز شمطاء. وهـذا الشيء نفسه يمكن حدوثه في البورفيل (ب) إذ يمكن ادراك الجزء الأبيض على أنه كأس

شكل رقم (٩-٣) يبين مبدأ الشكل والخلفية

نظريات التعلم

يقع ضمن خلفية سوداء أو إدراكه على أنه وجهان متقابلان على خلفية بيضاء.

٢-مبدأ التشابه Similarity

ترى نظرية الجشتلت أن هناك عاملا هاما آخر يؤثر في تخـزيـن المعلومات في الذاكـرة غير مبادئ الاقتران والتكرار، ويتمثل ذلك في التشابه بين المواقف والمثيرات، فعـملية تخزين المعلومات واسترجاعها من الذاكـرة ينطوي على عملية الافادة من التشابه (Ashcraft,1998).

فوفقا لهذا المبدأ، فإن الأشياء التي تشترك بخصائص معينة مثل اللون والشكل والحجم تنزع الى أن تدرك على أنها تنتمي إلى مجموعة واحدة؛ ومثل هذه الأشياء تشكل كل موحد منظم ومتناسق بحيث يسهل استرجاع عناصر هذا الشكل على نحو أسهل وأسرع من الأشياء التي تدرك على أنها لا تنتمي إلى هذا الكل، نظرا لعدم اشتراكها معه في بعض الخصائص. فعند النظر إلى الشكل رقم (٤-٩) نجد من السهولة تمييز وإدراك الأعمدة كونها تشتمل عناصر متشابهة مقارنة مع الصفوف التي تشتمل على عناصر مختلفة (الزغول والهنداوي، ٢٠٠٢).

نظرية الجشتلت

شكل رقم (٤-٩) يوضح مبدأ التشابه

٣- مبدأ التقارب Proximity

وينص هذا المبدأ على أن الاشياء والموضوعات القريبة من بعضها البعض في الزمان أو المكان تميل إلى إدراكها على أنها تنتمي إلى نفس المجموعة، وتشكل كلا موحدا. فهذا المبدأ يشير إلى أن الأشياء تميل إلى التجمع في تكوينات إدراكية تبعا لدرجة تقارب حدوثها الزماني أو المكاني. ففي واقع الحياة العملية، نحن لا نتعامل مع أحداث أو مثيرات منفصلة عن بعضها البعض، وإنما مع مجموعات من الأحداث أو المثيرات التي تشترك في ترابط معين كزمان أو مكان الحدوث. وعليه، فإن تخزينها في الذاكرة واسترجاعها يكون أسهل من غيرها من الأحداث الاخرى التي لا تترابط في الحدوث الزماني أو المكاني.

إن هذا المبدأ يقترب إلى حد كبير من مبدأ التجاور الذي أشار إليه أرسطو في معرض حديثه عن عملية تشكيل الارتباطات في الذاكرة، وهو مماثل أيضا إلى مبدأ الاقتران في نظرية الاشراط الكلاسيكي.

يلاحظ في الشكل رقم (٥-٩) أن الاشياء في المجموعة (أ) يتم إدراكها على أنها تنتمي إلى نفس المجموعة نظرا لتقارب حدوثها المكاني في مجال محدد، في حين الاشكال في المجموعة (ب) تدرك على أنها لا تنتمي إلى المجموعة (أ) نظرا لبعدها المكاني عن الاشياء الموجودة في المجموعة(أ).

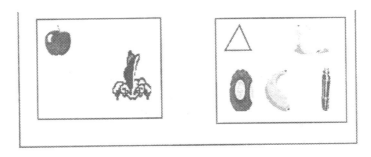

مجموعة ا   مجموعة ب

شكل رقم (٥-٩) يوضح مبدأ التقارب

٤- مبدأ الاغلاق Clousre

يمتاز النظام الإدراكي الانساني بالديناميكية والقدرة على إعادة تنظيم المدركات الحسية لتكوين ما يسمى بالكل الجيد الذي يمتاز بالاتساق والتناغم والاستقرار. وعموما فنحن نميل إلى إدراك الاشياء التي تمتاز بالاكتمال والاستقرار على نحو أسهل من تلك غير المكتملة أو الناقصة. فالمساحات المغلقة أو المكتملة تشكل وحدات متناغمة يتم إدراكها على نحو أسهل من المساحات المفتوحة أو الناقصة، كما أن العبارة اللغوية المترابطة يتم فهمها بسهولة أكثر من العبارات الناقصة أو غير المترابطة (Baron,1999).

ونظرا لطبيعة الإدراك الكلية، فإن الأفراد عادة يحاولون جاهدين إلى ملء الفراغات الناقصة والمساحات المفتوحة والعمل على سد الثغرات فيها بهدف الو صول إلى حالة الاستقرار أو الكمال (تشكيل الكل الجيد) من أجل تفسيرها وفهمها. فعلى سبيل المثال، نجد أن الموسيقار يستمع إلى المقطوعة الموسيقية كوحدة كلية ويحاول كشف الثغرات فيها أو أي خلل فيها، ويسعى جاهدا لسد الثغرات فيها ، في محاولة منه لإخراجها بصورة أكثر اتساقا وتناغما. كما أننا عندما نقرأ أو نستمع إلى عبارات غير مترابطة، فغالبا، نحاول اعادة تنظيم العلاقات القائمة بين أجزاءها بهدف الوصول إلى كل جيد له معنى ووظيفة. ففي حالة العبارات الناقصة فإننا، نسعى إلى إكمالها لتصبح ذات معنى بالنسبة لنا. وعموما فإننا وفقا لهذا المبدأ نسعى جاهدين إلى إدراك العلاقات القائمة بين الأجزاء أو الافكار في محاولة منا للوصول إلى الكل الجيد أو المعنى أو الفعل. ففي الشكل رقم (٦-٩) نلاحظ عدة أشكال ناقصة غير مكتملة، ولكن نعمل على إعادة تنظيم مكوناتها وسد الثغرات فيها للوصول إلى الكل الجيد. بحيث يتم إدراكها على أنها دائرة ومثلث ومربع.

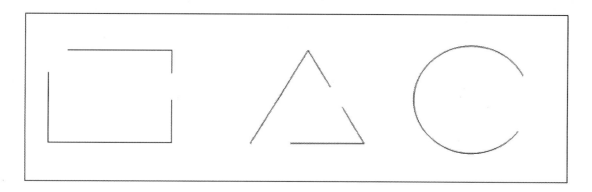

شكل رقم (٦-٩) يوضح مبدأ الإغلاق في الإدراك

وبالنظر إلى الشكل رقم (٧-٩) نلاحظ مجموعة نقاط سوداء وبيضاء تشكل معا منظرا متجانسا يبدو وكأنه مغطى بالثلج (بورفيل أ)، ولكن وفقا لمبدأ الاغلاق يمكن إدراك وجود شكل وهو الحيوان (بورفيل ب).

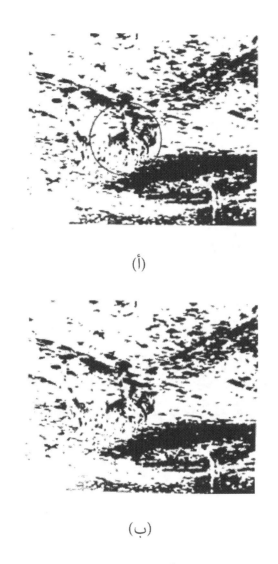

(أ)

(ب)

شكل رقم (٧-٩)

٥- مبدأ التشارك بالاتجاه Common Direction

يشير هذا المبدأ إلى أننا نميل إلى إدراك مجموعة الأشياء التي تسير في نفس الاتجاه على أنها استمرار لشيء ما، في حين يتم إدراك الأشياء التي لا تشترك معها بالاتجاه على أنها خارج نطاق هذا الاستمرار (Kassin,1998). وهكذا فإن الأشياء التي تشترك بالاتجاه تدرك على أنها تنتمي إلى نفس المجموعة، أما الأشياء التي تعارضها بالاتجاه فتدرك على أنها تقع خارج نطاق هذه المجموعة. ففي الشكل رقم (٨-٩) نميل الى إدراك الاشياء في المجموعة (أ) على أنها استمرار للخط المستقيم، في حين الاشياء في المجموعة (ب) تدرك أنها لا تنتمي إلى هذا الخط نظرا لأنها تتعارض معه بالاتجاه.

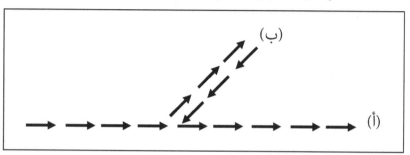

شكل رقم (٨-٩) يوضح مبدأ الاتجاه المشترك

٦- مبدأ البساطة Simplicity

ويشير هذا المبدأ إلى الطبيعة التبسيطية التي يمتاز بها النظام الإدراكي الانساني. فوفقا لهذا المبدأ، فإننا نسعى إلى إدراك المجال على أنه كل منظم يشتمل على أشكال منتظمة وبسيطة؛ فهو يعكس الميل إلى تكوين ما يسمى الكل الجيد الذي يمتاز بالانسجام والانتظام والاتساق، وهذا يعني أننا في إدراكنا للأشياء نسعى إلى مقارنة خصائص الأشياء بحثا عن خصائص متشابهة لتعميمها على الأشياء الأخرى أثناء عملية التعلم. ويوضح الشكل (٩-٩) مبدأ البساطة.

نظرية الجشتلت

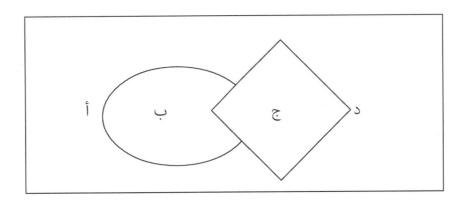

شكل رقم (٩-٩) يوضح مبدأ البساطة

يلاحظ في الشكل (٩-٩) أننا في عملية الإدراك نميل إلى تبسيط الأشياء، حيث نعمل على إدراك المقطع (أ ، ج) على أنه شكل بيضوي يتداخل مع المقطع (ب، د) وهو المربع، ومثل هذا المقطع البيضوي مماثل للأشكال الدائريه.

الذاكرة ونظرية الأثر Memory & Trace Theory:

إن مفهوم نظرية الجشتلت حول الذاكرة لا يكاد يختلف كثيرا عما قدمه أرسطو بهذا الشأن والذي يرى فيه أن الانطباع الحسي المدرك يتقاطع مع الأثر الذاكري المخزن؛ فنظرية الجشتلت ترى أن الانطباعات الحسية تخزن بالذاكرة على نحو مماثل؛ أي، بنفس الصيغة أو الشكل التي يوجد عليها الأثر الذاكري ويتخزن بنفس الآليات العصبية. وترى أن عملية التذكر أو الاسترجاع هي بمثابة اعادة تنشيط لأثر ذاكري معين من خلال استخدام نفس النشاط العصبي المستخدم في عمليات الادراك الأولية لهذا الأثر (Hilgard & Bower,1981). وتعزو سبب النسيان الى عاملين هما:

١- صعوبة تنشيط الأثر أثناء عملية التذكر.

٢- اضمحلال الأثر بسبب التداخل مع الآثار الذاكرية الأخرى.

وتحديدا فإن نظرية الجشتلت تؤكد الطبيعة الديناميكية للذاكرة، حيث ترى أن النظام الادراكي نشط وفعال يعمل بصورة دائمة على اعادة تنظيم مكونات الذاكرة في ضوء المستجدات الناجمة من فعل التفاعلات المستمرة والمتكررة مع الخبرات الحسية البيئية. فهي ترى أن الكثير من آثار الذاكرة أثناء عمليات اعادة التنظيم ربما يعاد تنظيمها أو

دمجها مع آثار أخرى، أو ربما تتداخل مع غيرها، وكنتيجة لذلك، ربما يحدث صعوبة في عملية تذكرها.

افتراضات نظرية الجشتلت حول التعلم Learning hypothesis:

كما أسلفنا بالسابق، لم يكن موضوع التعلم المحور الاساسي لاهتمام المنظرين الاوائل ،إذ تركز جل اهتمامهم على عمليات الادراك الحسي والكيفية التي من خلالها يفسر الافراد هذه المدركات، فهي ليست نظرية موجهة نحو التعلم Non learning oriented theory، وإنما موجهة نحو موضوع الادراك Perception oriented theory. وبالرغم من ذلك، قدمت نظرية الجشتلت بعض المساهمات حول التعلم، تتمثل في المبادئ التالية:

أولا: يتم التعلم من خلال الاستبصار

تؤكد نظرية الجشتلت أن التعلم يعتمد على قدرة الفرد على إدراك الموقف الكلي الذي يتفاعل معه وطبيعة العلاقات القائمة بين عناصر هذا الموقف.

فالتعلم ليس مجرد عملية تشكيل ارتباطات بين مثيرات واستجابات تقوى أو تضعف اعتمادا على النتائج التعزيزية أو العقابية، ولا يتم تشكيل مثل هذه الارتباطات على نحو آلي وفقا لمبدأ المحاولة والخطأ، وإنما وفقا لعمليات معرفية تنطوي على إدراك عناصر الموقف ككل والعلاقات القائمة بين هذه العناصر. فهي ترى أن عملية اكتساب السلوك تتم على نحو مفاجئ، حيث يتم اكتشافه من خلال عملية الاستبصار "Insight" والتي من خلالها يعمل الفرد على إعادة تنظيم المدركات الحسية في الموقف على نحو يمكنه من اكتشاف البنية الكامنة فيه (Jahnke & Nowacyk,1998).

تؤكد نظرية الجشتلت ان السلوك الذي يتم تعلمه من خلال الاستبصار يمكن أن يتكرر في ذلك الموقف، لا بل يمكن تعميمه على المواقف الأخرى المماثلة لذلك الموقف. فما يتم تعمله من خلال الاستبصار ليس مجرد استجابة نوعية خاصة ولكن علاقة معرفية تنظيمية بين وسائل وغايات .

تجارب كوهلر على الاستبصار

تعد تجارب كوهلر على القردة من أشهر التجارب التي أجريت على عملية الاستبصار. وقد استخدم مجموعتين من الابحاث، وهي ما تعرف بتجارب حل المشكلات وتتضمن تجارب العصا وتجارب الاقفاص. ففي احدى تجاربة الشهيرة وضع قردا جائعا في قفص وكان معلق في سقفه موزا بحيث لا يستطيع القرد تناوله مباشرة، وكان في القفص أيضا صندوق وعصا. وقد هدف كوهلر من هذه التجربة تحديد ما إذا كان القرد قادرا على إدراك العلاقة بين العصا والصندوق والموز (عناصر الموقف). لقد لاحظ كوهلر أن القرد حاول لعدة مرات تناول الموز مباشرة، لكنه فشل في ذلك، مما حدا به إلى الجلوس والتأمل في الموقف المشكل. وكنتيجة لمحاولاته المتعددة التي باءت بالفشل، أدى ذلك بالقرد إلى اعادة تنظيم عناصر الموقف بحيث اكتشف على نحو مفاجئ طريقة الحل، حيث استخدم الصندوق للوقوف عليه والعصا لاسقاط الموز، بحيث أخذ القرد يكرر مثل هذا السلوك أو الحل في كل مرة يواجه فيه مثل هذا الموقف. لقد استنتج كوهلر أن القرد توصل إلى هذا الحل (السلوك) على نحو مفاجئ من خلال عملية الاستبصار وليس من خلال المحاولة والخطأ، إذ تمكن من خلال التأمل إدراك العلاقات القائمة بين عناصر الموقف الثلاث وهي: الموز والصندوق والعصا.

ثانيا: يعتمد التعلم على الإدراك

يتوقف التعلم على الكيفية التي يدرك من خلالها الفرد الموقف الذي يواجهه، وإدراكه للكيفية التي تترابط بها العناصر معا في ذلك الموقف. ولما كان التعلم يعنى اصلا بعملية اكتشاف البيئة، فهو إذا يرتبط على نحو وثيق بالعناصر الحاسمة والبنية المتأصلة في الموقف (غازادا وريموندجي، ١٩٨٦).

فإذا كان الموقف غير واضح أو عديم المعنى بالنسبة للفرد، فإن إدراكه له سيكون عندها باهتا وربما لا يشكل دافعا للفرد لتعلم السلوك المناسب حياله، في حين إذا كان الموقف متميزا والعلاقات القائمة بين عناصره واضحة، فإن التعلم يحدث على نحو سريع.

ثالثا: ينطوي التعلم على إعادة التنظيم

يتضمن مفهوم التعلم حسب وجهة النظر الجشتلتية اعادة تنظيم عناصر الموقف من حالة تكون فيها هذه العناصر مختلفة والعلاقات بينها غير واضحة إلى وضع جديد تكون العلاقات القائمة بين عناصره ذات معنى بالنسبة للفرد. وهذا بالطبع يعني الخروج بصورة جديدة للموقف بحيث تحمل في طياتها معنى خاصا بالنسبة للفرد من خلال اعادة تنظيم عناصر هذا الموقف.

رابعا: ينطوي التعلم على إدراك البنية الداخلية لما يتم تعلمه

يتضمن التعلم جوانبا معرفية حقيقة، فهو ليس مجرد تشكيل سلاسل من الارتباطات وفقا لمبادئ آلية ميكانيكية، ولكن يعني التعرف الكامل على العلاقات الداخلية للمواقف المراد تعلمها وكذلك بنيتها وطبيعتها. فما يتم تعلمه في الغالب يناسب تماما حقيقة الشيء الذي نتعلمه وخصائصه الجشتلتية (الكلية)، لأن جوهر التعلم هو التعرف على القوانين الداخلية والترابط الدقيق للموقف الذي نتعلمه (Ashcraft,1998).

فعلى سبيل المثال عند ايجاد مساحة المستطيل من خلال قاعدة (الطول × العرض)، فمثل هذه القاعدة لا يتم تعلمها والنظر إليها على أنها مجرد ارتباط يخزن في الذاكرة ويتم استخدامه عند حساب مساحة المستطيل، وإنما التعلم الحقيقي لهذه القاعدة يتضمن توضح لماذا مساحة المستطيل هي حاصل ضرب الطول في العرض، وهذا بالتالي يعطي معاني لكل من المساحة والطول والعرض. ومثل هذا ينطبق على الاعداد والارقام أيضا، فرقم (٦) لا يكفي ترديده من قبل المتعلم كدلالة للفهم، وإنما يتحقق التعلم الحقيقي عندما يدرك المتعلم أن هذا الرقم يتألف من (٦) وحدات متساوية تتجمع وتترابط معا في كل موحد وفق قاعدة الجمع.

خامسا: يعنى التعلم بالوسائل والنتائج

يرتبط التعلم بـ ماذا يؤدي إلى ماذا، حيث أن ما نتعلمه يتعلق بالنتائج المترتبة على الاعمال التي نقوم بها. فالنتائج المترتبة على السلوك هي في معظمها ذات معنى وترتبط ارتباطا وثيقا بهذا السلوك. فعلى سبيل المثال، عندما نضع المفتاح في خرم الباب ونديره الى اليمين فمن الطبيعي أن يفتح الباب، ولو فكرت مليا في مشكلة ما، فمن

المؤكد أن تصل إلى حل ما مناسب لهذه المشكلة. إن هذا يعني أن التعلم هو بمثابة اكتشاف لخصائص الاشياء وما يترتب على نتائج سلوكاتنا من أحداث.

سادسا: التعلم القائم على الاستبصار يجنب الوقوع في الأخطاء

حسب وجه النظر الجشتلتية إن التعلم القائم على تشكيل الارتباطات قد يوقع الافراد في الكثير من الاخطاء، ولكن التعلم الحقيقي القائم على الفهم والاستبصار يجنب الوقوع في الكثير من الاخطاء، وهذا من شأنه أن يوجه السلوك. إن عملية فهم الموقف المشكل والبنية الكامنة فيه غالبا ما يؤدي إلى تجنب الوقوع في الأخطاء لأن السلوك الناجم عن ذلك لن يكون عشوائيا، وإنما يسير على هدى ويرتبط ارتباطا وثيقا بذلك الموقف.

سابعا: الفهم والاستبصار يسمحان بانتقال أثر التعلم

ترى نظرية الجشتلت أن الفهم والاستبصار يؤديان إلى إكتساب مبدأ أو قاعدة ترتبط بموقف معين، وإن مثل هذا المبدأ يمكن تطبيقه أو استخدامه في مواقف أخرى مشابهة للموقف الذي تم التعلم فيه، وبطبيعة الحال فإن التعلم القائم على الحفظ والاستظهار غالبا ما يرتبط بالموقف الذي جرى التعلم فيه وهو سريع الزوال والنسيان وليس فيه أية قيمة انتقالية، في حين المواقف التي يتم تعلمها وفقا لعملية الاستبصار هي أكثر بقاء وأكثر قابلية للانتقال إلى المواقف الأخرى المماثلة. وانطلاقا من ذلك، ترى نظرية الجشتلت أن التعلم بالاستبصار هو تعلم حقيقي غير قابل للانطفاء أو النسيان، وهو بالتالي يشكل رصيدا ثابتا من مخزون الذاكرة (Solso,1998).

ثامنا: التعلم بالاستبصار هو مكافأة بحد ذاته للتعلم

ترى نظرية الجشتلت أن نتائج التعلم من خلال الاستبصار هي بحد ذاتها معززات لهذا التعلم؛ فالرضا والابتهاج الذي يترافق مع التعلم الحقيقي الناتج من إدراك العلاقات والمعنى الكامن في الموقف يشكل خبرة ساره للفرد، وهي بمثابة مكافئة لتعلم ذلك الموقف.

وعليه فنجد أن نظرية الجشتلت لا تؤيد استخدام المعززات والمكافآت الخارجية للأداء، وإنما تدعو إلى ضرورة اعداد المواقف بشكل يساعد الفرد على إدراك

عناصرها والعلاقات القائمة بين تلك العناصر والمعاني الكامنة فيها، مما يساعد بالتالي على اكتشافها والوصول إلى الحلول، لأن مثل ذلك هو المعزز الحقيقي. أما المكافآت والمعززات الخارجية فقد تشكل عائقا يؤدي الى تشتيت ذهن المتعلم من محاولة الفهم والاستبصار لتلك المواقف.

نظرية الجشتلت

الفصل العاشر

نموذج معالجة المعلومات

Information Processing Model

تمهيد:

لا يمكن بأي حال من الأحوال الحديث عن علم النفس المعرفي وموضوع التعلم تحديدا دون التعرض إلى نموذج معالجة المعلومات؛ فهو أحد النظريات المعرفية الحديثة التي تعد ثورة علمية في مجال دراسة الذاكرة وعمليات التعلم الإنساني بالاضافة الى دراسة اللغة والتفكير. فنموذج معالجة المعلومات يختلف عن النظريات المعرفية القديمة من حيث انه لم يكتفي بوصف العمليات المعرفية التي تحدث داخل الإنسان فحسب، وإنما حاول توضيح وتفسير آلية حدوث هذه العمليات ودورها في معالجة المعلومات وانتاج السلوك (Howard, 1983).

يرى نموذج معالجة المعلومات أن السلوك ليس مجرد مجموعة استجابات ترتبط على نحو آلي بمثيرات تحدثها كما هو الحال عند المدرسة الارتباطية، وانما هو بمثابة نتاج لسلسلة من العمليات المعرفية التي تتوسط بين استقبال هذا المثير وانتاج الاستجابة المناسبة له. ومثل هذه العمليات تستغرق زمنا من الفرد لتنفيذها، اذ أن زمن الرجع بين

استقبال المثير وانتاج الاستجابة المناسبة له يعتمد على طبيعة المعالجات المعرفية ونوعيتها بالاضافة إلى خصائص الأفراد.

لقد ظهر هذا الاتجاه في أواخر الخمسينات من القرن الماضي مستفيدا من التطورات التي حدثت في مجال هندسة الاتصالات والحاسوب الالكتروني. فقد عمد أصحاب هذه الاتجاه إلى تفسير ما يحدث داخل نظام معالجة المعلومات لدى الإنسان على نحو مناظر لما يحدث في أجهزة الاتصالات من حيث عمليات تحويل الطاقة المستقبلة من شكل إلى آخر (Davis & Palladion, 2004). ففي الهاتف على سبيل المثال، يتم تحويل الطاقة الصوتية إلى طاقة كهربائية ثم إلى طاقة صوتية، في حين يتم استقبال المدخلات في الحاسوب "Inputs" ويتم معالجتها في وحدة معالجة المعلومات "CPU" وفق اوامر وتعليمات مخزنة ليتم انتاج مخرجات معينة "Outputs" . وبهذا المنظور، فهم يعتبرون الدماغ البشري بأنه يعمل بأسلوب مماثل لما يحدث في الحاسوب الالكتروني ، حيث أن المعلومات اثناء معالجتها تمر في مراحل تتمثل في الاستقبال والترميز والتخزين وانتاج الاستجابة، وفي كل مرحلة من هذه المراحل، يتم تنفيذ عدد من العمليات المعرفية (Cuenther, 1998).

الافتراضات الرئيسية لنموذج معالجة المعلومات :

ينظر نموذج معالجة المعلومات إلى الإنسان على أنه نظام معقد وفريد في عمليات معالجة المعلومات، وينطلق في تفسيره لهذا النظام من عدد من الافتراضات التي جعلت منه توجها جديدا في دراسة عمليات الإدراك والتعلم والذاكرة والبشرية (Ellis etal, 1979). وتتمثل هذه الافتراضات بما يلي:

أولا: إن الإنسان كائن نشط وفعال أثناء عملية التعلم، حيث لا ينتظر وصول المعلومات إليه، وإنما يسعى إلى البحث عنها، ويعمل على معالجتها واستخلاص المناسب منها بعد اجراء العديد من المعالجات المعرفية عليها، مستفيدا في ذلك من خبراته السابقة، الأمر الذي يمكنه من انتاج تمثيلات معرفية معينة تحدد انماط سلوكه حيال المواقف أو المثيرات التي يواجهها.

ثانيا: التأكيد على العمليات المعرفية أكثر من الاستجابة بحد ذاتها، اذ يفترض أن هذه الاستجابة لا تحدث على نحو آلي إلى المثير، وإنما هي نتاج لسلسلة من

العمليات والمعالجات المعرفية التي تتم عبر مراحل متسلسلة من المعالجة (Howard, 1983).

ثالثا: تشتمل العمليات المعرفية على عدد من عمليات التحويل للمثيرات أو المعلومات التي تتم وفق مراحل متسلسلة في كل منها يتم تحويل هذه المعلومات من شكل إلى آخر من أجل تحقيق هدف معين. فالمثيرات أثناء معالجتها عبر المراحل الرئيسية الثلاث، وهي الترميز والتخزين والاسترجاع، تخضع لعدد من التغيرات والتحولات يحددها النظام المعرفي اعتمادا على الهدف من المعالجة (Guenther , 1998). ومن الجدير ذكره، أن نظام معالجة المعلومات يمتاز بقدرة (سعة) محددة على المعالجة في كل مرحلة من هذه المراحل (Howard, 1983).

رابعا: تتألف العمليات المعرفية العليا مثل المحاكمة العقلية "Reasoning" وفهم وانتاج اللغة "Language" وحل المشكلات "Problem Solving" من عدد من العمليات المعرفية الفرعية البسيطة، حيث أن تنفيذ مثل هذه العمليات يتطلب تنشيط العمليات الفرعية البسيطة، والتي تتضمن عددا من الإجراءات تتمثل في: استخلاص خصائص معينة من المثيرات، واحلال المعلومات في الذاكرة قصيرة المدى والاحتفاظ بها لفترة، وتفعيل بعض المعلومات المخزنة في الذاكرة طويلة المدى للاستفادة منها في تمثل المعلومات الجديدة، وتخزين المعلومات الجديدة في الذاكرة طويلة المدى، ومقارنة مجموعة المعلومات بمعلومات اخرى، وتحويل المعلومات إلى تمثيلات معينة اعتمادا على قواعد محددة وإلى غير ذلك من العمليات الفرعية البسيطة الأخرى (Guenther, 1998).

خامسا: يمتاز نظام معالجة المعلومات لدى الإنسان بسعته المحددة "Limited Capacity" على معالجة وتخزين المعلومات خلال مراحل المعالجة (Anderson, 1990) ، فاثناء مراحل المعالجة هناك سعة محددة لهذا النظام من حيث قدرته على تناول بعض المعلومات ومعالجتها. ويرجع سبب ذلك إلى أن سعة الذاكرة قصيرة المدى المحددة في تخزين المعلومات من جهة، وإلى عدم قدرة الأجهزة الحسية (المستقبلات الحسية) على التركيز في عدد من المثيرات والاحتفاظ بها لفترة طويلة (Ashcraft, 1989) .

سادسا: تعتمد عمليات المعالجة التي تحدث على المعلومات عبر المراحل المتعددة على طبيعة وخصائص انظمة الذاكرة الثلاث: الذاكرة الحسية، والذاكرة قصيرة

المدى، والذاكرة طويلة المدى. وتلعب عوامل مثل الانتباه والإدراك وقدرة الفرد على استرجاع الخبرات السابقة ذات العلاقة دورا بارزا في تنفيذ عمليات المعالجة، فما يتم معالجته من معلومات هي تلك التي يتم تركيز الانتباه عليها في لحظة من اللحظات، وذلك نظرا لسعة نظام معالجة المعلومات المحدودة (Guenther, 1998).

سابعا: يفترض نموذج المعلومات وجود نوعين من التعلم هما: التعلم المفاهيمي Conceptual Learning والتعلم المعقد Complex Learning، فالتعلم المفاهيمي يتم ترميزه في الدماغ ويكون له معنى بالنسبة للمتعلم، وعادة يرتبط بمفاهيم أو معلومات أخرى موجوده لدى الفرد، وينتج عن ذلك علاقات جديدة متداخلة على نحو يتيح إلى تعلم جديد أو مفاهيم جديدة.

أما فيما يتعلق بالتعلم المعقد، فالنموذج يرى أن سلوك الانسان من النوع الهادف المعقد والذي يشتمل على عدد من المكونات وليس مجرد أجزاء بسيطة، فكلما زادت مكونات السلوك عندها يتطلب الأمر ضرورة ترابط هذه المكونات معا بشكل جيد حتى يكون لها معنى. أن السلوك المعقد يتم أيضا في الدماغ ليستفيد منها الفرد في الوضع الراهن وفي المستقبل (Thornburge, 1984).

مما سبق يتضح لنا، ان فهم السلوك الإنساني وكيفية حدوثه حسب وجهة نظر نموذج معالجة المعلومات يتطلب تحديد طبيعة العمليات التي تحدث على المعلومات والمثيرات اثناء مراحل معالجتها، إذ إن الفعل السلوكي هو محصلة لمثل هذه العمليات وليس بمثابة استجابة آلية لهذه المثيرات، (Schmidt & Lee, 1999). وهكذا نجد أن المهتمين بهذا النموذج اكدوا على دراسة اسلوب حل المشكلات في محاولة منهم لتحديد مراحل حل المشكلات والكيفية التي يتم من خلالها تمثل المعلومات في كل مرحلة من هذه المراحل (Howard, 1983).

وظائف نظام معالجة المعلومات:

يرى أصحاب نموذج معالجة المعلومات أن دورة معالجة المعلومات المرتبطة بالمثيرات التي يتفاعل معها الإنسان تمر في ثلاث مراحل رئيسية وهي الترميز "Encoding" والتخزين"Storage" والاسترجاع "Retrieval" وتتطلب المعالجات خلال هذه المراحل تنفيذ عدد من العمليات المعرفية بعضها يتم على نحو لا شعوري ، في حين أن البعض الآخر يتم على نحو شعوري بحيث يكون الفرد على وعي تام لما يجري داخل هذا

النظام. ويتم تنفيذ مثل هذه العمليات عبر اجهزة الذاكرة : الذاكرة الحسية والذاكرة قصيرة المدى والذاكرة طويلة المدى. وتحديدا فإن نظام معالجة المعلومات يضطلع بالوظائف التالية (Haberlandt,1999):

(١) استقبال المعلومات الخارجية او ما يسمى بالمدخلات الحسية "Inputs" من العالم الخارجي عبر المستقبلات الحسية والعمل على تحويلها إلى تمثيلات معينة (ترميزها)، الامر الذي يمكن هذا النظام من معالجتها لاحقا. وتسمى هذه المرحلة بمرحلة الاستقبال والترميز.

(٢) اتخاذ بعض القرارات حول مدى أهمية بعض المعلومات ومدى الحاجة إليها، بحيث يتم الاحتفاظ بالبعض منها بعد أن يتم معالجتها وتحويلها الى تمثيلات عقلية معينة يتم تخزينها في الذاكرة (مرحلة التخزين) .

(٣) التعرف على التمثيلات المعرفية واسترجاعها عند الحاجة إليها للاستفادة منها في التعامل مع المواقف والمثيرات وتحديد انماط الفعل السلوكي المناسب (مرحلة الاسترجاع).

مكونات نموذج معالجة المعلومات:

ينظر إلى الذاكرة عن أنها العملية التي من خلالها يتم تخزين الخبرات المتعلمة عبر الزمن، هذا ويعد كل من اتكنسون وشيفرن (Atkinson & Shiffren , 1971) من اوائل علماء النفس الذين اسهموا في صقل وصياغة نموذج معالجة المعلومات. وقد قاما بوضع نموذج لمكونات نموذج المعلومات من خلال اقتراح نموذج ثلاثي الابعاد للذاكرة البشرية مبرزين فيه مراحل تناول المعلومات ومعالجتها. وقد قدم ايضا كل من بجورك (Bjork, 1975) وبور (Bower, 1975) وكريك وجاكوبي (Craik & Jacoby, 1975) وكريك وليفي(Craik & Levy, 1976) وهنت (Hunt, 1971) وشيفرن (Shiffrin, 1975, 1976) وغيرهم مساهمات ساعدت في تطور هذا النموذج من خلال دراساتهم وابحاثهم المستفيضة في مجال الذاكرة البشرية (Howard, 1983) .

وحديثا جرى تعديل على نموذج معالجة المعلومات في ضوء المساهمات التي قدمها كل من اندرسون (Anderson) وبادلي(Baddeley, 1982,1999) ولا سيما في مجال الذاكرة العاملة (Geunther, 1998).

يتألف نظام معالجة المعلومات لدى الإنسان من ثلاثة مكونات (أنظمة) رئيسية تتمثل في الذاكرة الحسية او ما يسمى بالمسجلات الحسية "Sensory Registors" والذاكرة قصيرة المدى او الذاكرة العاملة " Short Term Momory/ Working Memory" والذاكرة طويلة المدى "Long Term Memory" وهذه الأنظمة مشابهة الى درجة ما لأنظمة معالجة المعلومات في الحاسوب الالكتروني (Schmidt & Lee, 1999) .
وبالإضافة إلى هذه المكونات الثلاثة، فإن هناك عددا من عمليات التحكم "Control Processes" المماثلة للبرامج الموجودة في الحاسوب والتي تعمل على انسياب المعلومات ومعالجتها داخل النظام (Ashcraft, 1989).

ولا يعني القول بوجود ثلاثة انظمة للذاكرة، ان هذه الأنظمة منفصلة ومستقلة عن بعضها البعض؛ اي يوجد كل منها في مكان معين في الدماغ، ولكن يمكن النظر إليها على أنها ثلاثة أنواع من التنشيط "Activation" لنفس الموقع. وهكذا يمكن اعتبار الذاكرة البشرية مخزنا كبيرا يضم ثلاثة انواع من المستودعات اعتمادا على نوعية ومدى استمرارية التنشيط المطلوب (Baddeley, 1999)، وتقع اشكال التنشيط في الأنواع التالية:

١- التنشيط طويل المدى: ويشير إلى التغيير المستمر والدائم في الجهاز العصبي وهذا ما يحدث في الذاكرة طويلة المدى.
٢- التنشيط المؤقت السريع: وهو الذي يدوم اقل من ثانية ويحدث في الذاكرة الحسية ويركز على الخصائص الفيزيائية للمثيرات.
٣- التنشيط المؤقت القصير: وهو الذي يدوم لبعض ثوان ويحدث في الذاكرة العاملة ويركز على التمثيلات المعرفية وعمليات الترميز للمثيرات.

وفيما يتعلق بعمليات التحكم، فيمكن النظر إليها على انها استراتيجيات تنفيذية معرفية تكون عادة مخزنة في الذاكرة وتتحول إلى أنشطة عندما تقتضي الحاجة إليها في معالجة المعلومات. وتتعدد مثل هذه الاستراتيجيات وتتنوع لتشمل التسميع وتكرار المعلومات "Rehearsal" واستراتيجيات استخلاص المعنى، واستراتيجيات حل المشكلة، واستراتيجيات البحث عن المعلومات في الذاكرة، واستراتيجيات فهم وانتاج اللغة، واستراتيجيات المحاكمة العقلية واتخاذ القرارات وغيرها من الاستراتيجيات الأخرى. إن مثل هذه الاستراتيجيات ضرورية لتوليد الفعل السلوكي حركيا كان أم عقليا،

انفعاليا ام لغويا، بحيث اننا في اغلب الاحيان نكون على وعي تام بحدوثها في الوقت الذي لا نستطيع فيه وصفها وتوضيح كيفية حدوثها (Anderson, 1990).

التمييز بين أنظمة الذاكرة:

كما اسلفنا سابقا أن التمييز بين أنظمة الذاكرة الثلاثة لا يتم على أساس الموقع، وانما اعتمادا على خصائصها ودورها في معالجة المعلومات من حيث مستوى التنشيط الذي يتم فيها (Howard, 1983). وعموما فإن أوجه المقارنة بين هذه الأنظمة يتم وفق المعايير التالية:

١- السعة "Capacity": وتتمثل في كمية المعلومات التي يستطيع النظام الاحتفاظ بها في لحظة من اللحظات.

٢- شكل التمثيلات التي يحتويها كل نظام "Representation Forms": ويتمثل في طبيعة التحويلات والتغييرات التي تجرى على المثيرات عبر هذه الأنظمة.

٣- مستوى التنشيط "Level of Activation": الذي يحدث في النظام ويتمثل في مدى استمرار المعلومات في الذاكرة وديمومتها.

٤- أسباب النسيان في كل نظام ""Forgteting : إذ إن فقدان المعلومات في كل نظام من هذه الأنظمة يعزى إلى اسباب مختلفة.

الذاكرة الحسية (Sensory Memory)

تمثل الذاكرة الحسية المستقبل الأول للمدخلات الحسية من العالم الخارجي. فمن خلالها يتم استقبال مقدار كبير من المعلومات عن خصائص المثيرات التي نتفاعل معها وذلك عبر المستقبلات الحسية المختلفة (البصرية، والسمعية، واللمسية، والشمية، والتذوقية). فهي تتألف من مجموعة من المستقبلات يختص كل منها بنوع معين من المعلومات (Ellis etal, 1979)، فالمستقبل الحسي البصري مسؤول عن استقبال الخبرة البصرية والتي غالبا ما تكون على شكل خيال الشيء "Icon or Image" ، في حين المستقبل الحسي السمعي يعنى باستقبال الخبرة السمعية على شكل صدى "Echo".

تلعب هذه الذاكرة دورا هاما في نقل صورة العالم الخارجي على نحو دقيق، اذ ما يتم تخزينه فيها هو الانطباعات او الصور الحقيقية للمثيرات الخارجية "Exact Copy"

(Coon, 1986) ؛ فهي تمثيل حقيقي للواقع الخارجي دون أي تشويه او تغير (Klein, 1987).

تمتاز مستقبلات الحس في هذه الذاكرة بسرعتها الفائقة على نقل صورة العالم الخارجي وتكوين الصورة النهائة لمثيراته وفقا لعملية التوصيل العصبي، مما يساعد في سرعة اتخاذ الأنشطة السلوكية اللاحقة. وتمتاز ايضا بقدرتها الكبيرة على استقبال كميات هائلة من المدخلات الحسية في اي لحظة من اللحظات ، ولكن بالرغم من هذه القدرة على الاستقبال ، فإن المعلومات سرعان ما تتلاشى لأن قدرتها على الاحتفاظ محددة جدا بحيث لا تتجاوز اجزاء من الثانية (Howard, 1983). يصعب في هذه الذاكرة تفسير جميع المدخلات الحسية واستخلاص اية معاني منها للاسباب التالية:

١- عدم القدرة على الانتباه إلى جميع المدخلات الحسية معا نظرا لكثرتها وزمن بقاءها في هذه الذاكرة، اذ غالبا ما يتم الاحتفاظ بالانطباعات الحسية لفترة وجيزة لا تتجاوز اجزاء من الثانية. ففي الوقت الذي يتم تركيز الانتباه الى بعض المدخلات يتلاشى الكثير من المدخلات الاخرى دونما ان يتسنى لها فرصة الانتقال الى مستوى اعلى من المعالجة (Solso,1998).

٢- قد يبدو الكثير من المدخلات الحسية غير مهم بالنسبة للفرد، الأمر الذي يدفعه الى تجاهلها وعدم الانتباه والاهتمام بها.

٣- هناك بعض المدخلات الحسية قد تبدو غامضة او غير واضحة بالنسبة للفرد، ومثل هذه المدخلات سرعان ما تتلاشى بدون استخلاص اية معاني منها (Geunther, 1998).

٤- تعد هذه الذاكرة بمثابة محطة يتم فيها الاحتفاظ ببعض الانطباعات أو المدخلات الحسية من خلال تركيز الانتباه عليها وذلك ريثما يتسنى ترميزها ومعالجتها في أنظمة الذاكرة الأخرى.

يحدث النسيان في هذه الذاكرة بسبب عامل الاضمحلال التلقائي" "Automatic decay حيث يتلاشى الاثر الحسي مع مرور الوقت حتى لو لم يتعرض الفرد الى مدخلات حسية جديدة، كما ويلعب التداخل والاحلال "Intereference or Displacement" دورا بارزا في فقدان المعلومات من هذه الذاكرة نتيجة للتعرض الى مثيرات جديدة ربما

تتداخل مع السابقة او تحل محلها. ففي هذه الذاكرة تتم العمليات على نحو لا شعوري بحيث لا يكون الفرد على وعي تام لما يحدث فيها، ولا يمكن بأي شكل من الأشكال استخدام استراتيجيات التحكم التنفيذية للاحتفاظ بالمعلومات لمنع تلاشيها او زوالها (Ashcraft, 1989) .

تشير الدلائل العلمية إلى أن الذاكرة الحسية تتألف من مجموعة مستقبلات كل منها يختص باستقبال نوع خاص من المعلومات(Anderson, 1990)، وبالرغم من هذه الحقيقة لم تنل جميع هذه المستقبلات الاهتمام من قبل المهتمين بنموذج معالجة المعلومات. فتكاد تكون الذاكرة الحسية البصرية والذاكرة الحسية السمعية من اكثر المستقبلات التي حظيت بالاهتمام البحثي وبمزيد من التوضيح والتفصيل (Klein, 1987, Guenther,1998, Howard, 1983 . وربما يرجع سبب الاهتمام بهما لأهمية المعلومات التي نستقبلها عن المثيرات الخارجية من خلال هاتين الحاستين.

الذاكرة الحسية البصرية Visual Sensory Memory

تعنى هذه الذاكرة باستقبال الصور الحقيقية للمثيرات الخارجية كما هي بالواقع، حيث يتم الاحتفاظ بها على شكل خيال "Image" يعرف باسم أيقونة "Icon"، لذا فهي تعرف باسم الذاكرة الأيقونية " Iconic Memory" (Haberlandt,1999).

تؤكد نتائج معظم الدراسات التي اجريت على هذه الذاكرة (انظر Thompson,) & Coltheark, lea 1974; Turvey & Kravetz, 1970 ، إن المعلومات لا يتم عليها اية معالجات ، وإنما يتم الاحتفاظ بها ولا سيما تلك التي يتم الانتباه لها ريثما يتم معالجتها في الذاكرة العاملة، ولكن هناك بعض الادلة تشير (انظر Howard, 1983) إلى أن بعض التحليل يجرى على المعلومات في هذه الذاكرة. ويقترح البعض ان ما يتم ترميزه في هذه الذاكرة هي معلومات سطحية عن خصائص المثيرات الفيزيائية كاللون مثلا، في حين يصعب استخلاص اي معنى للمثيرات في هذه الذاكرة.

إن معظم الدراسات التي أجريت على هذه الذاكرة استخدمت اداة عرض تسمى "T-Scope" والتي تسمح بعرض مثير بصري معين لفترة محددة من الزمن (جزء من الثانية) على المفحوصين، ويعمل هذا الجهاز على ضبط الاحساس البصري للمثيرات الاخرى قبل وبعد التعرض للمثير المقصود. وقد اظهرت نتائج معظم هذه الدراسات ان

الكثير من المدخلات الحسية البصرية سرعان ما تتلاشى بعد التعرض مباشرة للمثير، وتقترح النتائج ان الاثر الحسي البصري يبقى في هذه الذاكرة جزءا من الثانية (ربع ثانية تقريبا) يتم اثناءها استخلاص بعض المعلومات عن المدخل الحسي، تتمثل في اختيار بعض الجوانب منه والتركيز عليها من اجل معالجتها لاحقا وتخطيط حركات العين وغيرها. وهذه بحد ذاتها تعد عمليات عقلية نشطة تتم على نحو لا شعوري وتستمر مثل هذه العمليات طالما هناك تركيز للانتباه على المدخل الحسي (Ashcraft,1998).

اقترح نايسر (Neisser, 1967) ما يسمى بالانتباه البؤري لتوضيح ما يحدث في الذاكرة الحسية - البصرية، اذ يرى ان هذه الخاصية تسمح بابقاء الاثر للمدخل الحسي نشطا في الذاكرة وذلك خلال مراحل معالجة المعلومات (Ashcraft, 1989)، وتجدر الاشارة هنا، ان العين ربما تستقبل مدخلا حسيا لمثير آخر اثناء تركيز الانتباه لمدخل حسي آخر بحيث يعمل نظام معالجة المعلومات على تسجيل بعض المعلومات عنه نظرا لحركات العين الفجائية والدورانية التي تساعد في تحويل الانتباه من مثير الى آخر.

لقد اظهرت نتائج ابحاث سبرلينج (Sperling , 1963) ان المعلومات عن المثيرات الخارجية تخزن في هذه الذاكرة على شكل صور "Icons"، وهي مطابقة على نحو حقيقي لما هو موجود في الواقع الخارجي، وان مثل هذه الانطباعات تبقى في هذه الذاكرة لمدة وجيزة تقدر تقريبا بربع ثانية (Klein, 1987)، وقد اقترح سبيرلنج ان التعرضات السريعة ""Snapshots للخبرات البصرية تمكن من استقبال معلومات كثيرة عن هذه المثيرات، وان ما يتم تشفيره "Coded"هو الجزء اليسير من هذه المعلومات. كما تشير نتائج دراسات كل من هوارد (Howard, 1983) ووينجفيلد وبايرنز (Wingfield & Byrnes, 1981) الى ان هذه الذاكرة تشتمل على صور عقلية للخبرة البصرية تبقى لفترة قصيرة جدا بعد التعرض المباشر للمثير، مما يتيح للفرد استدعاء بعض المعلومات عن خصائص هذا المثير.

إن بقاء الاثر الحسي للمثير او الحدث البصري في هذه الذاكرة يعتمد على شدة المثير. ففي دراسات قام بها كيلي وتيشيز (Keele & Chase, 1967) وماك ووروث (Mack Worth,1963)، تم تعريض الافراد فيها إلى مجموعة من الحروف بعضها ذات لون فاقع

والبعض الآخر لونها داكن، اظهرت نتائجها أن الأفراد استطاعوا تذكر عدد اكبر من الحروف ذات اللون الفاقع اكثر من الحروف الداكنة، مما يدل على ان بقاء الاثر الحسي للمثيرات في هذه الذاكرة يعتمد على شدتها. كما اظهرت نتائج دراسات بريتماير وجانز (Breitmeyer & Ganz, 1976) ان بقاء المعلومات في هذه الذاكرة يتوقف على استقبال معلومات جديدة ، فغالبا ما تعمل مدخلات حسية بصرية جديدة على تقصير استمرارية بقاء معلومات سابقة بحيث تؤدي الى زوالها لتحل محلها.

الذاكرة الحسية السمعية (Auditory Sensory Memory)

تعرف هذه الذاكرة باسم ذاكرة الاصداء الصوتية "Echoic Memory" لأنها مسؤولة عن استقبال الخصائص الصوتية للمثيرات البيئية. وكما هو الحال في الذاكرة الحسية البصرية، فإن هذه الذاكرة تستقبل صورة مطابقة للخبرة السمعية التي يتعرض لها الفرد في العالم الخارجي (Aschraft, 1989;1998).

تشير نتائج الدراسات التي عرض فيها الأفراد إلى مجموعة مختلفة من المنبهات الصوتية ولا سيما تلك التجارب التي تسمى بتجارب الاستماع المشوش "Cocktail or Dichotic Listening" ان الافراد يستطيعون استقبال عدد كبير من المدخلات الحسية السمعية في لحظة من اللحظات، ولكن سرعان ما يزول الكثير منها بحيث يتم التركيز على بعض المدخلات واهمال بعض المدخلات الاخرى. وبالرغم من ذلك، فقد وجد ان الافراد بإمكانهم تذكر بعض المعلومات من الخبرات السمعية التي لا يولون انتباههم لها. وربما يعود ذلك الى أن الانطباعات الحسية السمعية تستمر لفترة زمنية اطول في المسجل الحسي السمعي قد يتجاوز مدة الثانيتين (Wingfeild& Byrnes, 1981) ، الأمر الذي يتيح الاحتفاظ ببعض الآثار الحسية السمعية، ويسهل بالتالي عملية استخلاص بعض المعاني منها.

تمتاز الذاكرة الحسية السمعية بإمكانية استقبال اكثر من مدخل حسي سمعي من مصدر واحد او مصادر متعددة بنفس الوقت، وأن عملية تمييز الأصوات فيها يعتمد على السياق الذي يحدث فيه " Context Dependent" بالاضافة الى طبيعة ونوعية الاصوات التي تسبقها أو تتبعها. هذا ويحدث فقدان الآثار الحسية السمعية فيها بسبب عامل الاحلال، حيث تعمل الاصوات الجديدة على ازالة الآثار الحسية السابقة للخبرات السمعية لتحل محلها (Geunther, 1998).

الذاكرة قصيرة المدى (Short Term Memory- STM)

تعد الذاكرة قصيرة المدى المحطة الثانية التي تستقر فيها بعض المعلومات التي يتم استقبالها من الذاكرة الحسية، فهي تشكل مستودعا مؤقتا للتخزين يتم فيه الاحتفاظ بالمعلومات لفترة تتراوح بين ٣٠-٥ ثانية (Martindal, 1991) . فالمعلومات التي تدخل إلى هذه الذاكرة يجرى عليها بعض التغييرات والتحويلات ، حيث يتم تمثلها على نحو مختلف عما هي عليه في الذاكرة الحسية، ففيها يتم تحويل المثيرات البيئية من شكل الى شكل آخر، الامر الذي يتيح استخلاص المعاني المرتبطة بها (Klein, 1987).

هناك العديد من علماء النفس المعرفيين يطلق على هذه الذاكرة اسم الذاكرة العاملة " Working Memory" كونها تستقبل المعلومات التي يتم الانتباه إليها من الذاكرة الحسية وتقوم بترميزها ومعالجتها على نحو أولي، وتعمل ايضا على اتخاذ بعض القرارات المناسبة بشأنها من حيث استخدامها أو التخلي عنها، أو إرسالها الى الذاكرة طويلة المدى للاحتفاظ بها على نحو دائم؛ كما انها تعمل على استقبال المعلومات المراد تذكرها من الذاكرة طويلة المدى وتجري عليها بعض العمليات المعرفية من حيث استخلاص بعض المعاني منها وربطها وتنظيمها وتحويلها الى اداء ذاكري (الزغول، والهنداوي ٢٠٠٢)، فهذه الذاكرة تمكن الدماغ من معالجة وتقييم المعلومات القادمة إليه عبر الحواس والعمل على اختيار منها ما يجب الاحتفاظ به أو رفضه. تمتاز الذاكرة قصيرة المدى بعدد من الخصائص تتمثل في:

أولا: تستقبل المعلومات التي يتم الانتباه اليها فقط ، حيث ان المعلومات التي لا يتم الانتباه إليها في الذاكرة الحسية لا تجرى عليها أية معالجات في هذه الذاكرة(Coon, 1986) .

ثانيا: قدرتها الاستيعابية محدودة جدا، حيث لا تستطيع الاحتفاظ بكم هائل من المعلومات كما هو الحال في الذاكرة الحسية او الذاكرة طويلة المدى. تشير نتائج الدراسات المعروفة باسم سعة الذاكرة " Memory Span" ان سعتها تتراوح بين "٩-٥" وحدات من المعرفة؛ أي بمتوسط مقداره (٧) وحدات (Anderson, 1990) ؛ فهى تشبه بصندوق يحتوي سبعة ادراج ، بحيث يوضع شيء واحد فقط في كل درج.

ثالثا: تمثل الجانب الشعوري من النظام المعرفي، فغالبا ما نكون على وعي تام بما يحدث فيها، فهي تشكل الحلقة التي تربط الانسان بالعالم الخارجي المحيط به.

رابعا: تستطيع الاحتفاظ بالمعلومات لفترة زمنية وجيزة لا تتجاوز "٣٠" ثانية"، وتتفاوت مدة الاحتفاظ بالمعلومات في هذه الذاكرة اعتمادا على طبيعة المعلومات التي يتم استقبالها ومستوى التنشيط للعمليات المعرفية المطلوبة (Geunther, 1998; Myers, 2004).

خامسا: تشكل حلقة الوصل بين الذاكرة الحسية والذاكرة طويلة المدى من حيث انها تستقبل الانطباعات الحسية من الذاكرة الحسية، وتعمل على استرجاع الخبرات المرتبطة بها من الذاكرة طويلة المدى لتعمل على ترميزها واستخلاص المعاني منها، كما انها تحدد الاجراءات السلوكية المناسبة حيال المثيرات والمواقف الخارجية.

سادسا: يتم ترميز المثيرات فيها على نحو مختلف عما هو عليه في الواقع الخارجي. فالمثيرات يمكن أن تأخذ اشكالا متعددة من التمثيلات في هذه الذاكرة اعتمادا على الغرض من معالجتها وطبيعة عمليات التحكم المعرفية التي يتبناها الفرد في موقف ما. فقد يتم تمثل المثيرات على نحو لفظي، او بصري أو صوتي، او دلالي او غير ذلك (Howard, 1983; Mayers, 2004).

النسيان في الذاكرة قصيرة المدى

ان معدل النسيان في هذه الذاكرة كبير جدا نظرا لسعتها المحدودة على التخزين من جهة، ولقصر الزمن الذي تستطيع فيه الاحتفاظ بالمعلومات. وتحديدا فإن أسباب النسيان في هذه الذاكرة يعود إلى :

١- الاهمال وعدم الممارسة: فالمعلومات التي لا يتم تسميعها أو ممارستها سرعان ما تتلاشى من هذه الذاكرة، حيث تشير الدلائل العلمية ان المعلومات تفقد من هذه الذاكرة بعد (١٥) ثانية في حالة عدم تسميعها او ممارستها.

٢- التداخل او الاحلال : نظرا لمحدودية سعة هذه الذاكرة، فإن دخول معلومات اخرى جديدة غالبا ما يؤثر في قدرتها على المعالجة والاحتفاظ بالمعلومات؛ فقد تحل المعلومات الجديدة محل السابقة وتعمل على محوها من الذاكرة (الاحلال) (Haberlandt,1997).

وقد يحدث احيانا تداخل بين المعلومات حيث أن الخبرات الجديدة تعيق تذكر الخبرات السابقة، او تمنع الخبرات السابقة عملية معالجة وتمثل الخبرات الجديدة.

تعزيز الاحتفاظ في الذاكرة قصيرة المدى:

يمكن أن تعزز قدرة هذه الذاكرة على الاحتفاظ بالمعلومات وزيادة سعتها على المعالجة من خلال استخدام بعض الاستراتيجيات الآتية (Klein, 1987):

أولا: التسميع ""Rehearsal"

ويتمثل هذا الاجراء في التسميع العلني او الصريح للمعلومات المراد الاحتفاظ بها. إن عملية تسميع المعلومات على المستوى الضمني او العلني تساعد على تنظيم المعلومات وتجعلها ذات معنى بالنسبة للفرد، الامر الذي يسهل عملية تذكرها واستدعائها لاحقا. وكلما ازدادت فرص الممارسة والتسميع للمعلومات في هذه الذاكرة، ازدادت فرص الاحتفاظ بها في الذاكرة طويلة المدى وكذلك عملية تذكرها. هذا ويوجد نوعان من التسميع هما: تسميع الاحتفاظ او الصيانة "Maintanance Rehearsal"، والتسميع المكثف او المفصل "Elaborative Rehearsal". يتم اللجوء عادة إلى النوع الأول عندما يكون الهدف هو الاستخدام الفوري او الآني للمعلومات، حيث يعمل الفرد على تسميعها كي تبقي نشطة حتى يتسنى له استخدامها. وفي حال الاستخدام لهذه المعلومات ربما يهملها الفرد اذا شعر انه لن يستخدمها مستقبلا، او يبذل مزيدا من الجهد المعرفي لإرسالها الى الذاكرة طويلة المدى من اجل الاحتفاظ بها إذا قدر ان وجود مثل هذه المعلومات يساعده على تحقيق اهداف مستقبلية. ومن الأمثلة على هذا النوع حفظ رقم هاتف او بعض المعلومات مثل الأسماء والمصطلحات وغيرها.

أما النوع الثاني من التسميع فيلجأ اليه الفرد عندما يكون الهدف من الاحتفاظ بالمعلومات لمدة طويلة ، ففي مثل هذه الحالة ، لا يلجأ الفرد الى تسميع المعلومات او ترديدها فحسب، بل يحاول ربطها ببعض الأشياء المألوفة بالنسبة له كي تساعده على تذكرها بسهولة لاحقا(Schmidt & Lee, 1999).

ثانيا: التجميع أو التحزيم 'Chunking'

وهي احدى الطرق الفعالة التي من شأنها ان تزيد طاقة الذاكرة قصيرة المدى على الاستيعاب ومعالجة المعلومات؛ اذ انها تمكن الفرد من التعامل مع المعلومات وفق تنظيم

معين يتمثل في تحديد نمط من العلاقات بين وحدات المعرفة المراد حفظها وتخزينها. حيث تشير الادلة العلمية انه بالامكان زيادة طاقة هذه الذاكرة الاستيعابية من "٧" سبع وحدات الى "٧٩" وحدة (Schmidt&Lee, 1999) . وتتطلب هذه الطريقة تحزيم او تجميع وحدات المعرفة المنفصلة المراد حفظها في مجموعة من الوحدات وفق ترتيب معين لتشكل المجموعة الواحدة منها وحدة واحدة. وتصلح مثل هذه الطريقة لحفظ الارقام كأرقام الموظفين والطلاب او ارقام الهواتف أو أية أرقام أخرى، حيث يتم التعامل مع كل مجموعة من الارقام على انها حزمة او مجموعة واحدة. فعلى سبيل المثال، بدلا من التعامل مع الرقم التالي(٦١٥٨٩٧٢) على اساس وحدات منفصلة يمثل كل عدد فيها وحدة واحدة، فبالامكان من خلال هذه الطريقة اختزاله الى عدد اقل من الوحدات وفقا لمبدأ التجميع بحيث يتم تشكيل وحدتين فقط منه على النحو التالي (٦١٥) (٨٩٧٢)، وهذا ما يوفر مساحة (مدى) في هذه الذاكرة لاستيعاب ومعالجة معلومات اخرى.

يمكن استخدام هذه الطريقة كذلك للتعامل مع المعلومات غير الرقمية لتسهيل عمليات حفظها، من خلال تجميع مجموعة معلومات معا في وحدات او ملفات في ضوء بعض العوامل او الخصائص وذلك كما يحدث في تعلم المفاهيم.

نموذج بادلي الثلاثي الأبعاد للذاكرة العاملة

Baddeley's Tripartitie Working Memory

لقد طور بادلي (Baddeley, 1986, 1999) نموذجا جديدا للذاكرة قصيرة المدى يسمى بالنموذج الثلاثي الابعاد ، فهو يرى أن هذه الذاكرة تتألف من ثلاثة مكونات رئسية تشترك معا لإبقاء المعلومات والعمليات العقلية نشطة ريثما يتم تنفيذ المهمة المطلوبة. ويرى ان كل مكون من هذه المكونات الثلاث مسؤول عن تنفيذ ومعالجة بعض المعلومات، ولكنها في المحصلة النهائية تعمل معا لتنفيذ المهمات، وهذه المكونات الثلاثة هي (Guenther, 1998):

١- ذاكرة التنشيط اللفظي (Articulatory Loop)

وهي بمثابة إحدى أدوات الحديث الداخلي التي تعمل على ممارسة المعلومات اللفظية لإبقاءها نشطة في نظام معالجة المعلومات. ويعتمد مستوى التنشيط في هذه

الذاكرة على طبيعة المعلومات اللفظية وحجمها، حيث وجد بادلي ان نسبة تذكر المفردات القصيرة اعلى منها في حالة المفردات الطويلة.

٢- ذاكرة التنشيط البصري(Visuospatial Sketchpad)

وهي المسؤولة عن ممارسة الانطباعات الحسية البصرية "Visual Images" بحيث تعمل على الاحتفاظ بها ريثما يتم استخلاص المعاني منها. ويرى بادلي ان هذه الذاكرة مستقلة تماما من الذاكرة السابقة رغم ان ادوارهما تتكامل معا في تنفيذ المهمات. لقد أشارت الدراسات التي قام بها بادلي وهيتش (Baddeley & Hitch, 1974)إلى ان زيادة مستوى التنشيط المطلوب في الذاكرة اللفظية لممارسة الارقام على سبيل المثال لا يؤثر في مستوى التنشيط المطلوب في الذاكرة البصرية للاحتفاظ بالعلاقة المكانية بين هذه الارقام.

٣- الذاكرة التنفيذية المركزية(Central Executive)

وهي بمثابة مهارة او عملية "Skill or Process" تتمثل مهمتها في اتخاذ القرارات حول أي شكل من اشكال الذاكرة التي يجب تفعيلها من اجل انجاز مهمة ما؛ فهي التي تقرر متى يجب ان تنشط مجموعة معينة من العمليات المعرفية، ومتى يجب ان تتوقف لتبدأ مجموعة اخرى من العمليات والإجراءات المعرفية الاخرى بالعمل استجابة لمتطلبات المهمة موضع المعالجة.

٤- الذاكرة طويلة المدى(Long -Term Memory)

تشكل هذه الذاكرة المستودع الثالث في نظام معالجة المعلومات التي تستقر فيه الذكريات والخبرات بصورتها النهائية، حيث يتم فيها تخزين المعلومات على شكل تمثيلات عقلية بصورة دائمة وذلك بعد ترميزها ومعالجتها في الذاكرة العاملة. وتمتاز هذه الذاكرة بسعتها الهائلة على التخزين، اذ يوجد فيها الخبرات والمعلومات القديمة والحديثة (Baddeley,1999)، وتشتمل هذه الذاكرة على ما يزيد عن (٥٠) بليون خلية عصبية يتربط كل منها بما يقارب (٥٠٠-٥٠ ألف) وصله عصبيه من الخلايا الأخرى.

وكما تشير الأدلة العلمية، فإنه لم يسجل لغاية الآن ان أحدا من بني البشر مهما كثرت خبراته وتعددت قد استوعب طاقتها التخزينية، وهذا ما دفع العديد من علماء

النفس الى تشبيهها بالمكتبة نظرا لسعتها الكبرى على التخزين ومدى تنوع المعلومات المخزنة فيها
(Howard, 1983).

إن أشكال التمثيل المعرفي للخبرات في هذه الذاكرة لا زال مدار جدل بين العاملين في حقل علم النفس
المعرفي. وبالرغم من ذلك، فإن العديد من الأدلة العلمية تظهر أن هذه الذاكرة تشتمل انواعا مختلفة من
التمثيلات المعرفية المرتبطة بالمعاني والدلالات والالفاظ والأشكال والصور والروائح والمذاقات والأصوات
والإجراءات وغيرها من التمثيلات المعرفية الأخرى (Sternberg,2003).

هذا وتشير الأدلة إلى أن المعلومات تخزن في هذه الذاكرة بطرق مختلفة إلا أنها تميل إلى أن تترابط معا،
فعند التذكر يكفي استدعاء مكونا واحدا من الذكريات لأن ذلك تلقائيا يعمل على استحضار بقية مكونات
هذه الذكريات.

يستمر وجود المعلومات في هذه الذاكرة لفترة طويلة، قد يتمد طوال حياة الفرد؛ فالمعلومات التي تخزن
فيها لا تفقد او تزول آثارها. وهذا لا يعني بالضرورة ضمان استدعائها عند الحاجة إليها ، فقد يصعب في
الكثير من الحالات استرجاع بعض المعلومات من هذه الذاكرة بسبب التداخل، بحيث تحول معلومات
معينة من تذكر معلومات اخرى، او بسبب عوامل سوء الاثارة أو لغياب مثير معين (Klein, 1987) أو
بسبب إعادة التنظيم لمكوناتها. ففي العديد من الحالات ينزع الافراد الى استخدام مظاهر مميزة " Salient
Aspects" لتعينهم على تذكر حدث معين، ومثل هذه المظاهر تسمى بذاكرة العزوات " Memory
Attributes" والتي تتمثل في استخدام مثير ما او خصائص معينة من هذا المثير لتذكر مثيرات أو حوادث
اخرى (Anderson, 1995) . فعلى سبيل المثال، عندما تقابل صديقا قديما لك ربما يذكرك بالكثير من
الحوادث او الاماكن والنكات او اية ذكريات سابقة اخرى. وهكذا فإن غياب مثل هذه العزوات الذاكرية
ربما يعمل على اعاقة تذكر الخبرات والذكريات المرتبطة بها (Underwood, 1983).

بالرغم من أن بعض الادلة تشير إلى أن بعض المعلومات تتلاشى وتزول من هذه الذاكرة، الا أن هناك الكثير
من الشواهد والأدلة العلمية تفيد بأن المعلومات لا تفقد منها، ومن الشواهد على ذلك ما يلي:

أولا : باستخدام اجراءات التنويم المغناطيسي يمكن للمعالج النفسي مساعدة الافراد على تذكر خبرات سابقة
بكافة تفاصيلها يرجع بعضها الى فترات الطفولة المبكرة بحيث لا يستطيعون تذكرها في الظروف العادية.
وهذا ما يدلل أن

الخبرات تبقى في الذاكرة طويلة المدى، وان صعوبة استرجاعها ما هي إلا مسألة سوء اثارة.

ثانيا: أفاد العديد من المرضى الذين تعرضوا الى عمليات جراحية في الدماغ انهم عاشوا ذكريات سابقة بكافة تفاصيلها لم يكونوا ليتذكروها في الظروف العادية، وكان ذلك نتيجة ملامسة مجس الجراح لبعض خلايا الدماغ والذي ربما عمل على اثارتها، مما تسبب بالتالي بإثارة بعض الذكريات القديمة لدى هؤلاء المرضى. ان مثل هذا الدليل، ربما يعزز وجهة نظر ثورنديك فيما يتعلق بوضع الوصلات العصبية من حيث قابليتها للتوصيل او عدم التوصيل في اثارة الاستعداد للسلوك والتعلم.

ثالثا: في تجارب الاستدعاء المتكرر او ما يسمى بتجارب التذكر والذي يطلب فيها من الأفراد اعادة استدعاء الخبرات التي تم تعلمها سابقا حول موضوع معين، فإنه يلاحظ ان الأفراد يستطيعون تذكر معلومات جديدة في كل مرة اضافية يطلب منهم فيها اعادة عملية التذكر. وهذا أيضا مؤشر آخر على ان المعلومات تبقى بصورة دائمة في الذاكرة طويلة المدى.

رابعا: في بعض الظروف العادية تخطر على بالنا ذكريات قديمة دون بذل أي جهود لتذكرها.

أشكال التمثيل المعرفي في الذاكرة طويلة المدى

Representations of Knowledge

تستقبل الذاكرة طويلة المدى المعلومات المرمزة والتي تم تحويلها إلى تمثيلات عقلية معينة من الذاكرة قصيرة المدى، وحال استلامها تعمل هذه الذاكرة على اجراء المزيد من المعالجات المعرفية عليها وتنظيمها لتخزن على نحو فعال.

ويجدر القول هنا، إن المعلومات لا تأخذ شكلا جامدا، حيث تتأثر بعدد من العوامل منها طبيعة التغيرات الفيزيائية والفيزولوجية التي تحدث في الجسم الانساني ولا سيما الدماغ منه، بالإضافة الى تأثرها بالجديد من المعلومات القادمة والعمليات المعرفية التي يتم تنفيذها(Sternberg, 2003).

كما يحدث تغيرا على الخبرات الموجودة فيها اثناء عمليات استدعائها ، فهي تخضع للعديد من المعالجات في الذاكرة قصيرة المدى، ويجرى اعادة تنظيمها لتبدو اكثر وضوحا ومنطقية (Klein, 1987; Myers, 2004).

لقد ورد سابقا، ان هناك جدلا لا زال دائرا لدى المهتمين بعلم النفس المعرفي حول الكيفية التي يتم من خلالها تمثل المعلومات وتخزينها في الذاكرة طويلة المدى. وتمخض عن هذا الجدل، بروز عدد من وجهات النظر حول طبيعة التمثيلات في هذه الذاكرة، ولعل ابرزها وأقدمها تلك التي اقترحها كل من اتكنسون وشيفرن في النموذج الذي قدماه حول الذاكرة، وهو ما يعرف بالنموذج التقليدي، حيث يقترحان فيه ان التمثيلات المعرفية للمدخلات تتمثل في الخصائص الفيزيائية لهذه المدخلات سواء كانت بصرية او شمية او سمعية أو غير ذلك. ويأخذ على وجهة النظر هذه، انها لم تميز بين الأنواع المختلفة من سجلات التخزين في هذه الذاكرة (Ashcraft, 1989; 1998) .

وهناك وجهة نظر اخرى، ترى أن المعلومات في الذاكرة طويلة المدى تخزن في شكلين وهما ما تعرف بذاكرة الاحداث "Episodic Memory" وفيها يتم تخزين الخبرات الشخصية والمعلومات التي تحمل معاني خاصة بالنسبة للفرد. ويتمثل الشكل الآخر في ذاكرة المعاني "Semantic Memory" والتي يتم فيها تخزين المعارف والحقائق حول هذا العالم والمعاني المرتبطة بها (Guenther, 1998).

كما ويوجد وجهة نظر ثالثة، تميز بين التمثيلات المعرفية في هذه الذاكرة من حيث الكيفية التي تستخدم بها المعلومات، اذ تميز بين ما يسمى بالذاكرة الصريحة (الاعلامية) "Declarative Memory" وفيها يتم تخزين المعلومات التي تدل على الاشياء وتخبر عنها، بالإضافة الى الحقائق والمفاهيم والافتراضات وغيرها؛ والذاكرة الإجرائية "Proceduaral Memory" وفيها يتم تخزين المعلومات، المتعلقة بكيفية القيام بالاعمال والظروف التي تستخدم بها وشروطها بالإضافة إلى القواعد التي تحكم الأنشطة والأفعال. وتشتمل هذه الذاكرة ايضا على الإجراءات العقلية اللازمة للتفكير والكيفية التي تتم من خلالها الاعمال، كقيادة دراجة هوائية او حل مسألة رياضية مثلا. ويؤكد اندرسون (Anderson, 1982) ان طبيعة العمليات العقلية المطلوب تنفيذها في هذه الذاكرة تختلف عن تلك التي تتطلبها الذاكرة الصريحة.

ولكن هناك وجهة نظر توفيقية تحاول أن تجمع بين وجهات النظر السابقة بحيث تنظر الى الذاكرة على أنها بنية ثلاثية الابعاد تتمثل في (Clark & Paivio, 1991).

أولا: ذاكرة المعاني (Semantic Memory)

ويخزن في هذه الذاكرة شبكات من المعاني التي ترتبط بالافكار والحقائق والمفاهيم والعلاقات والأشياء والمعاني والدلالات وتشمل :

١- الافتراضات (Propositions)

وهي اصغر اجزاء المعرفة وتتمثل في بعض المعارف والمعلومات التي تحمل معان معينة يمكن ان يحكم عليها على أنها صحيحة أو خاطئة. ومثل هذه المعلومات ربما يعبر عنها لفظيا أو حركيا. ومن الأمثلة عليها مثلا (كل الطيور تطير في الهواء)، فهذا الافتراض ربما يكون صحيحا او خاطئا (Solso,1998).

٢- الصور الذهنية (Mental Images)

وهي بمثابة الصور الذهنية التي تجسد الخصائص الفيزيائة للاشياء الموجودة في العالم الخارجي، حيث يستخدمها الفرد في تنفيذ العديد من العمليات المعرفية كالمحاكمات وعمل الاستدلالات واصدار الأحكام واعطاء الأومر وعمل المقارنات الى غير ذلك. فعند سؤال فرد مثلا حول المقارنة بين منزله ومنزل صديقه، فهو غالبا ما يلجأ الى استحضار الصور الذهنية المرتبطة بهذين المنزلين لإجراء المقارنة فيما بينهما. ويجدر القول هنا، إن استرجاع الصور الذهنية للأشياء يتوقف على خصائصها ومدى مألوفيتها. فالأشياء التي تمتاز عادة بالبساطة وقلة التفاصيل (الخصائص) ، يتم استرجاع صورها الذهنية على نحو اسهل واسرع من صور الاشياء التي تمتاز بالتعقيد وكثرة التفاصيل أو تلك الغامضة غير الواضحة (Schunk, 1991).

٣- المخططات العقلية (Mental Schemata)

يمكن النظر إلى المخططات العقلية على أنها بنى معرفية تنظيمية تعمل على تنظيم المعرفة حول عدد من المفاهيم والمواقف والأحداث، فهي بنى مجردة تعكس العلاقات القائمة بين هذه المفاهيم أو المواقف اعتمادا على أسس معينة كدرجة التشابه أو الاختلاف بينها، أو بناء على اية ارتباطات اخرى. وتعمل هذه البنى كدليل أو نمط يوجه عمليات الفهم والإدراك لمفهوم او حدث او مهارة ما وفقا لطبيعة العلاقات القائمة فيه، وذلك كما هو موضح في الشكل رقم (١-١٠).

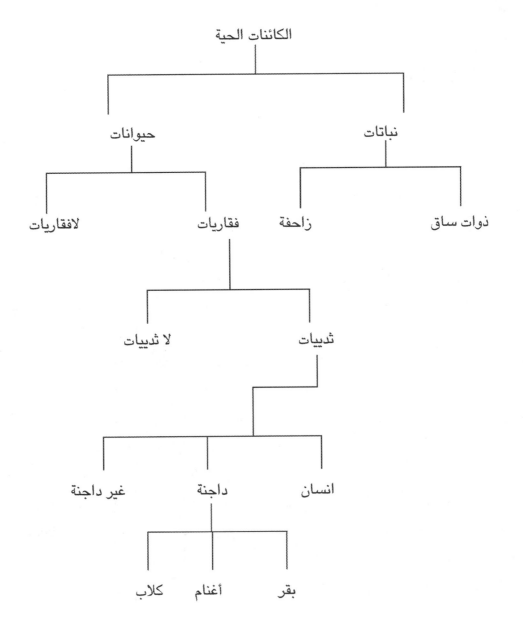

شكل رقم (١٠-١) مخطط توضيحي لمخططات العقلية

ثانيا: ذاكرة الأحداث (Episodic Memory)

تشتمل هذه الذاكرة على جميع الخبرات التي مر بها الفرد خلال مراحل حياته المختلفة، وتحديدا تلك الخبرات ذات الطابع الشخصي التي ترتبط بزمان او مكان او حدث معين. ففيها يتم تخزين الأسماء والأماكن والهوايات والميول والاهتمامات والنكات أو اية حوادث اخرى تحمل معنى معينا للفرد. وتسمى هذه الذاكرة بالذاكرة التسلسلية لأن الخبرات فيها يتم تخزينها وفق ترتيب متسلسل يشبه الرواية او الفيلم السينمائي (Martindal, 1991).

ثالثا: الذاكرة الإجرائية (Procedural Memory)

تشتمل هذه الذاكرة على الخبرات والمعلومات المرتبطة بكيفية تنفيذ الإجراءات أو القيام بالأشياء او أداء الافعال وظروف استخدامها. فهي تشتمل على الإجراءات التي تحدد خطوات تنفيذ الأداء وشروط تنفيذه من حيث متى ولماذا وكيف؟ تخزن المعلومات في هذه الذاكرة على شكل نتاجات (Productions) او قواعد (Rules) تعمل على تنظيم الأداء أو الفعل في مواقف او ظروف معينة، وعادة تتطلب هذه المعلومات جهدا ووقتا كبيرا من قبل الفرد حتى يتم تعلمها، الا انها تصبح سريعة الاستدعاء حال اكتسابها وممارستها. فعلى سبيل المثال، يتطلب تعلم مهارة قيادة السيارة وقتا وجهدا كبيرين من قبل المتعلم، ولكن حال اتقانها، فسرعان ما يتذكر المتعلم هذه المهارة بحيث يعمل على تنفيذها بدقة واتقان (Leahey, 1997).

بنية الذاكرة Memory Structure

بعد أن تعرفنا عن أنظمة الذاكرة الثلاثة وهي: الذاكرة الحسية، والذاكرة قصيرة المدى، والذاكرة طويلة المدى وخصائص مثل هذه الانظمة والوظائف التي تضطلع فيها أثناء عملية معالجة المعلومات، فإنه بات من الضروري توضيح العلاقات القائمة بينها من خلال مخطط توضيحي.

وعليه فالشكل رقم (٢-١٠) هو مخطط افتراضي توضيحي لبنية الذاكرة.

نموذج معالجة المعلومات

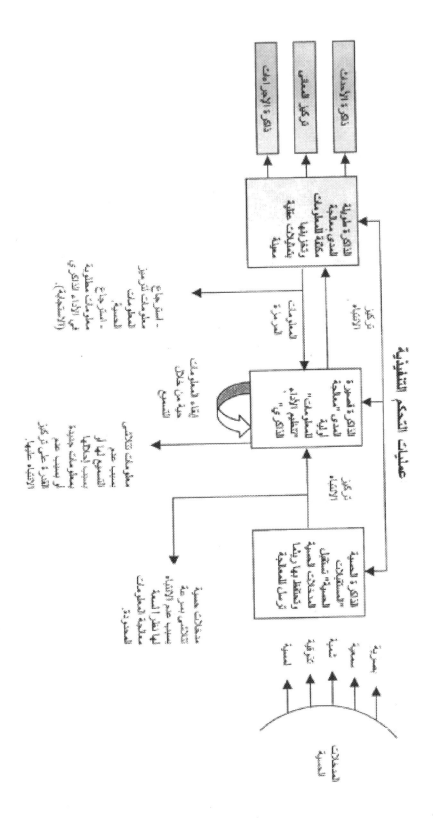

شكل رقم (١٠-٢) مخطط توضيحي لبنية الذاكرة

العمليات الأساسية لنظام معالجة المعلومات:

يضطلع نظام معالجة المعلومات الانساني بالعديد من العمليات اثناء مراحل معالجة المعلومات التي تتم بين التعرض للمثيرات وتنفيذ الاستجابات المناسبة حيالها. ويمكن ابراز اهم هذه العمليات بالآتي :

- الاستقبال (Receiving)

ويتمثل في عمليات تسلم المنبهات الحسية المرتبطة بالعالم الخارجي من خلال الحواس المختلفة. وتشكل هذه العملية الحلقة الاولى من معالجة المعلومات، وتعتبر على غاية من الأهمية نظرا لانها تزود النظام المعرفي بالمدخلات التي تشكل الوقود لهذا النظام. فبدون مثل هذه المدخلات لن يكون هناك سلوك، لأن عمليات المعالجة اللاحقة تعتمد على طبيعة المدخلات الحسية التي يتم استقبالها.

- الترميز (Encoding)

هو عملية تكوين آثار ذات مدلول معين للمدخلات الحسية في الذاكرة، على نحو يساعد في الاحتفاظ بها ويسهل عملية معالجتها لاحقا. فهي بمثابة تغيير هذه المدخلات الحسية وتحويلها من شكلها الطبيعي إلى أشكال أخرى من التمثيل المعرفي على نحو صوري او رمزي أو سمعي(Coon, 1986). فنظام معالجة المعلومات لا يستطيع تنفيذ عملياته المعرفية على المدخلات الحسية كما هي بصورتها الطبيعية ما لم يتم ترميزها وتشفيرها والذي غالبا ما يحدث في الذاكرة العاملة، وذلك بعد استقبالها لهذه المدخلات من الذاكرة الحسية (Ashcraft, 1989,1998):

وتشير الأدلة العلمية إلى أن المعلومات الحسية يتم تشفيرها إلى أنواع مختلفة من الآثار الذاكرية اعتمادا على طبيعة نوع الحاسة المستقبلة. اذ يمكن التمييز بين الأنواع التالية من عمليات الترميز (Green & Hicks, 1984):

١- الترميز البصري "Visual Coding": وفيه يتم تشكيل آثار ذات مدلول معين لخصائص المدخلات الحسية البصرية كاللون والشكل والحجم والموقع إلى غير ذلك، وهذا ما يعرف بالترميز الفوتوغرافي "Photographic".

٢- الترميز السمعي "Acoustic Coding": وفيه يتم تمثل المعلومات على نحو سمعي من خلال تشكيل آثار للأصوات المسموعة وفقا لخصائص الصوت كالايقاع والشدة ودرجة التردد(Myers, 2004) .

٣- الترميز اللمسي "Haptic Coding": وفيه يتم تمثل المعلومات من خلال خاصية اللمس بحيث يتم تشكيل آثار لملامس الاشياء كالنعومة والخشونة والصلابة ودرجة حرارتها.

٤- الترميز الدلالي "Semantic Coding": وفيه يتم تمثل المعلومات من خلال المعنى الذي يدل عليها، وغالبا ما يرتبط هذا النوع من التمثيل بالترميز البصري والسمعي.

٥- الترميز الحركي "Motor Coding": وفيه يتم تمثل الافعال الحركية من حيث تتابعها وكيفية تنفيذها. ويرتبط هذا النوع من التمثيل أيضا بالترميز البصري واللفظي.

وتجدر الاشارة هنا، ان ليس جميع المدخلات الحسية التي نستقبلها في لحظة من اللحظات يتم ترميزها، حيث ان حجم المدخلات الحسية غالبا ما يفوق سعة الذاكرة العاملة. فالمدخلات التي لا يتم ترميزها لا تدخل في المعالجات المعرفية، وبالتالي فهي لا تعد جزءا من خبرتنا. وقد ترجع عدم القدرة على ترميز العديد من المدخلات الحسية كذلك إلى الفشل في الانتباه (Anderson, 1990).

- الانتباه الانتقائي (Selective Attention)

لقد ورد سابقا، إن نظام معالجة المعلومات لا يستطيع تناول جميع المدخلات الحسية التي نستقبلها معا بالوقت نفسه نظرا لسعته المحدودة. وهذا يمكن ان يعزى الى سببين؛ اولهما ان حجم المدخلات الحسية التي نستقبلها عبر الاجهزة الحسية في لحظة من اللحظات كبير جدا، ولا يتوفر للنظام المعرفي آليات تمكن من ابقاءها لفترة طويلة ريثما يتم معالجتها، مما يتسبب بالتالي بتلاشي الكثير منها وزوالها بسرعة فائقة (Schmidt & Lee, 1999) ، وثانيهما، ان سعة الذاكرة العاملة التي يتم فيها ترميز المعلومات ومعالجتها محدودة جدا. بحيث أنها لا تسمح إلا إلى جزء يسير من المعلومات من دخول هذا النظام، وهي تلك التي يوجه الانتباه إليها. فالنظام المعرفي يعمل على نحو انتقائي في اختيار بعض المثيرات او خصائص معينة منها لتوجيه الانتباه إليها، وهو ما يعرف باسم آلية الانتباه الانتقائي(Guenther,1998).

ويعرف الانتباه الانتقائي على أنه عملية اختيار بعض المثيرات أو خصائص معينة منها لتركيز عمليات المعالجة لها. فمن خلال هذه العملية يتم تركيز طاقة نظام معالجة

المعلومات على بعض الخبرات في الوقت الذي يتم فيه تجاهل أو اهمال خبرات اخرى (Sternberg,2003). إن مثل هذه الخاصية ربما تشكل فائدة للإنسان من حيث تمكنه من اتخاذ الاجراءات المناسبة لبعض المواقف ولا سيما الخطرة منها، أو تحقيق المتعة له من خلال التركيز على بعض المثيرات دون غيرها (Bernestein etal, 1997).

تشير نتائج الدراسات إلى أن الفرد لا يستطيع توجيه الانتباه إلى أكثر من مهمة في الوقت نفسه، ولكن نظرا لقدرة النظام المعرفي على تحويل الانتباه من مثير إلى آخر يجعل الأمر يبدو وكأننا نتعامل مع اكثر من مثير في نفس الوقت. ففي تجارب الاستماع المشوش وجد أن الافراد عادة يركزون على محتوى رسالة واحدة والتي تبدو ذات اهمية بالنسبة لهم في الوقت الذي يهملون الرسائل الاخرى. وبالرغم من ذلك وجد أن الافراد يتذكرون معلومات سطحية عن الرسالة الأخرى بالرغم من عدم توجيه الانتباه إليها. كما اشارت نتائج بعض الدراسات الاخرى في هذا الشـأن، إلى أن الافراد يتحـــولون في انتباههم على نحو سريع من رسالة الى رسالة أخرى في ضوء ما تشتمل عليه من معلومات (Ellis etal, 1979).

إن مسألة السعة المحددة للنظام المعرفي وما يتمخض عنها من انتقائية الانتباه الى مثيرات معينة او بعض جوانب منها دون غيرها، أثارت جدلا لدى العديد من المختصين بعلم النفس المعرفي حول الكيفية التي يتم فيها توجيه هذه السعة . وهذا أدى الى ظهور عدد من النظريات في هذا الشأن كنظريات المرشحات ونظرية التوزيع المرن لطاقة الانتباه ونظريات القنوات المتعددة وغيرها وتمخض عن هذه النظريات وجهتي نظر حول استراتيجات المعالجة للمعلومات وهي:

أولا: استراتيجية المعالجة المتسلسلة Serial Processing Strategy

وفيها يتم معالجة المثيرات واحدا تلو الآخر، حيث يتم توجيه سعة الانتباه على هذا المثير بحيث يتم اغفال المثيرات الأخرى، ويتم الانتقال الى المثيرات الاخرى على نحو متسلسل وذلك حسب اهميتها. وفي هذه الاستراتيجية يتم اختيار المثير في مرحلة الاستقبال.

ثانيا: استراتيجية المعالجة المتوازية Paralal Processing Strategy

وفيها يتم معالجة مجموعة مثيرات في وقت متزامن على نحو مستقل عن بعضها البعض؛ اي ان مجموعة عمليات عقلية يتم تنفيذها على هذه المثيرات بمعزل عن بعضها

البعض، ويصار خلال مراحل المعالجة اللاحقة الى التركيز على بعضها واهمال البعض الآخر (,Aschraft
.(1998

التخزين (Storage)

ويشير الى عملية الاحتفاظ بالمعلومات في الذاكرة، ويختلف هذا المفهوم باختلاف خصائص الذاكرة ومستوى
التنشيط الذي يحدث فيها، بالإضافة الى طبيعة العمليات التي تحدث على المعلومات فيها. ففي الذاكرة
الحسية يتم الاحتفاظ بالمعلومات لفترة قصيرة جدا لا يتجاوز الثانية بحيث يتم الاحتفاظ بالمدخلات على
حالتها الطبيعية دون ان تجرى عليها اية عمليات، أما في الذاكرة العاملة فإنه يتم الاحتفاظ بالمعلومات لفترة
اطول تتراوح بين "٣٠-٢٠" ثانية بحيث يتم تحويلها إلى أشكال اخرى من التمثيلات العقلية، وارسالها الى
الذاكرة طويلة المدى من اجل التخزين. اما في الذاكرة طويلة المدى فيتم تخزين المعلومات فيها على نحو
دائم اعتمادا على طبيعة المعالجات التي تنفذ عليها في هذه الذاكرة والذاكرة العاملة والهدف من هذه
المعالجات (Ashcraft, 1989; Anderson, 1990)، حيث يتم تصنيفها وتنظيمها لتخزن في ذاكرة الاحداث
او الذاكرة الدلالية او الذاكرة الاجرائية وذلك حسب الهدف منها.

الاسترجاع (Retrieval)

يشير الاسترجاع الى عملية تحديد مواقع المعلومات المراد استدعاءها وتنظيمها في أداء التذكر؛ أي القدرة على
استدعاء الخبرات التي سبق للفرد ان تعلمها او عايشها (Guenther, 1998) . وتتوقف عملية استرجاع
المعلومات من الذاكرة طويلة المدى على عدة عوامل منها قوة آثار الذاكرة، ومستوى التنشيط للمعلومات
فيها، بالإضافة الى توفر المنبهات المناسبة "Memory Attributes".

هناك بعض المعلومات يسهل تذكرها واسترجاعها من الذاكرة طويلة المدى نظرا لمستوى التنشيط العالي لها،
او بسبب توفر المنبهات المناسبة التي تساعد على عملية استدعاءها، او بسبب انها مألوفة للفرد ويمارسها
باستمرار. ولكن نظرا لكثرة المعلومات في هذه الذاكرة وتنوعها، ففي بعض الحالات يصعب تذكر البعض
منها (Hintzman, 1978). وعموما فإن عملية استرجاع المعلومات تمر في ثلاث مراحل ، يتم في كل منها
تنفيذ عدد من الإجراءات المعرفية، وهذه المراحل هي :

١- مرحلة البحث عن المعلومات Seeking for Information

وهي أولى مراحل التذكر وفيها يتم تفحص سريع لمحتويات الذاكرة لاصدار حكم او اتخاذ قرار حول توفر المعلومات المطلوب تذكرها، وإذا كانت المعلومات المطلوبة موجودة؛ فهل هي بالمتناول ام انها تتطلب جهدا عقليا؟ كما يتم هنا تحديد حجم المعلومات المراد تذكرها وزمانها ومكانها وعناصرها وما هو المطلوب تذكره من هذه المعلومات، وتتفاوت مدة البحث عن المعلومات اعتمادا على مستوى التنشيط لها ونوعية المعلومات المطلوبة. فقد تكون الاستجابة سريعة في حالة عدم وجود أية معلومات عند الفرد عن الخبرة المطلوب تذكرها، كما هو الحال في طرح سؤال حول عدد الكائنات الحية في المحيط الهادي، فنجد أن الفرد سرعان ما يجيب بلا أعرف، لأن مثل هذه الخبرة ربما لا تتوفر عنده. وقد تكون استجابة الفرد سريعة عندما تكون الخبرة مألوفة بالنسبة له ويمارسها باستمرار كما في حالة طرح سؤال حول وظيفته أو مهنته، او طرح سؤال حول معلومات اخرى شخصية كتاريخ الميلاد، وعدد افراد الاسرة وإلى غير ذلك من المعلومات.

ولكن في بعض الحالات، تكون المعلومات موجودة لكنها ليست بالمتناول، أو أن حجمها كبير وتتألف من عدد كبير من الأجزاء، ففي مثل هذه الحالات فإن تذكرها يستغرق وقتا وجهدا كبيرين من الفرد ، حيث تأخذ الاستجابة وقتا اطول كما هو الحال في طرح سؤال حول تعريف مفهوم معين او تذكر معلومات معينة عن حادثة تاريخية أو حل سؤال ما (Guenther,1998) .

٢- مرحلة تجميع وتنظيم المعلومات

(Synthesizing & Oragnizing the Infomation)

إن مجرد اصدار الأحكام حول وجود المعلومات في الذاكرة يعد غير كاف لحدوث عملية استرجاعها، ولا سيما عندما تكون الخبرات المراد تذكرها كثيرة او غامضة أو ناقصة او أنها تتطلب استجابة معقدة. وهذا يتطلب بالتالي مجهودا عقليا من قبل الفرد يتضمن البحث عن أجزاء المعلومات المطلوبة وربطها معا لتنظيم الاستجابة المطلوبة.

يعد مبدأ انتشار أثر التنشيط (Spread of Activation Effect) أحد الاستراتيجيات المعرفية التي تساعد على عملية التذكر، فمن خلال هذا المبدأ يتم تجميع واستدعاء العديد من المعلومات المرتبطة بالخبرات المراد تذكرها. وينص مبدأ انتشار اثر التنشيط

على أن المعلومات تخزن في الذاكرة على شكل شبكات متداخلة "Net Works" في كل منها معلومات ذات اتصال بمفهوم ما، ويعتمد تقارب او تباعد هذه الشبكات على مدى وجود العلاقات فيما بينها ومدى قوتها. وهكذا فإن اثارة أية شبكة من هذه الشبكات لوجود منبه ما "Cue" ربما يعمل على إثارة جميع الشبكات الاخرى القريبة منها او تلك التي ترتبط معها بعلاقات معينة (Anderson, 1990) . ووفقا لهذا المبدأ، فإن كل شبكة تمثل مثيرا يعمل على اثارة الشبكة الأخرى، فعلى سبيل المثال، إن التفكير في مفهوم معين كالكلب مثلا قد يثير جميع الشبكات الاخرى ذات العلاقة القريبة والبعيدة منها، والتي تشتمل معلومات عن مفاهيم مثل اللحم، العظم، المطاردة، القطة، الحراسة، داء الكلب، اللصوص، الطعام وغيرها، وذلك كما هو موضح في الشكل رقم (١٠-٣).

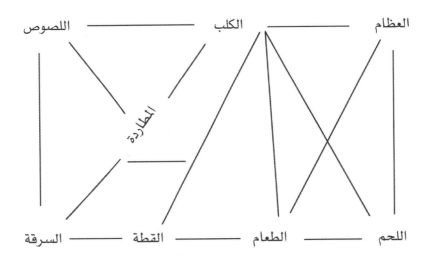

شكل رقم (١٠-٣) مخطط يوضح آلية عمل مبدأ انتشار أثر التنشيط

وتجدر الاشارة هنا، ان انتشار أثر التنشيط ربما يكون فعالا في حالة كون المعلومات موجودة في الذاكرة طويلة المدى، ويمكن استرجاعها بسهولة رغم انها غير نشطة. ولكن في بعض الحالات، يفشل هذا المبدأ في تنشيط المعلومات المطلوب تذكرها، ولا سيما تلك الغامضة أو الناقصة. وفي مثل هذه الحالات يتم اللجوء الى استراتيجية معرفية اخرى تتمثل في اعادة بناء الخبرة ""Reconstruction" من خلال استخدام مبدأ العصف الذهني ""Brain storming" وفيه يتم البحث عن دلالات وقرائن معينة، وتوظيف

قواعد المنطق وآليات الابتكار لتوليد استجابة ما حول الخبرة المراد تذكرها. فوفقا لهذه الاستراتيجية فإن المعلومات التي يستخدمها الفرد كقرائن ربما لا تكون على اتصال دقيق بالمثير او الخبرة المراد تذكرها ولكنها ربما تساعد في تذكر بعض المعلومات المرتبطة بالخبرة المراد استدعاءها (Ashcraft, 1989).

٣- مرحلة الأداء الذاكري (Memory Performance)

وهي آخر مراحل عملية التذكر وتتمثل في تنفيذ الاستجابة المطلوبة. وقد تأخذ هذه الاستجابة شكلا ضمنيا كما يحدث في حالات التفكير الداخلي بالأشياء او ظاهريا كأداء الحركات والاقوال والكتابة، وقد تكون بسيطة كالاجابة بنعم أو لا أو أداء حركة بسيطة، وربما تكون معقدة تتألف من مجموعة استجابات جزئية مثل الحديث عن موضوع معين، او كتابة نص ما، او تنفيذ مهارة معينة.

النسيان (Forgetting)

وهو ظاهرة نفسية انسانية لها حسناتها وسيئاتها، ففي الوقت التي تتجلى فوائدها في عدم تذكر خبرات مؤلمة او اية معلومات اخرى غير مرغوب فيها، فإن مضارها تتجلى في عدم استدعاء بعض الخبرات المهمة واللازمة لتنفيذ استجابة ما لفظية كانت أو حركية عندما يستدعى الأمر ذلك. فالنسيان هو العملية العكسية لعملية التذكر والاستدعاء وتتمثل في الفقدان الكلي او الجزئي، الدائم أو المؤقت لبعض الخبرات. وعادة ما يقاس النسيان بدلالة الفرق بين ما يتم اكتسابه وما يتم تذكره، وذلك كما هو موضح بالمعادلة التالية: النسيان= مقدار التعلم - كمية التذكر.

يصعب في الكثير من الأحيان تذكر بعض الخبرات عندما تقتضي الحاجة لمثل هذه الخبرات، كما أن هناك العديد من الخبرات التي خبرناها في السابق غالبا لا تكون بالمتناول ولا سيما تلك المرتبطة بالمراحل العمرية المبكرة. وتشير الدلائل ان عدم القدرة على استرجاع المعلومات لا يعني بالضرورة أنها تلاشت من الذاكرة ولم تعد موجودة فيها. فغالبا ما يخطر على بالنا ذكريات قديمة او حوادث سابقة على نحو لا شعوري دون وجود اية منبهات تعمل على اثارتها (Solso,1998; Santrock, 2003).

ويرى العديد من الباحثين ان الخبرات التي يمر بها الفرد اثناء تفاعلاته المستمرة تبقى آثارها موجودة في الذاكرة، ولكن تكمن صعوبة تذكرها في مجموعة عوامل مثل

سوء الاثارة لعدم وجود المنبه المناسب التي يساعد على تذكرها، او بسبب عدم وجود الدافعية للتذكر، أو بسبب عوامل التداخل والازاحة التي تحدث لبعض المعلومات، او لاسباب ترتبط باعادة تنظيم محتوى الذاكرة، أو لأسباب ترجع لعوامل ترتبط بظروف عمليات الاكتساب والتركيز (Guenther, 1998) ، وهذا بالتالي ادى إلى ظهور عدد من النظريات في هذا المجال تتخلص بالتالي:

أولا: نظرية التلف او الاضمحلال (Decay Theory)

تمثل هذه النظرية اقدم المحاولات لتفسير ظاهرة النسيان، اذ ترجع في اصولها إلى الفيلسوف اليوناني ارسطو الذي اعتقد ان مكونات الذاكرة هي مجرد ارتباطات تتشكل بين احساسات واستجابات معينة وفقا لأحد المبادئ الثلاثة التالية وهي: التجاور والتشابه والتنافر، وتشكل الارتباطات افكار العـــقل بحيث تكون في البداية بســـيطة وعددها قليل ولكـــنها تزداد عددا وتعقيدا مع عمليات التـــفاعل المستـــمرة مع البـــيئة. وبذلك فهو ينظـــر الى النســـيان على أنه فقـــدان الارتباطات بســـبب العامل الزمني (Howard, 1983).

وقد حاول ثورنديك (١٩١٤) تفسير عملية النسيان من خلال تقديمه مبدأ الاستعمال والاهمال للعادة المكتسبة، اذ يرى أن العادات تقوى بالممارسة وتضعف بالاهمال نتيجة لعدم ممارستها مع الزمن (Ashcraft, 1998). تعرف مثل هذه النظرية بمسميات اخرى مثل نظرية التلاشي او الترك والضمور وتعزي النسيان الى مرور زمن طويل على الخبرة المكتسبة بحيث لا يتم تنشيطها او ممارستها، مما يؤدى بالتالي إلى زوال آثارها من الذاكرة وبالتالي ضمورها واضمحلالها.

وتنسجم وجهات النظر هذه مع التفسيرات الفسيولوجية الحديثة التي ترى أن تلف الوصلات العصبية نتيجة عوامل الشيخوخة أو إصابة الجهاز العصبي يؤدي تدريجيا إلى صعوبة تذكر المعلومات.

ثانيا: نظرية الإحلال والتداخل Displacement Intereference Theory

تنطلق هذه النظرية في تفسيرها للنسيان من عدة وجوه يتمثل أحدها في أن بعض المعلومات تتلاشى من الذاكرة وفقا لمبدأ الإحلال، حيث تأتي بعض المعلومات لتحل محل معلومات اخرى، وغالبا ما يحدث هذا في الذاكرة قصيرة المدى نظرا لطاقتها

المحدودة على الاستيعاب (Anderson, 1990). وهناك عامل آخر للنسيان يعزى الى عملية التداخل التي تحدث بين محتويات الذاكرة، مما يعيق بعضها البعض من الاسترجاع، وذلك بسبب كثرة المعلومات التي تدخل إلى نظام معالجة المعلومات، بالإضافة إلى كثرة المشاغل والأنشطة الانسانية. فحسب وجهة النظر هذه، فإن بعض المعلومات يصعب تذكرها أو إن نوعا من الازاحة يحدث عليها نظرا لتداخلها مع معلومات اخرى. فهي ترى انه نظرا لكثرة الخبرات التي يتعرض لها الفرد في تفاعلاته الحياتية، فإن الخبرات تتداخل وتتشابك معا، الأمر الذي يعيق عملية تذكرها (Guenther, 1998).

وقد يأخذ التداخل بين المعلومات أحد الشكلين التاليين:

١- التداخل البعدي (Retroactive Intereference)

أو ما يسمى بالكف البعدي "Retroactive Inhibition" ويحدث هذا النوع من التداخل، عندما تعيق الخبرات الجديدة تذكر الخبرات المتعلمة على نحو سابق. ففي مثل هذه الحالة، يصعب استدعاء الخبرات السابقة بسبب وجود خبرات اخرى جديدة تكف عملية تذكرها .

٢- التداخل القبلي (Proactive Intereference)

أو ما يسمى بالكف القبلي "Proacetive Inhibition" ويتجسد هذا النوع ، عندما تعيق الخبرات المتعلمة سابقا عملية تذكر الخبرات المتعلمة حديثا. فالخبرات السابقة في هذا النوع تكف تذكر الخبرات الجديدة.

لقد أيدت تجارب ما يعرف باسم قوائم الارتباطات "Associative Lists" انظر (Watkins, 1979, Klatzky, 1980) فكرة النسيان بسبب التداخل ، فقد اظهرت نتائجها أن تداخلا بعديا أو قبليا يحدث بين الخبرات مما يعيق بالتالي من عملية تذكرها.

حاولت بعض النظريات تفسير العملية التي من خلالها يحدث التداخل بين الخبرات، وتكاد تكون نظرية حفظ السجلات(Record -Keeping Theory) من اشهرها؛ فهي ترى ان احتمالية التداخل تزداد بزيادة عدد الارتباطات التي يتم فحصها او بسبب كبر حجم الجهد المبذول في البحث عن المعلومات. فعند البحث عن خبرة ما، فعادة يلجأ الافراد إلى التركيز على هذه الخبرة، ويتم ذلك من خلال تفحص سريع "Scan" لجميع الحقائق (الارتباطات) التي ترتبط بها، ويستمر ذلك إلى أن يتم تحديد المعلومة المطلوبة

أو تفشل الجهود في تحديدها. وبناء على ذلك، فإنه كلما زاد عدد الارتباطات التي يتم فحصها أو ازداد الجهد المبذول في البحث، زادت احتمالية تحديد المعلومة المطلوبة، أي زادت احتمالية حدوث التداخل نظرا لتنافس هذه الارتباطات مع الخبرة المطلوبة على طاقه الانتباه اثناء عمليات البحث.

ان مثل هذا التفسير يعني ان كفاءتنا على التذكر تقل مع الزمن لأن خبراتنا تزداد وتتشابه وتتشابك معا، ولكن في واقع الحياة، إن هذا الأمر لا يحدث، حيث نستطيع تذكر الكثير من الخبرات القديمة والحديث منها بالرغم من كثرة تفاعلاتنا الحياتية (Smith, Adams, & Schoor, 1978).

أما نايسر (Neisser, 1978) فيقدم تفسيرا آخرا لعملية التداخل الذي تحدث بين الخبرات وذلك بسبب ما يسمى بعدم المصداقية للظروف البيئية التي تحدث فيها الخبرة "Ecological Validity" ؛ ولتجنب حدوث التداخل بين الخبرات اثناء تذكرها، يقترح نايسر البحث عن الخبرة المطلوبة ضمن الظروف البيئية التي حدثت فيها، ومثل وجهة النظر هذه يؤيدها جثري، حيث يرى أنه من السهل تذكر الارتباط المتعلمه سابقا على نحو أكبر عندما يكون تشابها كبيرا بين بيئة التعلم الأصلية وبيئة التذكر.

وتقدم النظرية البنائية "Constructionist" تفسيرا آخرا لعملية التداخل؛ فهي ترى ان مذاكرة مجموعة عناصر متشابهة معا غالبا ما يؤدي إلى التداخل ، لأن الفرد سوف يستخدم نفس العمليات المعرفية في المذاكرة لهذه العناصر، وهذا ما يجعل منها بطيئة وأقل فعالية مقارنة مع مذاكرة عناصر اخرى غير متشابهة او مترابطة. وبذلك فإن هذه النظرية ترى أن التداخل يعتمد على طبيعة المعلومات المراد تذكرها، حيث أن التداخل في تذكر المعلومات العامة المرتبطة بالخبرات عادة ما يكون اقل منه في حالة تذكر تفاصيل محددة عن هذه الخبرات (Reder & Ross, 1983).

ثالثا: نظرية الفشل في الاسترجاع (Retrieval Failure)

تعزو هذه النظرية النسيان إلى عدد من العوامل ترتبط جميعها بصعوبات تحديد مواقع المعلومات المراد تذكرها في الذاكرة طويلة المدى. فهي تؤكد أن المعلومات لا تتلاشى من الذاكرة، وأن عملية النسيان هي مسألة صعوبات في عملية التذكر ليس الا.

وقد ترتبط هذه الصعوبات بعدد من العوامل مثل غياب المنبهات "Cues" المناسبة لتنشيط الخبرة المراد تذكرها، او بسبب سوء الترميز والتخزين للخبرة، او غيرها من العوامل الاخرى (Howard, 1983).

فيلاحظ بين نتائج تجارب ما يسمى على حافة اللسان "Tipe- of - the - Tongue" (McNeill, 1966) وتجارب الشعور بالمعرفة "Feeling of knowings" (Hart, 1967) وتجارب الخبرة المنبهة بمثير مقابل غير المنبهة "Cued vs un Cued" (Tulving, & Pearlstene, 1966) وتجارب الاثارة الكهربائية لخلايا دماغ الافراد تحت العمليات الجراحية (Penfield, 1959) انها جميعا تجمع على وجود الخبرات في الذاكرة وأن النسيان هو مجرد صعوبة في التذكر.

وحسب مبدأ تخصصية الترميز للمثيرات "Encoding - Specificity Principle" فإن عمليات الترميز التي يتم تنفيذها على المثيرات يحدد ما يتم تخزينه، وما هو مخزن بالتالي يحدد منبهات الاسترجاع المناسبة التي تمكن من الوصول إلى التمثيلات المعرفية المرتبطة بالمثيرات. فنحن لا نخزن المثيرات كما هي في حالتها الطبيعية، وانما تمثيلات معرفية لهذه المثيرات، وبالتالي فإن سهولة أو صعوبة تذكر خبرة ما يعتمد على عملية الترميز واشكال التمثيل المعرفية المرتبطة بها.

رابعا: نظرية تغير الأثر (Trace- Change Theory)

تنطلق نظرية الجشتلت في تفسيرها للنسيان من افتراض رئيسي حول الذاكرة الانسانية مفاده ان هذه الذاكرة تمتاز بالطبيعة الديناميكية بحيث تعمل على إعادة تنظيم محتوى الخبرات لتحقيق ما يسمى الكل الجيد "Good Geshtalt"، والذي يمتاز بالاتساق والوضوح والبساطة والتكامل، ويعطي معنى معينا او يؤدي وظيفة ما. فخلال عمليات اعادة تنظيم محتوى الخبرات في ضوء تفاعلات الفرد المستمرة، فإن بعض الخبرات ربما تتغير او يفقد بعضا منها أو انها تدمج مع خبرات اخرى، وهذا بالتالي يزيد من صعوبة عملية تذكرها(Hilgarad & Bower, 1981).

خامسا : نظرية الامحاء (Obliterution Theory)

تعزو هذه النظرية النسيان إلى جملة عوامل تحول دون تثبيت المعلومات في الذاكرة، إذ سرعان ما تتلاشى وتزول، ومن هذه الأسباب (Davis & Palladno, 2004):

١- تعرض بعض مناطق الدماغ إلى الاصابات ولا سيما منطقة قرن أمون والجهاز اللمفاوي بسبب الحوادث أو الادمان على المخدرات والكحول والعقاقير مما يتسبب ذلك في فقدان جزئي أو كلي للخبرات.

٢- عدم تمثيل البروتين بسبب نقص بعض الفيتامينات التي تساعد على امتصاصه وتحليليه مما يؤثر بالتالي على أداء الذاكرة طويلة المدى.

٣- التعرض للحوادث النفسية والانفعالية والجسدية يسهم كذلك في نسيان الخبرات بشكل كلي أو جزئي وعلى نحو دائم أو مؤقت.

سادسا : وجهات نظر أخرى

هناك وجهات نظر اخرى تعزى النسيان إلى عوامل اخرى كنظرية التحليل النفسي لفرويد التي تعزو النسيان الى دافع لا شعوري يسمى بالكبت "Repression" لبعض الذكريات ولا سيما المحرجة او المؤلمة منها؛ أي من خلال رفعها من حيز الشعور الى حيز اللاشعور بهدف حماية الأنا (الذات). كما أن بعضا منها يعزو النسيان لغياب الدافعية لتذكر خبرة ما، وهناك من يعزوه الى عدم الانتباه بالاصل لبعض الخبرات او لعدم وضوح الخبرات المكتسبة وعدم اكتمالها (Guenther, 1998).

الفصل الحادي عشر

نظرية بياجيه في النمو المعرفي

Piaget's Theory of Intellectual Development

تمهيد:

بالرغم أن نظريات التعلم المعرفية جميعها تشترك في العديد من الافتراضات حول موضوع التعلم من حيث تأكيدها لمبادئ مثل العقلانية والكلية والفطرية والحدس، إلا أنها تختلف نوعا ما في تفسيرها للآلية التي يتم من خلالها التعلم. ففي الوقت الذي نجد فيه أن نظرية الجشتلت تؤكد عمليات الإدراك الحسي والآليات التي يلجأ إليها الفرد في تنظيم مدركاته الحسية كمحددات للتعلم والسلوك، نجد أن نظرية معالجة المعلومات تعنى بتفسير ثلاث عمليات رئيسية يتحدد في ضوءها السلوك وهي عمليات الاستقبال، والمعالجة والتخزين، والاسترجاع، أما نظرية بياجيه في النمو المعرفي والتي نحن بصدد الحديث عنها، فهي تعنى بتفسير التغيرات الكمية والنوعية التي تطرأ على إدراك وتفكير الفرد خلال مراحل نموه المختلفة.

تعد نظرية بياجيه إحدى النظريات المعرفية النمائية لأنها تعنى بالكيفية التي تنمو من خلالها المعرفة لدى الفرد عبر مراحل نموه المتعددة؛ فهي تفترض أن إدراك الفرد لهذا العالم وأساليب تفكيره حياله تتغير من مرحلة عمرية إلى أخرى، إذ تسود في كل مرحلة أساليب واستراتيجيات تفكير خاصة تحكم إدراكات الفرد وتؤثر في أنماطه السلوكية. لذا عمد بياجيه في نظريته هذه إلى الكشف عن التغيرات التي تطرأ على تفكير الأفراد والعوامل المعرفية التي تسيطر على مثل هذه التغيرات (Flavell,1996).

ولذلك بياجيه لم يركز على قياس الذكاء أو وظائف المكونات العقلية وإنما اهتم بالدرجة الأولى في دراسة النمو الذي يحدث في العلميات المعرفية (Thornburg, 1984).

تعريف بـ (جان بياجيه) (Biaget 1896-1980)

يعد جان بياجيه واحدا من أكثر علماء النفس تأثيرا وإنتاجا واسهاما في القرن العشرين في مجال علم النفس ولا سيما في موضوع علم النفس المعرفي. لقد ولد جان بياجيه في مدينة نيوشاتل السويسرية عام ١٨٩٦ وكان والده متخصصا في دراسة تاريخ العصور الوسطى. أظهر بياجيه منذ طفولته شغفا واضحا بدراسة التاريخ الطبيعي والعلوم البيولوجية، وقد اهتم كثيرا بالطريقة التي من خلالها تؤدي الطبيعية وظائفها، لدرجة أن أول مقالة علمية نشرت له وهو في الثالثة عشرة من عمره. عمل في سن الحادية عشرة في إحدى المتاحف التاريخية وأصبح خبيرا في مجال المتاحف التاريخية، حيث استمر في ذلك العمل حتى سن الخامسة عشرة. التحق بجامعة نيوشاتل وحصل على درجة البكالوريوس في الأحياء وهو في سن الثامنة عشرة؛ وفي سن الثانية والعشرين نال درجة الدكتوراه في علم الأحياء من نفس الجامعة (Sprinthal et al., 1994)، وكتب رواية طويلة بعنوان البحث "Researche" وحاول من خلالها إثارة العديد من المسائل التي ظلت تسيطر على تفكيره طوال حياته، وتدور هذه المسائل حول العلاقة بين العلوم الطبيعية ونظريات المعرفة. شغل في عام ١٩٢١ وظيفة مدير للدراسات في معهد جان جاك روسو في جنيف، وأثناء وجوده في هذا المعهد ألف كتابين هما : اللغة والفكر عند الطفل " The Language and Thought of the

"Child"، والحكم والتفكير الاستدلالي عند الطفل "Judgement and Reasoning in the Child".

وفيها بين بياجيه الفرق بين تفكير الطفل والراشد، وأوضح فيها الكيفية التي من خلالها ينمو التفكير لدى الأفراد.

تأثر بياجيه في أعمال العديد من العلماء والفلاسفة وعلى رأسهم الفيلسوف الألماني عمانوئيل كنت والفيلسوف الإنجليزي تشارلز داروين وكذلك بأفكار جاك بابتست لامارك. فهو يتفق مع كنت حول ما يسمى بنظرية المعرفة (الابستمولوجيا) من حيث أن معرفة أي شيء في هذا العالم تتطلب وجود معرفة سابقة تتعلق بالزمان والمكان والعمق، ولكنه اختلف معه من حيث أن الفرد يقوم ببناء مثل هذه المفاهيم من خلال عملية التوازن العقلي وأن مثل هذه المعرفة ليست بالضرورة أن تكون فطرية كما يفترض كنت. كما وتأثر بياجيه بأفكار كل من داروين ولامارك من حيث أن الكائنات التي تولد بخصائص وراثية تناسب البيئة التي تعيش فيها هي قابلة للتكاثر ونقل خصائصها إلى الأجيال اللاحقة، وقد اتخذ موقف لامارك بهذا الشأن من حيث تأكيده على أن الخصائص الوراثية تتغير كنتيجة للجهد، وأن مثل هذه الخصائص تنتقل على نحو آلي إلى الأجيال المتعاقبة، لكنه يرى أن ليس أي جهد يؤدي إلى تغير مثل هذه الخصائص وإنما بعض معين من هذه الجهود يؤدي إلى هذا التغير، ويتمثل في إحداث تغيير في التنظيم الداخلي للكائن الحي الذي ينتج عنه بعض التغيرات في الرموز الوراثية والتي من شأنها أن تساعد الكائن على البقاء والتكيف (Elkin,1981).

اتفق بياجيه أيضا مع أفكار المدرسة الجشتلتية حول مفهوم كلية الإدراك لأشياء هذا العالم، لكنه في الوقت نفسه يعترض على افتراض أن مفهوم الكلية هو فطري بالأساس؛ فهو يرى أن الكليات يقوم الفرد ببنائها من خلال عمليات تفاعله المستمرة مع العوامل البيئية المتعددة. أظهر بياجيه اهتماما واسعا بما يعرف بنظرية المعرفة "Epistemology" التي تعنى بالدرجة الأولى في تفسير الكيفية التي يتم من خلالها اكتساب المعرفة وكذلك في علوم الأحياء (Thornburg, 1984). رأى أنه بالإمكان استخدام المبادئ البيولوجية في فهم عمليات النمو العقلي لدى الإنسان، وقد وظف العديد من هذه المبادئ والمفاهيم لدراسة العمليات العقلية، وبذلك عمد بياجيه من خلال علم النفس إلى ردم الهوة ما بين علم الأحياء والفلسفة (Flavell,1992).

لقد عبر بياجيه على نحو واضح وصريح عن امتزاج علم النفس والفلسفة والبيولوجيا في نظريته؛ فهي نظرية في مجال علم النفس، تعرف بنظرية المعرفة وتقوم على أساس بيولوجي، تعتمد على محورين أساسيين هما:

أولا: تشكل المعرفة في حد ذاتها أداة تمثل ينتج عنها تطوير بنى معرفية.

ثانيا: تؤدي المعرفة وظيفة التحكم الذاتي في أساليب التفكير لدى الفرد وفقا لعملية التوازن العقلي.

وانطلاقا من ذلك سعى بياجيه إلى وضع نظرية في النمو النفسي المعرفي، وقد استفاد من ذلك من نظرية جيمس مارك بولدوين، حيث يعد هذا الاخير من أوائل علماء النفس الذين حاولوا دراسة التطور الإنساني، وكان للقضايا والمسائل التي أثارها والطرق التي استخدمها في دراسة مثل هذه القضايا الأثر البالغ على بياجيه، حيث استخدمها لاحقا في دراسة النمو العقلي.

كرس بياجيه حياته كلها لدراسة عمليات النمو المعرفي عند الأفراد لدرجة أن هذا الاهتمام جعله مميزا بين علماء النفس، وقد اصدر العديد من المؤلفات حول النمو العقلي بناء على ملاحظاته ودراساته المستفيضة على أطفاله، ومن هذه المؤلفات:

أصل الذكاء عند الطفل "The Origin Of Intilligence in Children"؛ وبناء الحقيقة عند الطفل " The Construction of Reality in the Child"، وقد اظهر بياجيه عبقرية بالغة في هذين الكتابين حيث أوضح فيهما نمو الذكاء والتفكير لدى الأطفال والكيفية التي من خلالها تتطور مفاهيم الأعداد والزمان والهندسة والسرعة والمكان وغيرها لديهم. أسس بياجيه في عام ١٩٥٥ المركز الدولي لدراسات المعرفة الوراثية في جامعة جنيف وعمل رئيسا لهذا المركز لفترة من الزمن، وبعد اعتزاله من رئاسة هذا المركز ألف كتابين هما: علم الأحياء والمعرفة "Biology and Knowledge"؛ وتطور التفكير في الأبنية المعرفية " The Development of Thought: Equilibration of Cognitive Structures" .

ويعالج في الكتاب الآخر التطورات المعرفية التي تطرأ على تفكير الفرد خلال المراحل الأربع وهي:الحس حركية، ما قبل العمليات، العمليات المادية، ومرحلة العمليات المجردة.

لقد كان بياجيه عبقريا بحق، حيث صدرت له مئات المقالات والأبحاث والكتب، وقد ساهم على نحو فاعل في تفسير آليات النمو المعرفي لدى الإنسان، بحيث ترجمت مؤلفاته إلى العديد من اللغات العالمية. ويرجع الفضل في انتشار أفكاره في الولايات المتحدة إلى كل من ديفيد الكند (David Elkind) وجون فلافل (John Flavell)، إذ قام الأخير بتأليف كتاب بعنوان علم النفس التطوري عند بياجيه " The Developmental Psychology of Jean Paiget" وفيه عمل على تلخيص ونشر أفكار نظرية بياجيه في المراحل (Peterson, 1991).

أهمية نظرية بياجيه The Importance:

كأي نظرية أخرى، واجهت نظرية بياجيه العديد من الانتقادات، منها ما يرتبط بالقضايا والمفاهيم والافتراضات التي أثارتها، والبعض الآخر يتعلق بقضية إهمالها إلى بعض المسائل الهامة في النمو، في حين أن البعض الآخر يرتبط بمنهجية البحث. ولكن بالرغم من هذه الانتقادات، فإن نظرية بياجيه تعد على غاية من الأهمية للأسباب التالية:

١- تعد نظرية بياجيه من أوائل النظريات في مجال النمو العقلي؛ فهي من أكثر النظريات شمولية لتفسيرها للنمو العقلي عند الأطفال. ففي هذا الصدد يؤكد فلافل (Flavell) أهمية هذه النظرية في دراسة القدرات العقلية المعرفية لدرجة أن ما جاء فيها من أفكار وملاحظات وتفسيرات حول النمو العقلي شكل محط اهتمام العديد من الباحثين لعدة عقود. وتجدر الإشارة هنا، أن هذه النظرية شكلت نقطة انطلاق للعديد من النظريات المعرفية التي ظهرت لاحقا.

٢- لقد جاءت أفكار هذه النظرية بناء على العديد من الدراسات الطولية والعرضية والتي وظف فيها بياجيه وتلاميذه العديد من أدوات البحث مثل الملاحظة والمقابلة الإكلينيكية والاختبارات وغيرها من الأدوات الاخرى. فهي نتاج جهود كبيرة استمرت فترة طويلة من البحث والدراسة كرس خلالها بياجيه جل حياته لصياغة افتراضاتها ومفاهيمها.

٣- لم يقتصر بياجيه على دراسة النمو في العمليات المعرفية فحسب، بل درس النمو الاجتماعي والانفعالي والأخلاقي واللغوي على اعتبار أن مظاهر النمو المختلفة مترابطة يؤثر كل منها بالآخر سلبا وإيجابا.

٤- بصرف النظر عن النتائج التي تمخضت عنها الأبحاث التجريبية التي حاولت اختبار صحة افتراضات ومفاهيم نظرية بياجيه في النمو المعرفي، فيمكن القول إن هذه النظرية ولدت الآلاف من الأبحاث التجريبية، وهذا بحد ذاته مؤشر لأهمية المواضيع التي أثارتها (Dembo. 1994)، فهي من أكثر النظريات التي ولدت بحوثا تجريبية في مجال النمو (Thornburg, 1984).

٥- يعد بياجيه أول من أدخل مفهوم التوازن العقلي كأحد الأسباب الرئيسية التي تؤدي إلى حدوث النمو العقلي، إذ إن ممن سبقوه في هذا المجال لم يتعرضوا إلى مثل هذه النزعة.

٦- تطبيقاتها التربوية كثيرة وذلك من حيث اختيار الخبرات والمواد التعليمية المناسبة وأساليب وإستراتيجيات تقديم هذه الخبرات ووسائل تقويمها. ففي هذا الصدد، يرى جالاجر (Gallagher) أن التطبيقات التربوية لنظرية بياجيه مرت في ثلاث مراحل رئيسية هي:

المرحلة الأولى : تمثلت في التطبيق المباشر لمفاهيم هذه النظرية داخل الغرف الصفية.

المرحلة الثانية : تمثلت في الانشغال بمسألة الفروق الفردية بين المتعلمين.

المرحلة الثالثة : تمثلت في تطبيق مفهوم التوازن العقلي على عمليات التعلم من خلال استخدام أسلوب حل المشكلات ووضع المتعلمين في حالات من عدم التوازن العقلي.

الملامح الرئيسية لنظرية بياجيه Basic Features:

هنالك عدد من السمات التي تميز نظرية بياجيه النمائية، وتنبع مثل هذه السمات من افتراضاتها الرئيسية حول موضوع التعلم والنمو الإنساني، وفيما يلي عرض لهذه السمات :

أولا: تعد نظرية بياجيه في الأساس نموذجا بيولوجيا ينظر إلى الإنسان على أنه بناء ذاتي التنظيم وهو مصدر كل الأنشطة التي يقوم بها؛ فالإنسان حسب هذا المنظور لديه القدرة الذاتية على إعادة تنظيم نفسه، وهو ليس مجرد مجموعة من المدخلات والمخرجات (Flavell,1985).

ثانيا: يمثل الإنسان نظاما متكاملا ذا بعدين رئيسين هما مجموعة العلاقات المتبادلة بين مكوناته وخصائصه؛ وعمليات تفاعلاته المستمرة مع البيئة. فالتغير أو النمو الذي يحدث لدى الإنسان من جراء التفاعل مع البيئة هو كلي وليس جزئي الطابع، حيث يحدث التغير أو النمو في هذا النظام ككل وليس في بعض أجزاءه.

ثالثا: لا تعنى هذه النظرية بالعلاقات أو الارتباطات بين المثيرات والاستجابات فهي لا تؤمن أبدا بأن مثيرات معينة تحدث استجابات معينة على نحو آلي، وإنما ترى أن الاستجابات هي نتاجات للأبنية المعرفية التي يشكلها الفرد في ضوء عمليات النمو.

رابعا: ترى أن الإنسان يولد ببعض الأبنية التي تمكنه من اصدار العديد من ردات الفعل الإنعكاسية (قدرات التنظيم)، وأن مثل هذه الأبنية تشكل أصل المعرفة، إذ أنه من خلالها ينمو العقل وتتطور أساليب تفكير الفرد وأنماطه المعرفية المتعددة.

فهو يرى أن الإنسان لا يولد وهو مزود بمعرفة معينة ولكن بنزعه 'Tendency' لتنظيم المعلومات الحسية. وكنتيجة لعوامل الخبره والممارسة فإن العقل يولد فئات معرفية ويكتشف التنظيمات المعرفية.

النمو العقلي عند بياجيه Intellectual Development:

اهتم بياجيه منذ البداية بأصل المعرفة والكيفية التي من خلالها تتطور مثل هذه المعرفة، ونظرا لتخصصه في مجال البيولوجيا فقد ادرك بإمكانية توظيف مفاهيم ومبادئ علوم الأحياء لفهم ودراسة عمليات النمو المعرفي لدى الأفراد. وهكذا نجد أن اهتمام بياجيه انصب بالدرجة الأولى على مسألتين رئيسيتين هما :

أ- كيف يدرك الطفل هذا العالم والطريقة التي يفكر من خلالها بهذا العالم؟

ب- كيف يتغير إدراك وتفكير الطفل بهذا العالم من مرحلة عمرية إلى أخرى؟

لذلك حاول بياجيه من خلال نظريته تحديد خصائص الأطفال التي تمكنهم من التكيف مع البيئة التي يعيشون فيها ويتفاعلون معها؛ ثم تفسير التغيرات التي تطرأ على مثل هذه الخصائص عبر مراحل النمو المختلفة (Berk,2000).

ويرى بياجيه أن النمو المعرفي يتضمن جانبين أحدهما كمي والآخر نوعي (وظيفي)؛ إذ لا يمكن بأي شكل من الأشكال فهم هذا النمو ما لم يتم تناول هذين الجانبين. يرتبط

الجانب الكمي في عمليات تشكيل الأبنية المعرفية عن موجدات هذا العالم، في حين يتناول الجانب النوعي التغيرات التي تطرأ على الأبنية المعرفية والوظائف العقلية. فالبناء المعرفي يتضمن نوعية الخبرات وأسلوب التفكير السائد لدى الفرد في مرحلة عمرية ما، أما الوظيفة العقلية فتشير إلى العمليات المعرفية التي يستخدمها الفرد في تفاعلاته المستمرة مع المثيرات البيئية. يرى بياجيه أن الأبنية المعرفية قابلة للتغير في ضوء عمليات التفاعل المستمرة مع البيئة، في حين يرى أن الوظائف العقلية هي مكونات فطرية موروثة غير قابلة للتغير. ومن هنا نجد أن اهتمام بياجيه انصب على دراسة الأبنية المعرفية والتغيرات التي تطرأ عليها (Santrock,1998).

وانطلاقا من ذلك فهو يرى أن النمو العقلي يسير من التركيز أحادي البعد على الإدراكات الحسية المباشرة إلى قدرة أو قابلية متعددة الأبعاد والأفكار بالإضافة إلى التفكير الاستدلالي (Thornburg, 1984)، وهذا بالتالي يمكن العقل من توليد الأبنية المعرفية والوظائف والمحتويات.

استخدم بياجيه مصطلح السكيما ""Schema للدلالة على البنية المعرفية "Cognitive Structure" ويرى أن البنى المعرفية تتعدد وتتنوع تبعا لطبيعة الخبرات البيئية، فهي تزداد عددا وتعقيدا من جراء عمليات التفاعلات المستمرة مع المثيرات البيئية. ويقترح بياجيه أن بعض هذه الأبنية يكون بسيطا كما هو الحال في بعض المنعكسات الطبيعية أو البنى المعرفية التي يشكلها الأطفال في المراحل، أو معقدة كتلك التي ترتبط باللغة والإجراءات المعقدة، ويرى أنه من خلال عمليات النمو فإن البنى البسيطة تخضع للتغير والتعقيد في ضوء عمليات التفاعل (Kaplan,1991).

عوامل النمو Development Factors:

يفترض بياجيه أن النمو المعرفي يتخذ اتجاها تكامليا يرتبط ارتباطا وثيقا بعدد من العوامل تتمثل بالآتي:

أولا: النضج Maturation

يشير مفهوم النضج إلى جميع التغيرات التي تطرأ على الجهاز العصبي والحواس وأعضاء الجسم والتي ترتبط ارتباطا وثيقا بالمخطط البيولوجي التي تحدده الجينات الوراثية. تعد مثل هذه التغيرات ضرورية لحدوث النمو، إذ أن نمو الجهاز العصبي

والجهاز الجسمي والحواس يؤثر إلى درجة كبيرة في النمو المعرفي لدى الأفراد. فالكثير من الأنماط السلوكية والأبنية المعرفية لا يمكن للفرد تشكيلها أو القيام بها ما لم يحدث النضج في تلك الأجهزة أو في بعض منها. يوفر النضج الإمكانيات التي تتيح للفرد فرص التفاعل مع المثيرات البيئية، مما يمكنه من تكوين الأبنية المعرفية التي تتحدد في ضوءها أنماط السلوك الفعالة حيال هذه المثيرات. فعلى سبيل المثال عندما يحدث التآزر الحس حركي والقدرة على التنسيق الحركي لدى الطفل، فإن هذا يتيح له القدرة على المشي والتحرك في البيئة مما يوفر له فرص تفاعل جديدة مع المثيرات البيئية المحيطة به، كما أن نضج العضلات العامة والدقيقة لدى الطفل تتيح له حرية الحركة والسيطرة على الأشياء، أما النضج الحسي فهو يمكن الطفل من الانتباه والتركيز بالأشياء لفترة أطول، في حين نجد أن نضج الدوائر العصبية يمكنها من اداء وظائفها المختلفة. وتجدر الإشارة هنا، أنه بالرغم من أهمية النضج في حدوث النمو المعرفي لدى الأفراد، إلا أن هذا العامل غير كاف لوحده لإحداث مثل هذا النمو، ويمكن أن يبرز دوره بشكل واضح في تهيئة الفرد من متابعة عمليات النمو والدخول في المراحل على نحو منتظم ومتسلسل.

ثانيا: التفاعل مع العالم المادي Physical World

يشير مفهوم العالم المادي إلى جميع الموجودات التي يستطيع الفرد الشعور أو الوعي بها؛ فهي تمثل جميع موجودات هذا الكون المادية المحسوسة. فالتفاعل مع أشياء هذا العالم ومكوناته يوفر العديد من الخبرات والمعارف للفرد، إذ يتعرف الفرد على أسماء الأشياء وخصائصها وفوائدها وأنظمتها. فوفقا لفرص التدريب والمران والخبرات الناتجة من التفاعل مع الأشياء المادية الموجودة في هذا العالم، يتمكن الفرد من تكوين الأبنية المنطقية والرياضية ذات العلاقة بهذه الأشياء. وفي ضوء هذه الأبنية تتحدد أنماط التفكير وأساليب السلوك لدى الفرد حيال الأشياء المختلفة. فعلى سبيل المثال من خلال التفاعل، يعرف الطفل أن الأفعى هي من الحيوانات الزاحفة وهي خطرة ربما تسبب الموت، وعليه نجده يشكل بنية معرفية حول الأفعى تشمل معارف عن الأفعى ترتبط بالاسم والفصيلة وبعض الخصائص الأخرى بالإضافة إلى نمط تفكيره وأسلوب سلوكه حيالها.

ثالثا: التفاعل مع العالم الاجتماعي Social World

يتضمن العالم الاجتماعي الإنسان بمنظومته الفكرية والعقائدية والثقافية والإبداعية. فهو يشتمل على مجموعة الأفراد التي يتفاعل الفرد معها ضمن مؤسسات المجتمع المختلفة كالأسرة والنوادي والجمعيات ودور العبادة والمؤسسات التنموية والاقتصادية وغيرها، بالإضافة إلى التفاعلات التي تحدث في الشارع والأماكن العامة. إن مثل هذا العالم يساهم في حدوث النمو المعرفي لدى الأفراد، إذ من خلال التفاعل يتعلم الفرد اللغة والثقافة وأنماط السلوك الاجتماعي والعادات والتقاليد والأخلاق والعديد من المهارات. ويسهم المجتمع أيضا في تنمية أساليب التفكير وإدراكات الفرد، حيث من خلال التفاعل مع هذا المجتمع يكون الفرد العديد من البنى المعرفية عن هذا العالم التي يصعب تكوينها من خلال الخبرات الفردية المباشرة، ويتضح ذلك جليا في تكوين ما يسمى بالإدراك الجماعي الذي يشترك فيه أفراد المجتمع في تفسيرهم ونظرتهم إلى العديد من القضايا والمسائل.

رابعا: عامل التوازن Equilibration

يرى بياجيه أن العوامل الثلاثة السابقة رغم أهميتها في حدوث النمو العقلي لدى الأفراد إلا أنها غير كافية. فالنمو هو عملية أوسع من مجرد تفاعل العوامل البيولوجية الوراثية مع العوامل البيئية، وهو بالتالي يتطلب وجود قدرة إضافية تنبع من داخل الفرد، ويستطيع من خلالها حل مختلف أشكال التناقضات، وتمكنه من استعادة حالات الاتزان.

تعد قدرة التوازن نزعة فطرية موروثة تولد مع الإنسان وتعمل هذه القدرة على التنسيق بين العوامل الثلاثة السابقة، وتتيح للفرد تحقيق نوع من الاتزان بين الحصيلة المعرفية السابقة لديه وبين الخبرات الجديدة التي يواجهها. فمن خلالها يستطيع الفرد تدريجيا الاستدلال على الكيفية التي ينبغي أن تكون عليها الأشياء في هذا العالم؛ كما أنها تمكن الفرد من إعادة تنظيم وتعديل البنى المعرفية الموجودة لديه، أو تكوين بنى معرفية جديدة حول هذا العالم عبر سلسلة لا متناهية من حالات التوازن وعدم التوازن (Dembo,1991). وهكذا نجد أن عامل التوازن يضفي طابعا معينا على خبرات الفرد ويعمل على اعطاءها معنى خاصا.

إن الانتقال من حالة إلى أخرى ومن مرحلة إلى مرحلة أخرى يتضمن حدوث حالة من الاتزان المعرفي، ومثل هذا الاتزان ليس مجرد تعادل بين مجموعة قوى فحسب، وإنما يعني إعادة التنظيم الذاتي للبنى المعرفية التي ينتج عنها سلسلة من الأفعال والأنشطة كاستجابة للاختلال أو الاضطراب في البيئة الخارجية لتحقيق نوع من التواؤم أو التكيف. وهكذا يرى بياجيه أنه من جراء سلسلة حالات التوازن وعدم التوازن العقلي يتمكن الفرد من إحداث تغيير نوعي وكيفي في البنى المعرفية الجديدة، إذ قد يعدل في محتوياتها المعرفية وأنماط التفكير لديه، أو أنه يعمل على استحداث بنى معرفية وأساليب تفكير جديدة، وهذا بحد ذاته التطور أو النمو المعرفي (Piaget,1971).

أنواع المعرفة عند بياجيه: Types of Knowledge

يميز بياجيه بين نوعين من المعرفة يمكن النظر إليهما على أنهما: معرفة مباشرة كما هو الحال في المعرفة الشكلية؛ ومعرفة غير مباشرة تعرف باسم معرفه الإجراء.

١- المعرفة الشكلية Figurative Knowledge

هي معرفة مباشرة ترتبط بخصائص الأشياء والمثيرات بمعناها الحرفي ولا تنبع عن أية محاكمات عقلية يجريها الفرد حيال هذه الأشياء. ومثل هذه المعرفة عادة ما ترتبط بالشكل الذي تكون عليه الأشياء في العالم الخارجي، ولهذا السبب سميت بهذا الاسم. فالتعرف على الأشياء في هذا العالم يعتمد على معرفة الشكل العام لمثل هذه الأشياء، وخير مثال على ذلك عندما يرى الطفل الرضيع حلمة زجاجة الرضاعة سرعان ما يضعها في فمه، وعندما يرى حيوان ما يسير على أربع أرجل يطلق عليه كلمة عو، إذ أن مثل هذه الاستجابات جاءت بناء على معرفة تعتمد على الشكل وليس على أية عملية عقلية (Piaget,1972).

٢- المعرفة الإجرائية Operative Knowledge

وتعرف باسم معرفة الإجراء أو الفعل وتنبع مثل هذه المعرفة من طبيعة المحاكمات والعمليات العقلية التي يجريها الفرد؛ فهي معرفة غير مباشرة ولا ترتبط بالأشياء بمعانيها الحرفية.

إن مثل هذه المعرفة تقوم على الاستدلال والمحاكمة العقلية، وتعنى بالدرجة الأولى بالكيفية التي تتغير عليها الأشياء من حالة إلى حالة أخرى. تتخذ هذه المعرفة عدة

مستويات تبعا لعمليات النمو التي يمر فيها الفرد خلال المراحل المختلفة، إذ تتغير من مرحلة إلى مرحلة لاحقة خلال عمليات التطور المعرفي.

العمليات الأساسية في النمو Development Processes:

يرى بياجيه أن عملية التوازن هي العامل الهام والحاسم في النمو العقلي، فهي عملية ديناميكية نشطة تلازم الفرد خلال عمليات تفاعلاته المستمرة مع هذا العالم، ومن خلالها يسعى الفرد إلى التخلص من حالات الاضطراب أو الاختلال التي تحدث بفعل التفاعلات المستمرة والوصول إلى حالة من الاتزان بين بناءه المعرفي وهذا العالم. واعتمادا على ذلك، يرى بياجيه أن هناك تغييرا كميا ونوعيا يحدث على الأبنية المعرفية والعمليات العقلية والمعرفة الاجرائية لدى الفرد مما يوفر له فرصا أفضل في السلوك.

تشتمل عملية التوازن على قدرتين فطريتين هما: قدرة التنظيم "Organization"، وقدرة التكيف "Adaptation". ومثل هاتين القدرتين تتفاعلان وتندمجان معا ضمن البناء المعرفي للفرد لمساعدته على تحقيق نوع من التواؤم مع البيئة التي يعيش فيها ويتفاعل معها. وفيما يلي عرض لهذه القدرات : (Flavell,1996)

أولا: قدرة التنظيم "Organization"

تعد قدرة التنظيم نزعة فطرية تولد لدى الأفراد بحيث تمكنهم من تنظيم خبراتهم وعملياتهم المعرفية في بنى معرفية نفسية "Psychological Structures Cognitive". يرى بياجيه أن الأفراد يولدون وهم مزودون ببعض البنى المعرفية البسيطة وبعض الاستعدادات التي تمكنهم من تنظيم الخبرات الخارجية في ضوء ما يوجد لديهم من تكوينات أو أبنية، وهذا بالتالي يسمح لهم من إعادة تنظيم بعض الأبنية لتكوين أبنية أو مخططات جديدة.

فقدرة التنظيم تمكن الفرد أن يكون فاعلا في البيئة سواء على المستوى الجسمي أو النفسي: جسميا، التنظيم يساعد في التنسيق بين عدد من الأعضاء والأنظمة الجسمية استجابة لمتطلبات البيئة. وعلى الصعيد النفسي، فالتنظيم يتضمن تكامل البني المخيه والحسيه استجابة للمثيرات البيئية التي تواجه الفرد.

وبهذا المنظور، فإن الأفراد يولدون وهم مزودون ببعض القدرات التنظيمية البسيطة التي تتطور وتتشابك معا لتصبح أنظمة أو بنى معرفية أكثر تعقيدا. فمن خلال قدرات

التنظيم يعمل الفرد على استدماج "Internalization" خبرات وبنى معرفية جديدة، كما وتتيح له إعادة تنظيم البنى المعرفية الموجودة لديه أصلا. وعليه فالتنظيم ينطوي على عمليات الجمع والترتيب وإعادة التشكيل والإنتاج للأفكار والخبرات لتصبح نظاما معرفيا متكاملا؛ أي تنظيم المعرفة على نحو تصبح فيه ذات معنى وقيمة بالنسبة للفرد ١٩٩١ (Kaplan، . فعلى سبيل المثال يولد، الأفراد ولديهم بنى معرفية منفصلة مثل البنية المعرفية المتعلقة بالنظر إلى الأشياء والتركيز عليها، والبنية المعرفية المتعلقة بمسك الأشياء ومعالجتها، ومن خلال عمليات النمو تتيح له قدرة التنظيم دمج هاتين البنيتين معا في بنية أكثر تعقيدا تتمثل في مسك الأشياء والنظر إليها بالوقت نفسه.

تجدر الإشارة هنا أن البنية المعرفية تشير إلى محتوى الخبرة بالإضافة إلى استراتيجيات وأساليب التفكير حيالها، فهي تنظيم كلي يتحول من شكل إلى آخر ولديه القدرة على إعادة التنظيم ذاته في ضوء عمليات التفاعل المتكررة.

ثانيا: التكيف "Adaptation"

ينظر إلى التكيف على أنه نزعة فطرية تولد مع الإنسان وتمكنه من التأقلم والتعايش مع البيئة من خلال تعديل أنماطه السلوكية استجابة لمطالب البيئة؛ فهو بمثابة استعداد بيولوجي عام لدى الإنسان يساعده على العيش في بيئة معينة، ويمكنه من التنويع في طرق وأساليب تفكيره باختلاف فرص التفاعل والمراحل العمرية التي يمر بها. ففي الوقت الذي تعمل فيه قدرة التنظيم داخل الفرد، نجد أن قدرة التكيف تعمل في الخارج، حيث من خلال هذه العملية يعمل الفرد على تحقيق نوع من التوازن مع ما يجري من متغيرات في البيئة التي يتفاعل معها، مما يتيح له بالتالي فرصة العيش والبقاء (Piaget,1971).

وبناء على وجهة نظر بياجيه، فإن العقل ليس مجرد صفحة بيضاء تنطبع عليها المعارف، أو مجرد مرآة تعكس ما يتم إدراكه، فهو ليس مسجلا سلبيا، وإنما يمتاز بالفعالية والنشاط. فالأفراد يتفاعلون على نحو نشط وفعال مع البيئة وينتج عن خبرات التفاعل هذه تطورات في الوظائف والأنشطة المعرفية (Kaplan,1991).

يمثل التكيف الهدف النهائي لعملية التوازن، ويتضمن التغيرات التي تطرأ على الكائن الحي استجابة لمطالب البيئة. ويحدث التكيف من خلال عمليتين متكاملتين هما:

التمثل "Assimilation"، والتلاؤم "Accommodation" ومثل هاتين العمليتين متلازمتان حيث أن التمثل بدون تلاؤم، أو التلاؤم بدون حدوث التمثل قد لا يؤدي إلى حدوث النمو المعرفي السليم لدى الفرد، ويعتبر بياجيه أن مثل هاتين القدرتين على أنهما وظائف ثابته غير قابلة للتغيير "Invariate functions' وهي تسير بتسلسل منظم.

أ- عملية التمثل "Assimilation"

تتضمن عملية التمثل تعديل الخبرات الجديدة بما يتناسب مع الأبنية المعرفية الموجودة لدى الفرد، فهي عملية تغيير في هذه الخبرات لتصبح مألوفة، فعندما نتمثل خبرة ما، فهذا يعني أننا نعدل في هذه الخبرة لتتلاءم مع ما هو موجود فعلا لدينا من أنشطة، وأبنية معرفية (Piaget &Inhelder,1958). وبهذا المنظور يمكن النظر إلى التمثل على أنه عملية تشويه في الواقع الخارجي ليتلاءم مع البناء الداخلي للفرد أو هي عملية دمج العالم الخارجي في البناءالمعرفي للفرد، حيث يستخدم وفق هذه العملية البنى المعرفية واستراتيجيات التفكير الموجودة لديه لتفسير الواقع الخارجي. فعلى سبيل المثال، الطفل الذي يرى الحصان لأول مرة ربما يستخدم البنى المعرفية الموجودة لديه للتعامل مع هذه الخبرة بحيث يطلق عليه اسم "كلب كبير" على اعتبار أن لديه بنية معرفية سابقة حول الكلب. كما وقد يضع الطفل في فمه كل شيء يمسكه على اعتبار أنه طعام (Crain,2000).

ب- التلاؤم "Accommodation"

يشير مفهوم التلاؤم إلى عملية تغيير أو تعديل البنى المعرفية الموجودة لدى الفرد لتتناسب مع الخبرات الخارجية. فوفقا لهذه العملية، يسعى الفرد إلى تعديل خبراته وأساليب تفكيره لتتلاءم مع الواقع الخارجي، فهي عملية معاكسة لعملية التمثل، وهي مكملة لها في الوقت نفسه.

فعند حدوث عملية التلاؤم يعني ذلك توليد بنى معرفية جديدة، أو تعديل في البنى المعرفية السابقة (Piaget & Inhelder , 1958) بحيث ينتج عن ذلك تطوير في الخبرات وأساليب التفكير.

وتجدر الإشارة هنا، إلى أن عمليتي التمثل والتلاؤم يعملان معا، بحيث يلجأ الفرد إلى عملية التلاؤم عندما يكتشف أن البنى المعرفية الموجودة لديه وأساليبه التفكيرية غير

مناسبة للموقف، إذ عندها يلجأ إلى تغيير البنية المعرفية بدلا من تشويه الخبرة الخارجية. فالطفل الذي يعتقد أن كل شيء يمسكه هو طعام لذيذ سرعان ما يغير اعتقاده هذا عندما يكتشف أن مذاقات بعض الأشياء لاذعة أو غير مستساغة، كما أن الطفل الذي تعود إطلاق لفظ كلب على كل حيوان يمشي على أربع أرجل، يغير في طريقة تفكيره هذه عندما لا يجد التأييد من الآخرين، أو يكتشف فروقا بين هذا الحيوان وبقية الحيوانات الأخرى. هذا وتلعب التغذية الراجعة دورا بارزا في حدوث عمليتي التمثل والتلاؤم وقد تأتي هذه التغذية الراجعة من خلال الخبرة المباشرة لتفاعل الفرد مع المثيرات أو من خارج الفرد.

وعموما فإن الأفراد يحاولون التكيف مع المثيرات البيئية من خلال توظيف البنى المعرفية الموجودة لديهم على الخبرات الجديدة، أو من خلال تعديل البنى المعرفية الموجودة لديهم، وهذا من شأنه أن يسهم في التطور المعرفي لدى الفرد ممثلا ذلك في تعديل في البنى المعرفية أو استحداث بنى معرفية جديدة، مما يتيح للفرد تحقيق التوازن العقلي (Crain,2000). وفيما يلي مخطط توضيحي للعمليات الأساسية المعرفية المرتبطة بالنمو حسب نظرية بياجيه:

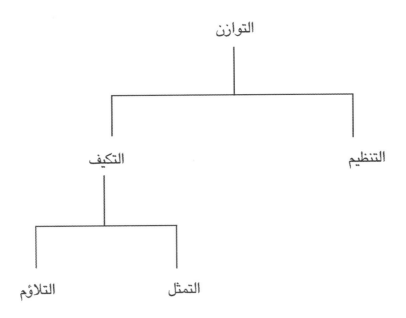

شكل رقم (١-١١) مخطط يوضح العمليات الأساسية في النمو

السكيما Schemes:

تعرض بياجيه إلى مفهوم السكيما في معرض حديثه عن النمو العقلي، ويرى أن الأفراد خلال نموهم العقلي تصبح لديهم القدرة على تنظيم أفكارهم، وأنماطهم السلوكية من أجل التكيف مع البيئة. وهذا بالطبع يودي إلى توليد بنى نفسية أطلق عليها بياجيه اسم السكيما. تمثل السكيما نوعا من الأطر المفاهيمية التي يجب أن تتلائم معها المثيرات البيئية حتى يستطيع الفرد التفاعل معها. ففي الوقت الذي تكون فيه قدرتي التنظيم والتكيف ثابته غير قابلة للتغير، فإن السكيما قابلة للتغير كنتاج لعمليات الخبرة، وهكذا نجد أن الأفراد خلال عمليات التفاعل مع البيئة عبر مراحل النمو المختلفة يطورون على نحو ثابت سكيمات جديدة والتي تعد مهمة لاستمرار عمليتي التنظيم والتكيف مع البيئة.

يرى بياجيه أن السكيمات تتطور مع الزمن وتصبح أكثر تعقيدا ليتكون منها ما يسمى بالمخططات العقلية. كما أنها تتباين من فرد إلى فرد آخر تبعا لاختلاف العوامل الوراثية والخبرات البيئية.

مراحل النمو المعرفي حسب نظرية بياجيه "Cognitive Development of Stages" :

ينطلق بياجيه من عدد من الافتراضات حول النمو، ومثل هذه الافتراضات تشكل الخريطة التي على أساسها يمكن فهم عمليات النمو التي تحدث لدى الأفراد. وفيما يلي عرض موجز لهذه الافتراضات.

أولا: يولد الإنسان وهو مزود ببعض الاستعدادات التي تمكنه من التفاعل مع البيئة، ومثل هذه الاستعدادات تمثل البنى الأساسية التي تمكنه من النمو والتطور. فعلى سبيل المثال، يستطيع الطفل منذ الولادة المص والرضاعة وسماع الأصوات وقبض بعض الأشياء. فهي تشكل نقطة البداية لنمو التفكير والعمليات المعرفية بحيث تتطور وتتغير مع عمليات التفاعل مع البيئة (Berk,2000).

ثانيا: تكون مثل هذه الاستعدادت في بداية حياة الطفل مجرد أفعال انعكاسية، ولكنها تصبح قابلة للضبط والسيطرة والتنوع عبر عمليات النمو.

ثالثا: يلعب الاستكشاف دورا رئيسا في عملية النمو المعرفي لدى الفرد، وتتم عملية الاكتشاف وفق تسلسل منطقي بحيث لا يدرك الطفل ظاهرة ما على نحو مفاجئ،

وإنما اعتمادا على سلسلة خبرات سابقة ترتبط بها.

رابعا: تشكل المرحلة المفهوم الأساسي لعملية النمو المعرفي لدى الأفراد، ويرى بياجيه أن النمو يسير وفق أربع مراحل متسلسلة ومترابطة، بحيث تمتاز كل مرحلة منها بمجموعة من الخصائص المعرفية المميزة والتي تتضمن نوعية الخبرات التي يمكن للأفراد اكتسابها في هذه المرحلة، إضافة إلى العمليات المعرفية التي يستخدمونها في التعامل مع البيئة.

فالمرحلة منظومة فكرية قائمة بحد ذاتها ترتبط بعمر زمني من حيث بدايتها وانتهاءها، والعمر الزمني هنا تقريبي وليس تحديديا، حيث أن العمر الزمني ليس حدا فاصلا بين المراحل على اعتبار أن نهاية كل مرحلة هو بداية المرحلة اللاحقة.

خامسا: يسير النمو وفق تسلسل مضطرد من مرحلة إلى مرحلة أخرى ويتخذ المنحى التكاملي، إذ أن نهاية أي مرحلة هي بداية تشكيل للمرحلة اللاحقة. فالخبرات والأبنية المعرفية التي تشتمل عليها المراحل السابقة قد تصبح جزءا لا يتجزأ من خصائص المرحلة اللاحقة، إذ أنها قد تدمج مباشرة في الأبنية المعرفية الجديدة أو يصار إلى إجراء بعض التعديلات والإضافات عليها، وهذا بالطبع لا يعني بالضرورة أن انتقال الفرد من مرحلة إلى مرحلة أخرى أنه يتخلى عن الخبرات وأساليب التفكير السائدة في المراحل السابقة.

سادسا: تسيطر على كل مرحلة من هذه المراحل استراتيجيات تفكير محددة تميزها عن غيرها من المراحل الأخرى؛ أي يسيطر عليها نوعا محدد من السكيما أو البنى المعرفية، فعند انتقال الفرد من مرحلة إلى أخرى فذلك يعني أنه طور أساليب تفكير جديدة يضيفها إلى ما هو موجود لديه أصلا. وتعد مثل هذه الاستراتيجيات مؤشرا لدخول الطفل إلى مرحلة نمائية جديدة (Piaget,1976).

سابعا: تسير هذه المراحل وفق تسلسل منتظم يرتبط بالعمر الزمني، وهي عامة عالمية لجميع أفراد الجنس البشري؛ فالأفراد من مختلف الأعراق والجنسيات يمرون خلال نموهم المعرفي بالتسلسل ذاته؛ ويرى بياجيه أنه ليس بالضرورة أن يجتاز جميع الأفراد هذه المراحل، فمنهم من يبقى في المرحلة الحس- حركية مهما بلغ من العمر؛ أي يستخدم العمليات المعرفية السائدة فيها في تفاعلاته مع البيئة، في حين البعض الآخر ربما يصل إلى مرحلة العمليات المادية أو المجردة

بحيث يصبح قادرا على استخدام الاستراتيجيات المعرفية المميزة لتلك المراحل (Piaget,1971).

ثامنا: يتطلب النمو تفاعل مجموعة العوامل الوراثية مع العوامل البيئية، إذ أن العوامل الوراثية أو العوامل البيئية لوحدها غير كافية لحدوث النمو المعرفي لدى الأفراد. وحتى يثمر هذا التفاعل لابد من تدخل عامل التوازن الذي يعمل على التنسيق بين تلك العوامل.

أولا: المرحلة حس-حركية Sensor - Motor Stage

تمتد هذه المرحلة منذ الولادة وحتى نهاية السنة الثانية من العمر، ويعتمد الطفل في هذه المرحلة على استخدام الحواس المتعددة والأفعال الحركية لاكتشاف العالم المحيط به والتعرف على الأشياء الموجودة فيه وفهمها. وتسمى هذه المرحلة كما يلاحظ بالمرحلة الحس حركية، لأن استراتيجيات التفكير والتعلم التي يستخدمها الطفل تعتمد على الاتصال الحسي المباشر بالأشياء، والأفعال والمعالجات التي يقوم بها حيال الأشياء. (Santrock,1998).

في الواقع إن طفل هذه المرحلة لا يستطيع التفكير، وإنما يعتمد على الأنشطة الحسية والحركية في تفاعلاته مع هذا العالم؛ فهو يبدأ ببعض الأفعال الفطرية الانعكاسية أو البنى الأساسية وسرعان ما تتطور ويجري التعديل والدمج فيها لتشكيل أنماط سلوكية أكثر تعقيدا. وفي نهاية المرحلة، يبدأ الطفل في تشكيل نظام رمزي قائم على استخدام اللغة، وبعض الرموز الأخرى لتصبح لاحقا إحدى أساليبه المعرفية.

يقسم بياجيه هذه المرحلة إلى ست فترات فرعية في كل منها تأخذ الجوانب الحس-حركية مظاهرا مختلفة كما هو مبين بالآتي(Kaplan,1991) :

١- يمارس الطفل الافعال الانعكاسية مثل المص وتحريك اليدين والرجلين والقبض، والاستجابة للضوء وتكون في الغالب هذه الأفعال غير مقصودة، ويهدف الطفل من وراءها الحركة في حد ذاتها، وتسود مثل هذه الأفعال خلال الشهر الأول من العمر، وهي تمثل الفترة الأولى. عموما يكون الطفل سلبي في هذه المرحلة بحيث يعتمد كليا على الاثارة القادمة من البيئة حيث لا تصدر عنه أية استجابات إجرائية.

نظرية بياجيه في النمو المعرفي

٢- ينسق الطفل بين حواسه واستجاباته، حيث يلتفت إلى مصدر الأصوات ويتابع الأشياء المتحركة في بيئته بصريا. كما وتظهر لديه ردود الفعل الدائرية الأولية مثل تكرار قبض الأصابع والعبث بها، ويظهر أيضا الحركات غير المقصودة التي تكون متتابعة وموجهة نحو الذات. تسود مثل هذه المظاهر خلال الفترة الثانية التي تمتد من الشهر الثاني وحتى الشهر الرابع من العمر.

٣- يمارس الطفل ردود الفعل الدائرية الثانوية حيث يكرر بعض الاستجابات للتأكد من نتائج معينة، فقد يهز الخرخيشة لأكثر من مرة للتأكد من أن هزها هو السبب في إحداث الصوت، وقد يركل الوسادة برجليه للتأكد من أن ذلك يؤدي إلى تحريك السرير. وفي الغالب يكرر الطفل أفعاله للتأكد من السبب والنتيجة ولتحقيق المتعة والتسلية أيضا ويعرف ذلك بعملية التيقن. وفي هذه الفترة يظهر الطفل اهتماما بالأشياء والموضوعات الخارجية، إذ أن معظم حركاته مقصودة بحد ذاتها وموجهة للعالم الخارجي، وتستمر هذه الفترة ما بين الشهر الخامس والثامن من العمر بحيث تزداد قدرة الطفل على التآزر الحس-حركي.

٤- يحقق الطفل التآزر الحس-حركي، ويستطيع التوفيق بين ردود الفعل الدائرية الثانوية، ويستخدم السلوك الحركي هنا كوسيلة للحصول على شيء أو إزالة بعض العقبات التي تعترضه. يميز الطفل بين الوسائل والغايات، ويبدأ باستخدام بعض الوسائل للوصول إلى نتائج معينة، كأن يرفع الوسادة للبحث عن لعبته تحتها. وعليه فإن الأفعال الحركية التي يمارسها الطفل في هذه الفترة هي وسيلة لتحقيق هدف معين وليس مجرد تسلية. تمتد هذه الفترة بين الشهر التاسع ونهاية السنة الأولى من العمر، وفيها يدرك الطفل ظاهرة بقاء الأشياء "Object Permanency"، إذ أنه يدرك أن الأشياء تبقى موجودة في البيئة بالرغم من اختفائها من مجاله الحسي. فعلى سبيل المثال، يدرك الطفل أن لعبته في مكان ما بالرغم من عدم إحساسه بها أو رؤيته لها، كما أنه في هذه الفترة يدرك استقلالية جسمه عن البيئية المحيطه به.

٥- يمارس الطفل ردود الفعل من الدرجة الثالثة ويصبح قادرا على التفريق بين الاستجابة والنتائج المترتبة عليها؛ أي أنه يتعرف على خصائص الاستجابات، كما وتتطور قدرته على إنتاج وابتكار عدد من الاستجابات للتعامل مع الموقف الواحد. فعلى سبيل المثال، قد يمد الطفل يده لتناول شيء ما، فإذا ما فشل ربما

يستخدم عصا لتقريب هذا الشيء إليه، أو قد يلجأ إلى استجابات مبتكرة أخرى (& Bryant Colman,1999).

يمارس الطفل مثل هذه الأفعال الحركية في الفترة الواقعة ما بين الشهر الثالث عشر والشهر الثامن عشر من العمر، ويلاحظ أن الطفل في هذه الفترة يطور وسائل معرفية جديدة لاكتشاف العالم والتعرف عليه، ويتمثل ذلك في استخدام أساليب المحاولة والخطأ والتجريب والعبث بالأشياء. ويصبح الطفل قادرا على المشي، الأمر الذي يساعده على التحرك في بيئته والتعرف على خصائص موجوداتها، كما ويبدأ الطفل في استخدام بعض الرموز اللغوية للتفاعل مع الآخرين، لكنها لا تشكل في حد ذاتها نظاما فعليا للتفكير (Flavell,1992).

٦- يظهر الطفل في نهاية هذه المرحلة؛ أي بين الشهر التاسع عشر والشهر الرابع والعشرين من العمر بعض الأنماط السلوكية التي تعتمد بدرجة بسيطة على التخطيط والتخيل، كما ويبتكر بعض الوسائل للوصول إلى الغايات وتصبح أفعاله أكثر هدفية بسبب سيطرته على المشي والتحرك والإمساك بالأشياء ومعالجتها. لذلك تسمى هذه الفترة باسم فترة التأليف أو المزج أو الاختراع. وعموما يمكن تلخيص أهم خصائص المرحلة الحس-حركية على النحو الآتي:

١. يعتمد الطفل على الاتصال الحسي المباشر والأفعال الحركية كأداة تفكير في هذا العالم.
٢. يكون الطفل كثير التمثل في هذه المرحلة العمرية نظرا لقلة خبراته، لذلك كثيرا ما يميل الطفل إلى التعميم، ومثل هذه الخاصيه توقع الأطفال في بعض الأخطاء في عمليات الادراك.
٣. يلجأ الطفل إلى المحاكاة والتقليد والمحاولة والخطأ والعبث بالأشياء كأدوات لاكتساب المعرفة.
٤. يحقق الطفل التآزر الحس-حركي، ويصبح أكثر قدرة على السيطرة على أفعاله وحركاته.
٥. يدرك الطفل استقلالية جسمه عن البيئة المحيطة، إذ يتطور لديه الوعي بمفهوم الذات.
٦. يدرك الطفل ظاهرة بقاء أو ديمومة الأشياء.

٧. يتعرف الطفل على السبب والنتيجة من خلال ظاهرة التيقن التي من خلالها يكرر الطفل استجاباته للتأكد من أنها السبب في نتائج معينة.

٨. يكتسب الطفل بعض الرموز اللغوية ممثلا ذلك في اكتسابه لبعض المفردات اللغوية والتي في غالبها ترتبط بأسماء الأشياء أو تعبر عن حالات معينة. وفي الغالب يستخدم هذه المفردات للتعبير عن حاجاته ولا تشكل إحدى أدوات التفكير لديه.

ثانيا: مرحلة ما قبل العمليات "Preoperational Stage"

تمتد هذه المرحلة من سن الثالثة حتى السابعة من العمر، وتعرف أيضا باسم مرحلة التفكير التصوري. وتسمى بمرحلة ما قبل العمليات لأن الطفل لا يكون قادرا على استخدام أو إجراء العمليات المعرفية بشكل واضح ومنظم بالرغم من تطور بعض المظاهر المعرفية لديه. فهي مرحلة انتقالية لا توجد فيها أية عمليات منطقية بصورة ناضجة، إذ لا يستطيع الطفل مثلا إدراك مفهوم الاحتفاظ أو مفهوم الفئة أو المقلوبية. وما تمتاز به هذه المرحلة أن تفكير الطفل يكون فيها انتقاليا تحويليا "Transitive"، يعتمد فيه على الصورة أو الشكل، وليس تفكيرا استنباطيا ينتقل من العام إلى الخاص، ولا استقرائيا ينتقل من الخاص إلى العام. ومن جهة أخرى، نجد أن تفكير الطفل في هذه المرحلة صوري الطابع يرتبط بالمظهر الخارجي للشيء، فإذا ما تغير هذا المظهر، فإن الشيء يفقد خصائصه ولم يعد كما كان (Flavell,1996).

وفيما يلي أهم الخصائص المميزة لهذه المرحلة:

أولا: اتساع دائرة النشاط اللغوي لدى الطفل في هذه المرحلة من حيث زيادة عدد المفردات والاستخدام لهذه المفردات. ففي هذه المرحلة، تزداد قدرة الطفل على استخدام اللغة للتسمية والتصنيف والدلالة على الأشياء، وينحصر استخدامه اللغوي للتعبير عن الأشياء المادية المحسوسة التي يخبرها على نحو مباشر في بيئته.

ثانيا: بالنسبة لطفل هذه المرحلة، فإن الاسم يرتبط بالشيء في ضوء خصائص معينة بحيث يفقد هذا الشيء الاسم عندما تتغير خصائصه الظاهرية. فعلى سبيل المثال، التراب لم يعد ترابا عندما يصب عليه الماء بحيث يرى الطفل بأنه أصبح (طينا) ولم يعد ترابا.

ثالثا: بالرغم من استخداماته المتعددة للغة، إلا أنها لا تشكل أداة تفكير يعتمد عليها الطفل في هذه المرحلة لأن تفكيره لا زال يعتمد على الإدراك الحسي والفعل الحركي والتمثيل الصوري. فهو يستخدم اللغة للتعبير عن حاجاته والحديث عن الذات (الأنا) والدلالة على الأشياء والتواصل مع الآخرين، لكنه لا يستطيع التفكير من خلالها؛ فهو يستطيع مثلا القيام ببعض الأعمال مثل إرشادك عمليا إلى الطريق التي تؤدي إلى المدرسة، لكنه لا يستطيع وصف ذلك من خلال الكلام أو التفكير من خلال اللغة. ولعل المظهر المعرفي المميز للغة في هذه المرحلة هو استخدامها كأداة استفهام أو حب الاستطلاع، إذ يطرح العديد من الأسئلة حول بعض الظواهر والأشياء في سبيل الحصول على إجابات معينة (Berk,2000).

رابعا: تزداد قدرة الطفل في هذه المرحلة على المحاكاة والتقليد، ويبدأ في لعب الأدوار المختلفة من خلال محاكاتها، كما ويميز الطفل جنسه ويتجه نحو تعلم الأدوار المرتبطة بالجنس وذلك كما تفرضها الثقافة السائدة.

خامسا: يمتاز تفكير الطفل في هذه المرحلة بأنه أحادي القطب، حيث أنه لا يستطيع التفكير في الأشياء في ضوء أكثر من بعد واحد، فالطفل يستطيع تصنيف وترتيب الأشياء ولكن وفق بعد واحد فقط، فلو أعطي الطفل مجموعة من الكرات من ألوان وأحجام ومواد مختلفة وطلب منه تصنيفها في مجموعات وفقا للخصائص التي تجمع بينها، فنجد أنه سيقوم بتصنيفها وفق بعد واحد كاللون مثلا، مهملا بالوقت نفسه الأبعاد الأخرى وهي الحجم ومادة الصنع (Crain,2000).

ففي هذه المرحلة، قد لا يعي الطفل أن الكلمة الواحدة ربما تحتمل أكثر من معنى واحد، وأن المشكلة الواحدة يمكن أن تحل بأكثر من طريقة. ويمكن عزو ذلك إلى أن الطفل لم يدرك مفهوم المقلوبية أو التبادلية "Reversibility" بعد. فقدرة الطفل على التعامل مع المشكلات والمواقف التي تتطلب تفكيرا معكوسا تكون محدودة في هذه المرحلة، فمثلا لايدرك الطفل أن ٩ × ٧ يعطي ناتج ٧ × ٩ (Woolfolk, 1995).

سادسا: يستطيع طفل هذه المرحلة احيانا إصدار بعض الأحكام الصحيحة، لكنه بالوقت نفسه يفشل في تعليل مثل هذه الأحكام؛ فهو لم يصل إلى درجة من النمو تمكنه من تفسير وتعليل الأشياء على نحو منطقي بعد.

سابعا: لايدرك طفل هذه المرحلة مفهوم الاحتفاظ؛ والذي يعني أن الأشياء لا تتغير بتغير منظورها أو شكلها الخارجي، وتسمى مثل هذه الظاهرة بثبات الإدراك "Perceptual Consistancy". فالطفل هنا لايدرك مبدأ الاحتفاظ بالعدد أو الكتلة أو الحجم أو الشكل. لقد اختبر بياجيه هذه الظاهرة بالعديد من التجارب مثل تجارب الطين والسكر والخرز والمساطر، واستنتج أن أطفال هذه المرحلة عاجزين عن إدراك مبدأ الاحتفاظ (Piaget & Inhelder,1958).

فلو أحضرنا للطفل ستة فناجين وستة صحون ووضعنا كل فنجان فوق صحن وسألنا الطفل أيهما أكثر، فنجد أنه سيجيب بأنهما متساويان من حيث العدد، ولكن إذا قمنا بوضع الفناجين فوق بعضها وكذلك وضعنا الصحون فوق بعضها، وسألنا الطفل أيهما أكثر فعندها سيجيب بأن عدد الفناجين أكثر. وفي تجربة أخرى لو وضعنا أمام الطفل إناءين من نفس الحجم كما في الشكل (١١-١) ، وسكبنا فيهما نفس المقدار من الماء، ثم سألنا الطفل أيهما يحوي كمية أكبر من الماء، فإنه بلاشك سيجيب أنهما متساويان؛ فإذا تم سكب أحد الإناءين (مثلا "ب") في إناء آخر مختلف في الشكل أو الحجم (جـ)، ثم سألنا الطفل إذا كان الإناءان (أ،جـ) يحويان نفس الكمية، فإنه سيجيب بالنفي، ويصر على أن الإناء (أ) يحوي كمية ماء أكثر من الإناء (جـ)، وذلك كما هو موضح في الشكل (١١-٢).

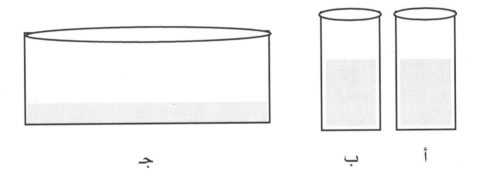

جـ   ب   أ

شكل رقم (١١-٢) يوضح مفهوم الاحتفاظ

أما في تجربة المساطر فنجد أن الطفل يقرر بأن المسطرتين هما من نفس الطول عندما توضعان أمامه بجانب بعضهما البعض، ولكن عندما نمسكها معا ونبرز أحد أطراف أحدهما عن الأخرى، فإن الطفل يرى أن المسطرة البارزة هي الأطول.

ويرجع السبب في عدم قدرة الطفل على ادراك مبدأ الاحتفاظ في هذه المرحلة إلى كونه لم يطور مبدأ التعويض بعد "Compensation"، والذي يعني أن النقص في جانب أو بعد يمكن تعويضه في بعد آخر، وذلك بسبب أن الطفل يعتمد على الإدراك البصري وليس التفكير المنطقي ((Ginsburg & Opper, 1988) .

ثامنا: يمارس الطفل في هذه المرحلة مفهوم الاحيائية، وهي اسقاط صفة الحياة على الجمادات؛ فهو يعتقد أن للأشياء أرواحا، وهي تحس وتسمع كما هو الحال عند الكائنات الحية. فنجده يتكلم مع ألعابه ويضرب الحائط ويتصرف مع الأشياء المادية كما يتصرف مع الأشياء الحية. إن مثل هذه الخاصية تساهم في توسيع خبرات الفرد وأساليبه المعرفية من حيث أنها تساهم في النمو اللغوي لديه وتطوير اللعب الايهامي، وتطوير قدراته على عمل التخيلات والابتكار.

تاسعا: سيادة حالة التمركز حول الذات "Egocentric" لدى طفل مرحلة ما قبل العمليات؛ فهو يعتقد أنه مركز لهذا الكون وأن كل شيء يوجد فيه هو موجود أصلا لخدمته. كما ويعتقد أن الأشياء تأخذ الشكل الذي يراه هو، فهو لا يعي وجهات نظر الآخرين بل لا يعتقد بوجودها أصلا. ونجد أيضا أن طفل هذه المرحلة لا يستطيع أن يضع نفسه مكان الآخرين لفهم وجهات نظرهم، ولا يستطيع إدراك أن الأشياء يمكن أن تختلف باختلاف مواقعها (Dembo,1994). وبناء على هذه الخاصية، نلاحظ أن ضمير الأنا هو الأكثر تكرارا في عبارات ومفردات الطفل، فهو غالبا ما يتحدث عن اهتماماته وحاجاته ورغباته مهملا بالوقت نفسه حاجات ورغبات الآخرين.

ونظرا لهذه الخاصيه، نجد أن مستوى النمو الاجتماعي يكون منخفضا عند أطفال هذه المرحلة، كما أن جماعات اللعب سرعان ما تتشكل وسرعان ما تتلاشى.

يرى بياجيه أن الطفل يتخلص من هذه الخاصية تدريجيا من خلال عمليات التفاعل الاجتماعي المستمرة، إذ يجد الطفل نفسه مضطرا إلى أن يستمع لآراء ووجهات نظر الآخرين وأن يدخلها في اعتباره، بالاضافة إلى ذلك يكتشف الطفل أنه لا يستطيع الحصول دائما على كل ما يرغب، ويكتشف أيضا أن هناك من ينافسه أو يتفوق عليه. وهكذا فإن الطفل يتخلص على نحو تدريجي من هذه الخاصة مع دخول المرحلة اللاحقة (Bee, 1998).

عاشرا: حكم الطفل على الأشياء والأفعال يعتمد على نتائجها وليس القصد أو النية التي تقف وراءها؛ فالفعل الذي يسبب ضررا أكثر، هو أكثر سوءا من الفعل الذي ينتج عنه ضرر أقل بصرف النظر عن المقاصد الكامنة وراءهما.

فلو عرضنا على طفل هذه المرحلة مشهدين لولدين، أحدهما يساعد والدته وعن دون قصد أسقط عشرة صحون وكسرها، في حين الثاني متعمدا كسر صحنا واحدا، ثم سألنا الطفل أيهما أكثر ضررا ويجب أن يتلقى العقاب جزاءا لعمله، عندها سيجيب بالطبع الطفل الأول وذلك لأنه أحدث ضررا أكبر.

ثالثا: مرحلة العمليات المادية "Concrete Operational Stage"

تمتد هذه المرحلة من بداية السنة الثامنة إلى نهاية السنة الحادية عشرة من العمر، وفيها يستطيع الطفل القيام بالعديد من العمليات المعرفية الحقيقية المرتبطة بالأشياء المادية التي يصادفها أو تلك التي خبرها في السابق. وعليه يستطيع الطفل إجراء عمليات منطقية والبحث عن الأسباب وعمل الاستدلالات وإصدار الأحكام والتنبؤ بالحوادث المستقبلية، ولكن على المستوى المادي المحسوس. وفيما يلي أبرز معالم هذه المرحلة :

أولا: تنمو لدى الطفل في هذه المرحلة قدرات الترتيب والتصنيف والتبويب للأشياء ويصبح قادرا على التفكير فيها في ضوء أكثر من بعد واحد. فلو أعطي طفل في هذه المرحلة مجموعة كرات من ألوان وأحجام ومواد صنع مختلفة، وطلب منه تشكيل مجموعات منها وفقا لخصائص مشتركة، فهو سينجح في تصنيفها آخذا بعين الاعتبار الأبعاد الثلاثة وهي: اللون والحجم ومادة الصنع.

ثانيا: ينجح الطفل في عمل الاستنتاجات المنطقية المرتبطة بالأشياء المادية. فلو عرض على الطفل ثلاثة مثلثات من أحجام مختلفة، فإنه من خلال النظر إليها يستطيع استنتاج علاقة الحجم التي تجمع بين هذه المثلثات. كأن يقول إن المثلث (أ) أكبر من المثلث (ب)، وبما أن المثلث (ب) أكبر من المثلث (جـ)، إذا فإن المثلث (أ) هو أكبر من المثلث (جـ)، وذلك كما هو موضح في الشكل رقم (٣-١١).

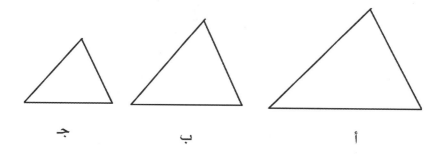

شكل رقم (٣-١١) يوضح الاستنتاج المنطقي القائم على الأساس المادي المحسوس

ثالثا: يطور الطفل مفهوم التعويض حيث يصبح قادرا على إدراك أن النقص في أحد أبعاد شيء ما، يمكن تعويضه من خلال بعد آخر، فالطفل هنا يدرك أن كمية الماء في الإناء (أ) هي مساوية لكمية الماء في الإناء (جـ)، لأن الزيادة في الارتفاع في الإناء (أ) تم تعويضها بالزيادة في العرض في الإناء (جـ)، شكل (٤-١١).

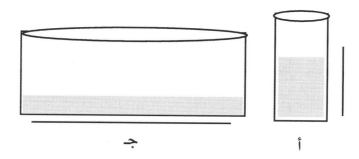

شكل رقم (٤-١١) يوضح مبدأ التعويض

وباكتساب مفهوم التعويض يدرك الطفل مفهوم المقلوبية ويطور مبدأ ثبات الإدراك (الاحتفاظ)، حيث يستطيع الطفل عكس عملية التفكير، فهو يدرك أن عبارة "أحمد أخوك" تعطي نفس معنى عبارة "أخوك أحمد"، وأن ٣+٤+٥ تعطي نفس ناتج ٥+٤+٣ بصرف النظر عن ترتيب هذه الأرقام، وهذا بالتالي يتيح للطفل إمكانية التفكير بالأشياء بأكثر من طريقة. كما ويدرك مفهوم الاحتفاظ من حيث ثبات العدد والحجم والكتلة والوزن؛ فهو يدرك أن قطعتي المعجون لهما نفس الوزن بصرف النظر عن تغيير أشكالها أو لونها.

رابعا: نظرا لزيادة قدرة الطفل على التصنيف والترتيب والتسلسل، فإنه يبدأ بتكوين المفاهيم المادية، حيث ينجح في وضع الأشياء في مجموعات اعتمادا على بعض

الخصائص المشتركة بينها. وتجدر الإشارة هنا إلى أن عملية تكوين المفاهيم تعد مؤشرا لحدوث عمليات تفكير حقيقية منطقية لدى الطفل.

خامسا: تلاشي حالة التمركز حول الذات وحدوث ما يسمى بالانقلاب الكوبرنيكسي، حيث يصبح طفل هذه المرحلة أكثر تفهما لوجهات نظر الآخرين وأكثر توجها نحوهم؛ فهو يظهر اهتماما واضحا بآرائهم ووجهات نظرهم ويعمل جاهدا على نيل رضاهم. كما أنه في هذه المرحلة، يصبح أقل ذاتية وأكثر اجتماعية ويظهر ذلك واضحا وجليا في ورود ضمير "نحن" في عباراته أكثر من ضمير "الأنا"، إذ يقل استخدام اللغة المؤكدة على الذات لتأخذ الطابع الاجتماعي (Woolfolk,1999).

ويستدل على ذلك في أن جماعات اللعب في هذه المرحلة تكون أكثر تماسكا واستمرارية بحيث تحكمها مبادئ عامة يخضع لها أفراد الفريق الواحد وليس إلى المبادئ الشخصية الفردية.

سادسا: يطور الطفل في هذه المرحلة ما يسمى بعملية الإغلاق والتي تعتبر إحدى قواعد الاستنتاج والتفكير المنطقي، وتنطوي عملية الإغلاق على أن أي عمليتين يمكن الربط بينهما فإنه ينتج عن ذلك الربط عملية ثالثة، مثل كل الرجال + كل النساء = كل البشر.

سابعا: يستطيع حل العديد من المشكلات ذات الارتباط المادي مستخدما العمليات المعرفية التي طورها كالاحتفاظ والمعكوسية والتعويض والاغلاق. كما يدرك الطفل في هذه المرحلة مفهوم الزمن وينجح في التمييز بين الماضي والحاضر والمستقبل ويستطيع الطفل أيضا إدراك المكان والمسافة والعلاقات الهندسية والعمليات الفيزيائية الأولية.

ثامنا: يفشل الطفل في هذه المرحلة في عمل الاستدلالات والاستنتاجات اللفظية واكتشاف المغالطات المنطقية في العبارات اللغوية التي تقدم له، فلو قلنا للطفل العبارة التالية (أنا كأمي عاقر لا أستطيع الإنجاب) نجد أنه لا يدرك المغالطات المنطقية الموجودة فيها. كما ونلاحظ أن الطفل يفشل في التفكير في الاحتمالات المستقبلية دون الرجوع إلى الخبرة المادية المحسوسة (Woolfolk,1999).

تاسعا: يستطيع التفكير في بعض الأسباب التي تؤدي إلى نتائج معينة، ولكن تفكيره يكون غير منهجي أو غير منظم، حيث لا يستطيع البحث عن جميع

الأسباب المحتملة، ولعل ذلك يرجع إلى عدم قدرته على وضع الفروض وعدم قدرته على التفكير الاحتمالي.

عاشرا: يستطيع نوعا ما التفكير من خلال اللغة، فلو طلب منه وصف كيف يذهب إلى المدرسة، عندها نجد أنه يستطيع استحضار الصور الذهنية وتنظيم أفكاره اعتمادا على هذه الصور لوصف العملية.

رابعا: مرحلة العمليات المجردة "Formal Operational Stage"

تبدأ هذه المرحلة من سن الثانية عشرة وتمتد إلى السنوات اللاحقة. وتسمى بمرحلة العمليات الشكلية أو مرحلة التفكير المنطقي، ويتم في هذه المرحلة نمو المفاهيم والمبادئ التي يتم التعرض إليها في المراحل السابقة سواء كانت في نطاق المحسوس أو نطاق المجرد. وتختلف هذه المرحلة عن سابقاتها من المراحل من حيث طبيعة ونوعية العمليات المعرفية التي يستطيع الفرد القيام بها. فالتغير الذي يحدث على العمليات ليس كميا فحسب، بل هو نوعي أيضا، إذ تتحول عملية التفكير بعد أن كانت ترتبط بالعالم الخارجي لتصبح عملية داخلية خاصة بالفرد؛ فالفرد هنا لم يعد يعتمد على العمليات المرتبطة بالأشياء والموضوعات المادية الملموسة، بل يستخدم العمليات المعرفية القائمة على الرموز والمعاني والمفاهيم المجردة.

يستطيع غالبية أطفال هذه المرحلة الاستدلال المجرد والرمزي، إذ أن التفكير المجرد في المجال اللغوي هنا يعني القدرة اللغوية، أما التفكير المجرد في مجال التصور المكاني فهو يعني القدرة المكانية، في حين يشير التفكير المجرد في المجال العددي إلى القدرة الحسابية وهكذا. ففي هذه المرحلة، يتعدى الفرد حدود الواقع المحسوس والتصورات الإدراكية المرتبطة بالأشياء المادية ليستخدم عوضا عنها الرموز العددية واللغوية والتصورات الذهنية والمفاهيم المجردة؛ فهو يستطيع الوصول إلى النتائج المنطقية دون الحاجة إلى الرجوع إلى الأشياء المادية أو الخبرات المباشرة (Grewo, 1992). كما يستطيع تصميم مواقف يمكن أن تزوده بالمعلومات أو المعرفة التي يحتاج إليها أثناء عملية التفكير، ممثلا ذلك في وضع الفرضيات والعمل على اختبارها والاختيار من بين عدة بدائل وفقا لأسس موضوعية.

عموما، يستطيع طفل هذه المرحلة إدراك جميع الاحتمالات والبدائل، وهذا ما يشير إلى مفهوم التفكير الترابطي أو التفكير الافتراضي، إذ من خلاله يعمل الفرد على صياغة جميع الاحتمالات المرتبطة بظاهرة ما، ويسعى إلى اختبارها بطريقة منهجية منظمة. وفيما يلي أهم الخصائص المميزة لهذه المرحلة:

أولا: يدرك أن الأساليب والأنماط التفكيرية في المراحل السابقة قد لا تفي بالغرض لحل العديد من المشكلات، لذلك يقل اعتماده على الأساليب المرتبطة بالمعالجات المادية، ويصبح أكثر اعتمادا على أساليب التفكير المجرد.

ثانيا: تنمو القدرة لديه على وضع الفروض وإجراء المحاكمات العقلية والاختبار لهذه الفروض للتأكد من صدقها أو عدمه، فهو يلجأ إلى الاستدلال العقلي كمحك رئيسي للوصول إلى نتائج معينة. ويتضح ذلك جليا في زيادة قدراته على عمل الاستدلالات والاستنتاجات المنطقية بعيدا عن الأشياء أو الموضوعات المادية.

ثالثا: تنمو القدرة على التفكير المنظم والبحث في جميع الأسباب المحتملة لحدوث ظاهرة ما، فهو يفكر فيما وراء الحاضر ويركز على العلاقات أكثر من المحتوى.

رابعا: نمو القدرات على التعليل الاستقرائي والذي يتجلى في استخدام بعض الملاحظات المحددة للوصول إلى تعميمات ومبادئ معينة؛ أي التفكير الذي يسير من الجزء إلى الكل، كذلك التفكير الاستنتاجي الذي يتمثل في الوصول إلى وقائع وأحداث جزئية من خلال القواعد والتعميمات.

خامسا: مع نهاية هذه المرحلة تنمو لدى الفرد مفاهيم المساحة والحرارة والسرعة والحجم والكثافة، ويبدأ بتكوين المفاهيم المجردة التي ليس لها تمثيل مادي محسوس في الواقع، وإنما يستدل عليها من خلال معانيها أو الآثار الدالة عليها كمفاهيم العدل والحرية والأمانة والديمقراطية وغيرها.

افتراضات النظرية البنائية حول التعلم Hypothesis about Learning :

يثير بياجيه العديد من المسائل حول موضوع التعلم، فهو لا يؤمن بأن التعلم هو مجرد تغير شبه ثابت في السلوك ينجم عن الخبرة المعززة أو بفعل عوامل التدريب، بل يرى أن التعلم الحقيقي هو ذلك التغير الذي ينشأ عن عمليات التأمل المعرفي.

وحول علاقة التعزيز بالسلوك، فهو يرى بأن المعززات الخارجية التي تأتي من البيئة كالهدايا والألعاب والحلوى وغيرها لا تشكل عاملا حاسما للتعلم، في حين أن التعزيز الحقيقي هو ذلك الذي ينبع عن أفكار الفرد عن ذاته.

ويرى بياجيه أن التعلم عملية تقوم على الوعي وتحكمها قواعد خاصة؛ فالأداء لدى الفرد لا يتحسن وفقا لعدد من المحاولات التي يقوم بها، وإنما اعتمادا على قدراته في التوصل إلى قاعدة أو معنى عام، وبذلك يرى بياجيه أن الفرد لا يتعلم استجابات، وإنما يشكل مخططات أو بنى معرفية في ضوءها تتحدد الأنماط السلوكية المناسبة.

وفيما يتعلق بمحددات التعلم، فهو يرفض اعتبار التعزيز أو العقاب (الحوادث البيئية الخارجية) على أنها محددات للسلوك كما هو الحال عند سكنر، أو أن الحاجة إلى خفض الدافع هو المحدد كما هو الحال في نظرية هل، بل يعتبر عامل التوازن هو العامل الخاص المحدد للتعلم والسلوك.

يؤكد بياجيه أن التعلم هو حالة خاصة من حالات النمو، إذ يتوقف تعلم بعض الخبرات والأنماط السلوكية على حدوث تغيرات أو تطور في البنى والعمليات المعرفية لدى الفرد. فالطفل مثلا لا يستطيع تفسير العديد من المواقف ما لم يطور أو يكتسب مفهوم التعويض أو المقلوبية مثلا. ويتوقف تطور المعكوسية أو المقلوبية على قدرة الدماغ على إنتاج نظام معلومات متكامل ومترابط يربط بين الأجزاء المتناثرة من المعلومات، ويتم ذلك من خلال عملية تسمى بالتجريد التأملي "Reflective Abstraction". ويرى بياجيه أن التعلم ليس مجرد اكتساب خبرات ومعارف جديدة فحسب، بل يتضمن زيادة الوعي والحساسية لدى الفرد للطريقة التي تستطيع من خلالها أنشطته وأفكاره الإسهام في تكوين بناء معرفي أكثر مرونة وتكيفا مع هذا العالم. وبهذا المنظور فإن التعلم يرتبط بالمعرفة عن الإجراءات والأساليب التي يستخدمها الفرد في تفاعلاته مع الأشياء وليس المعرفة عن الأشياء بحد ذاتها.

يختلف بياجيه مع وجهة النظر السلوكية التي ترى أن الارتباطات تتشكل بين استجابات ومثيرات يتم إدراكها على نحو مباشر؛ فهو يفترض أن الإدراك الحسي يتم توجيهه من قبل العمليات المعرفية، وأن مثل هذه العمليات بالأصل ليست ناتجة عن الإدراك الحسي. وبذلك فهو يرى أن القدرة على التفكير في الأشياء بما هي ليست عليه أمر ضروري للإدراك ذي المعنى، فالمثيرات لا يتم تمييزها على نحو حسي مباشر،

وإنما من خلال عمليات معرفية تتمثل في إعطاء معاني لها عن طريق اعتبار ما ينبغي أن تكون عليه مثل هذه المثيرات (جازادا وريموندجي، ١٩٨٣).

اهتم بياجيه بالكيفية التي من خلالها يتغير أسلوب المتعلم في فهم المشكلة التي يواجهها، فهو لا ينظر إلى التعلم على أنه عملية آلية بسيطة تتمثل في تشكيل ارتباطات بين مثيرات واستجابات تقوى أو تضعف وفقا للخبرة المعززة أو فرص التدريب، ولكن يعتبره عملية خلق عضوية تعتمد على التفكير؛ فهو يرى أن التعلم هو تعلم إجراءات جديدة.

يؤكد بياجيه على ما يسمى بالتعلم القائم على المعنى لأنه من أكثر الأنواع ديمومة وانتقالا، ويرى أن مثل هذا التعلم يتطلب نوعا من التنظيم الذاتي النشط الذي من خلاله يستطيع الفرد تمثل هذا العالم وإعادة إنتاجه في أنماط فكرية خلاقة جديدة.

التعلم الدماغي

الفصل الثاني عشر

التعلم الدماغي

Brain Learning

تمهيد:

أفرزت نتائج الأبحاث التي أجريت خلال القرن الماضي في مجال علم الأعصاب وعلم النفس الفسيولوجي وعلم النفس المعرفي اتجاها جديدا في دراسة السلوك وعمليات التعلم الإنساني، يدعى بالتعلم القائم على الدماغ أو ما يعرف بالتعلم الدماغي. ويؤكد هذا الاتجاه على ضرورة دراسة تركيب الدماغ ووظائفه على اعتبار أن فهم بنية الدماغ وتحليل وظائفه هي السبيل الوحيد الذي يمكننا من تفسير أسباب السلوك الإنساني (Spears & Wilson, 2005).

إن اتجاه التعلم المستند إلى الدماغ يتجاوز مسألة اعتبار عملية التعلم الإنساني على انها نتاج لعمليات التفاعل المستمرة مع المثيرات البيئية المادية والاجتماعية وما يترتب عليها من نتائج عقابية أو تعزيزية وذلك حسبما تفترض النظريات السلوكية، وكذلك يتجاوز التفسيرات التي قدمتها النظريات المعرفية حول التعلم، ويرى أن مثل هذه العملية على انها الوظيفة الطبيعية للدماغ البشري.

يستند هذا الاتجاه في دراسته لعمليات التعلم إلى حقيقه مفادها أن كل إنسان فريد ومتميز بذاته وخبراته، وهو يولد ولديه دماغ قادر على التعلم ومعالجة المعلومات طالما لا توجد هناك أية عوائق تمنع هذا الدماغ من تنفيذ عملياته الاعتيادية - الطبيعية (Funderstanding, 2001) . وانطلاقا من ذلك، فإن هذا الاتجاه يؤكد أهمية دراسة بنيه الدماغ ووظائفه خلال مراحل النمو المختلفة من أجل تفسير أسباب السلوك الإنساني، على اعتبار أن مناطق الدماغ المتعددة هي مراكز متخصصة لتخطيط وتنفيذ مختلف الوظائف والأنشطة الحيوية.

بنية الدماغ Brain Structure :

يتألف الدماغ البشري من عدة مناطق متخصصة يشتمل كل منها على ملايين الخلايا العصبية أو العصونات "Neurons" حيث يقدر أن عدد الخلايا العصبية التي يشتمل عليها الدماغ البشري يزيد عن ١٠٠ بليون خلية عصبية لكل منها المقدرة على الاشتباك مع الخلايا العصبية الأخرى، وضع ما يسمى بالشبكات العصبية "Neural nets" من خلال تشكيل الوصلات العصبية "Neural Connections" التي تعد ممرات أو خرائط التعلم. هذا ويتفاوت عدد الوصلات بين الخلايا العصبية، إذ يتراوح عددها ما بين ٥٠٠-٥٠ ألف وصلة عصبية تبعا لمكان وجودها في الدماغ أو لعمليات الإثارة التي تتعرض إليها (Sylwester, 1996; 2004). تتوقف قدرة الخلية العصبية على التعلم على مستوى الإثارة أو التنشيط من جهة وعلى عدد الوصلات التي تشترك بها مع الخلايا العصبية الأخرى، فكلما زادت عدد الوصلات التي ترتبط بها الخلية مع الخلايا العصبية الأخرى، زادت قدرتها على التعلم وتنفيذ الوظائف. فالخلية العصبية تعد عديمة الفائدة وغير قادرة على التعلم لوحدها إذا لم يتم إثارتها أو تنشيطها لتشكيل وصلات عصبية مع الخلايا الأخرى، وذلك لأن عملية التعلم تعتمد على عدد الوصلات العصبية بين الخلايا وعلى مستوى التنشيط والإثارة لمثل هذه الوصلات (Tolstory, 2003).

وتجدر الإشارة هنا، أن المعلومات أثناء معالجتها تنساب من خلية عصبية إلى أخرى بواسطة عملية التوصيل الكهروكيميائية "Electrochemical" حيث تمتاز الخلايا العصبية بالمرونة والتداخل والغزارة مما يتيح للمثيرات الداخلية والخارجية بالاتحاد معا لتكوين الممرات "pathways" والأنماط "patterns" في الخلايا المثارة .

في ضوء ما سبق نلاحظ أن الدماغ عبارة عن توليفة كبيرة من الخلايا العصبية والوصلات أو الممرات التي تجمع بينها، وهو مركز التعلم، إذ أنه فعال active يسعى بانتظام للحصول على المعلومات، ويعمل على تفسيرها وإنتاج الاستجابات المناسبة. فمن خلال الحواس الخمس يحرص الدماغ على أن يكون على اتصال دائم مع البيئة المحيطة سعيا وراء تعلم كيفية أداء وظائفه على النحو المناسب (Cains & Caine, 1998,2001). فالدماغ البشري قابل للتغير على مستوى التركيب والوظائف خلال مراحل النمو تبعا لعوامل التعلم والخبرة والعوامل الجينية، ومثل هذا التغير قد يكون نحو الأفضل أو الأسوأ (www. Newhorizons, 2005). هذا وتتوقف قدرته على التعلم على عدد الخلايا العصبية المثارة وعدد الوصلات العصبية التي يتم تشغيلها وتغريزها، إذ تتقوى الوصلات بعمليات الإثارة والتشغيل، في حين أنها تضمحل وتضعف في حالات عدم التشغيل أو التعزيز.

يتألف الدماغ من أربعة هياكل رئيسية تلعب دورا مهما في تنظيم وظائف الجسم وعمليات التعلم والذاكرة (Forrester & Jantize, 2005) وهذه المناطق هي :

أولا: جذع الدماغ Brain stem

ويعني هذا القسم بالوظائف الحيوية الضرورية للبناء من خلال تنظيم عمل الأجهزة الجسمية المختلفة.

ثانيا: المخيخ Cerebellum

ويعنى هذا القسم بتنظيم الأنشطة الحركية الاتوماتيكيه كالمشي والركض واللمس والمهارات الجسمية الأخرى والتي تشكل في مجموعها مكونات الذاكرة الإجرائية.

ثالثا: الجهاز اللمفاوي Limbic system

وهو المسؤول عن نقل المعلومات من الذاكرة قصيرة المدى إلى الذاكرة طويلة المدى بالإضافة إلى إثارة وتنظيم الانفعالات.

رابعا: القشرة الدماغية : Ceberal Cortex

وهي مركز استقبال المعلومات الحسية، حيث يتم فيها تحليل هذه المعلومات وتضيفها واتخاذ القرارات حيالها، بالإضافة إلى توليد الاستجابات السلوكية.

إن قدرة الدماغ على العمل تعتمد على مدى ترابط هذه المناطق الأربعة، فكلما ارتفع معدل تنشيطها زادت الروابط فيما بينها واصبحت أكثر قوة، مما يمكن الدماغ بالتالي

من استعادة الذكريات والاستفادة منها في اتخاذ القرارات وأداء وظائفه (Forrester & Jantize, 2005)

بين نصفي الدماغ Brain hemispheres

من المعروف أن الدماغ البشري ينقسم طوليا إلى نصفين متناظرين تعرف باسم نصفي الكرة الدماغية، وهي النصف الأيمن والنصف الأيسر، ويرتبط هذين النصفين معا من خلال الحصين أو الجسم الجاسئ "Callosum" حيث من خلاله تعبر ملايين الرسائل في كل ثانية بين هذين النصفين. ويشترك هذين النصفين معا في تخطيط وتنفيذ الكثير من الأنشطة والوظائف، إذ تزداد قدرة الفرد على التعلم اعتمادا على مدى استخدامه لهذين النصفين معا.

يسيطر النصف الأيمن من الدماغ على الأنشطة الحركية للجانب الأيسر من الجسم، في حين يسيطر النصف الأيسر من العديد على حركات الجانب الأيمن من الجسم. وبالرغم من اشتراك هذين النصفين في تنفيذ الدماغ من العمليات كاللغة مثلا، إلا أن لكل نصف مها استراتجياته المختلفة في الأداء (Joshua, 2000). كما أن كل منهما يتفوق على الآخر في تنفيذ وظائف نفسية معينة. فالنصف الأيسر مسؤول عن التفكير والمنطق والاستدلال، بينما نجد أن النصف الأيمن من الدماغ يتفوق في مجال الحدس والوجدان والانفعال والخيال . ومن هنا يطلق على النصف الأيمن اسم الدماغ الإبداعي، في حين يطلق اسم الدماغ الأكاديمي على النصف الأيسر من الدماغ. وفيما يلي عرض لأهم خصائص كل نصف من أقسام الدماغ (Joshua, 2000; Teresa, 1999; WWW. mathpower. com, 2003) .

أولا: خصائص النصف الأيمن من الدماغ

يتصف النصف الأيسر بالسمات التالية:

١. حدسي Intuitive : يتبع الإحساسات والمشاعر.

٢. غير مرتبط بالزمن Nontemporal : أقل اهتماما أو وعيا بالزمن

٣. عشوائي Random: يرتب الأحداث و الأنشطة على نمو تصادفي أو اتفاقي.

٤. سببي وغير رسمي Cuasal & informal : يتعامل مع المعلومات على أساس الحاجة أو المصلحة الآنية.

٥. حسي / مادي Concrete : يتعامل مع الأشياء على أنها معروفة أو مفهومة.

٦. شمولي Holistic: يتعامل مع الأشياء ككليات أو عموميات ومنها يتوصل إلى الأجزاء.

٧. بصري Visual: يعتمد على التخيل، فهو أكثر استجابة للصور والألوان والأشكال.

٨. غير لفظي Nonverbal : يستجيب للأصوات والموسيقى ولغة الجسد واللمس.

٩. بصري مكاني Visuo-sptial: يعتمد على الحدس لتقدير وإدراك الأشكال والأبعاد.

١٠. استجابي Responsive: ميال إلى الموسيقى.

١١. إبداعي / مبدع Originative: اهتمامه بالأفكار والنظريات على أساس تخيلي.

١٢. عاطفي Emotional : يعتمد على اصدار احكاما متشككة إلى أن تثبت صحة الأشياء.

١٣. ذاتي (غير موضوعي) Subjective: كثيرا ما يعتمد الاحساس والعواطف والحاجات والحدس في النظر إلى الأشياء.

١٤. التعلم Learning: من خلال الاكتشاف

ثانيا: خصائص النصف الأيسر من الدماغ

يمتاز هذا النصف من الدماغ بالخصائص التالية:

١. نظامي Methodical : ينظم المعلومات في فئات ويصنفها في فئات وأبنية.

٢. زمني Temporal : يبقى على اتصال بالزمن، حيث يفكر من خلال الماضي والحاضر والمستقبل.

٣. تسلسلي Sequential: يرتب الأحداث والأنشطة حسب تتابع تسلسلها.

٤. خطي Linear : يفكر على نحو متسلسل بحيث فكرة ما تقود إلى فكرة أخرى، وهكذا إلى أن يتم الوصول إلى نتائج متقاربة.

٥. واقعي Factual: يهتم بالتفاصيل والأجزاء والملامح المرتبطة بالأشياء.

٦. لفظي Verbal: يعتمد على الكلمات اللفظية في التسمية والوصف والتعريف للأشياء.

٧. منهجي ورسمي Systematic & Formal: يعالج المعلومات بطريقة منظمة ومنهجية وفق طريقة مخطط لها جيدا.

٨. منطقي Logical: يصدر الأحكام على الأشياء بعيدا على العواطف وإنما اعتمادا على الحقائق والوقائع.

٩. شكلي / دقيق Puntual: حريص على الشكليات، ويحرص على الدقة والوضوح.

١٠. دلالي/معنوي Symantic: اكثر استجابة لمعاني المفردات والكلمات.

١١. التعلم Learning: من خلال خطط منظمة ومنهجية.

١٢. تحليلي Analytic: يفضل التعامل مع الأجزاء بغية الوصول إلى الكل.

١٣. عقلاني Rational: يتعامل مع الأشياء بموضوعية وعلى نحو منطقي.

١٤. موضوعي Objective: يفسر الأشياء بدلالة أسبابها الحقيقية بعيدا على المشاعر والأحاسيس والعواطف. مما سبق نلاحظ أن كل نصف من أقسام الدماغ له خصائصه الخاصة والتي في ضوءها تجعل منه متفوقا في نوع معين من التفكير. واعتمادا على ذلك نجد أن الأفراد يتباينون فيما بينهم من حيث تفضيل أنماط معينة من التفكير بناءا على النصف الدماغي المسيطر لديهم، كما نجد بالوقت نفسه بعض الأفراد الذين يلجأون إلى التعلم الدماغي الكلي "Whole brain Learning" حيث يوظفون كلا النصفين في عمليات التعلم، مما يتيح لهم إمكانية استخدام أنماطا مختلفة من التفكير. وتجدر الإشارة هنا أن المناهج والمقررات المدرسية في الغالب متحيزه وتناسب فئة من الناس دون غيرها، وهي الفئة التي تعتمد على أنماط التفكير المرتبطة بالنصف الأيسر من الدماغ، في الوقت الذي تهمل فيه فئة الأفراد الذين تسيطر لديهم أنماط التفكير المرتبطة بالنصف الأيمن، وذلك لكون المناهج تركز على المواضيع ذات العلاقة بالتفكير المنطقي والصبغة التحليلية والدقة المنهجية (Funderstanding, 2005). ومن هنا لا بد من ضرورة التنويع في البيئة التعليمية ومحتويات المناهج وتوفير فرص التحدي بعيدا عن التهديد لاتاحة الفرصة لجميع المتعلمين من الاستغلال الامثل لادمغتهم.

مبادئ التعلم الدماغي Principles of Brain Learning

ينظر إلى الدماغ على أنه وحدة معالجة معلومات فريدة؛ فهو مركز التعلم ويختلف من فرد إلى آخر، حيث تتباين خبرات ومعارف الأفراد تبعا لمدى توظيف ادمغتهم في عمليات التعلم. ففي هذا الصدد طور كل من كين وكين عددا من المبادئ التي تحكم هذا النوع من التعلم. وتتمثل هذه المبادئ فيما يلي:

أولا: الدماغ نظام تكيفي معقد:

إن أهم ما يميز الدماغ قدرته على معالجة وتنفيذ عدد من الوظائف والنشاطات في آن واحد. فهو يعمل على نحو متوازي على عدد من المهمات وبأكثر من طريقة. من ناحية أخرى أثناء عملية التعلم، فإن كافة الجوانب الفسيولوجية مثل الأفكار والمشاعر والانفعالات والتخيلات والاستعدادات تتفاعل كنظام واحد مع المثيرات البيئية لاحداث التعلم الفعال.

ثانيا: الدماغ اجتماعي بطبيعته:

بعد الولادة بعامين تقريبا تصبح لدى الدماغ القابلية للانغماس في التفاعلات الاجتماعية وتكوين العلاقات الشخصية - الاجتماعية ، حيث يتأثر التعلم إلى درجة كبيرة بطبيعة العلاقات الاجتماعية التي ينغمس فيها المتعلم.

ثالثا: البحث عن المعنى عملية فطرية:

ما يميز الدماغ الإنساني أنه يسعى دوما على نحو فطري إلى البحث عن المعنى وذلك من أجل جعل خبراتنا ومعارفنا تبدو على انها ذات معنى. ويكمن الهدف من وراء ذلك الحفاظ على البقاء والاستمرار، لأن البحث عن المعنى يعد بحد ذاته قيمة دافعه لفهم هذا الوجود.

رابعا: عملية البحث عن المعنى تتم من خلال الأنماط:

تتألف الأنماط عادة من الخرائط العقلية والفئات الفطرية والمكتسبة، فخلال عملية البحث عن المعنى يعمل الدماغ بشكل متوازي بتوظيف الأنماط الموجودة لديه في الوقت

الذي يبحث فيه عن المعاني للمثيرات الجديدة، فهو يقوم بعمل العالم والفنان في آن واحد، حيث يحاول إدراك وفهم الأنماط كما هي في الوقت الذي يعمل على إعطاءها معاني جديدة أو ابتكار أنماطا جديدة خاصة به.

خامسا: الانفعالات عنصرا حاسما في التعلم وفي تكوين الأنماط :

أن كل ما نتعلمه يتأثر في الانفعالات والمجموعة العقلية بما في ذلك التوقعات والتحيزات الشخصية واحترام الذات والحاجة إلى التفاعل الاجتماعي، حيث جميعها تعمل على تنظيم خبرات التعلم لدينا. فالانفعالات والأفكار تؤثر في بعضها البعض، وتعمل كل منها في تشكيل الأخرى بحيث لا يمكن الفصل بينهما.

سادسا: كل دماغ يدرك ويبتكر الأجزاء والكليات في آن واحد

بالرغم من تخصيصه نصفي الدماغ ببعض الأنشطة الخاصة بها، لكنه في وضع الأشخاص العاديين الذي يمتازون بمستوى صحي جيد، فإن نصفي الدماغ يتفاعلان معا في العديد من الأنشطة والوظائف العقلية. وفي مثل هذا الوضع، فإن الدماغ يعمل في آن واحد على اختزال المعلومات في أجزاء يتم تجميعها معا، حيث يتعامل مع الأجزاء والكل بالوقت ذاته.

سابعا: تشتمل عملية التعلم على الانتباه المركز والإدراك السطحي.

يعمل الدماغ على امتصاص المعلومات التي يتم تركيز الانتباه عليها، وكذلك بعض المعلومات التي تقع خارج نطاق تركيز الانتباه، ولكنه يكون عادة أكثر استجابة للمثيرات التي تقع ضمن دائر ة الوعي أو الانتباه.

ثامنا: يتضمن التعلم العمليات الشعورية واللاشعورية

هناك الكثير من خبراتنا المتعلمة جرى اكتسابها على نحو لا شعوري، حيث يتم معالجة بعض الخبرات والانطباعات الحسية التي تقع دون مستوى الوعي او تلك التي لا يتم تركيز الانتباه إليها. وهذا بالطبع يعني إن فهمنا لبعض خبرات التعلم وأن تم

التركيز عليها قد لا يحدث فورا، وإنما بعد مرور فترة من الزمن، أو يعمل الدماغ على معالجة مثل هذه المعلومات على نحو لا شعوري.

تاسعا: لدينا طريقتين لتنظيم المعلومات بالذاكرة

يوفر الدماغ أسلوبين لتنظيم الخبرات وتخزينها بالذاكرة، حيث تخزن المعلومات ذات المعنى وتلك عديمة المعنى بطرق مختلفة، ففي الذاكرة المكانية تخزن المعلومات ذات المعنى، وتسمح لنا هذه الذاكرة بالاستدعاء الفوري للمعلومات ولا تحتاج إلى التسميع من أجل الاحتفاظ بالمعلومات، أما الذاكرة الاخرى فتعرف بالذاكرة الصماء (Rote) وفيها تخزن المعلومات غير المترابطة او تلك عديمة المعنى. هذا ويكون تعلمنا أفضل عندما تتجسد المعارف والحقائق ضمن دائرة الذاكرة المكانية.

عاشرا: التعلم ذو صبغة تطورية

يمتاز الدماغ البشري بالمرونة، حيث أنه قابل للتغيير تركيبيا ووظيفيا عبر مراحل النمو تبعا لتفاعل مجموعة العوامل الجينيه والخبرات البيئية. فمع عمليات النمو تزداد كفاءة الأفراد على التعلم بشكل اكبر وذلك لأن الخلايا العصبية تصبح اكثر قدرة على تكوين وصلات جديدة مع الخلايا الأخرى.

حادي عشر: يتم تدعيم التعلم بمواجهة التحدي وإعاقته من خلال التهديد

يعمل الدماغ بأقصى طاقاته وعلى نحو مثالي على تكوين ارتباطات ووصلات عصبية عندما يستثار على نحو مناسب في مواقف تتطلب مواجهة التحدي، أو من خلال بيئات تشجع المجازفة والمخاطرة. ولكن بالمقابل تضعف قدرته على التعلم وتكوين الوصلات في أوضاع التهديد، حيث يصبح أقل مرونة ويتراجع إلى استخدام إجراءات بدائية مما يعيق حدوث عملية التعلم.

ثاني عشر: كل دماغ منظم على نحو فريد

بالرغم أن لدى جميع الجنس البشري نفس أجهزة الدماغ، إلا أن قدراتها وتنظيمها يختلف من فرد إلى آخر. وقد يرجع سبب ذلك إلى الاختلاف في عوامل التكوين الجيني

أو بسبب اختلاف الخبرات والبيئات، ومثل هذا الاختلاف يظهر نفسه في مجال أنماط التعلم والمواهب والذكاء وإلخ.

تقنيات التدريس المرتبطة بالتعلم الدماغي:

في ضوء مبادئ التعلم الدماغي السابقة يمكن توظيف ثلاث تقنيات في مجال عملية التعلم- والتعليم وذلك من أجل مراعاة الفروق الفردية ورفع مستوى الأداء لدى المتعلمين، وهذه التقنيات هي:

١. إتاحة الاندماج المنسق orchestrated Immersion : وتقوم هذه التقنية على إعداد بيئات وتنظيمها على نحو يتيح للمتعلمين الانغماس بالخبرات التعليمية والتفاعل معها على نحو مباشر.

٢. اتاحة الانتباه الاسترخائي Relaxed Alertness: وتقوم هذه التقنية على توفير بيئة تعليمية آمنة مع العمل على إزالة المخاوف ومشاعر القلق عند مواجهتهم للتحديات والحرص على بيئة التعلم بمواصفات عالية خالية من مواقف التهديد.

٣. المعالجة النشطة Active Process: وتقوم هذه التقنية على اتاحة الفرصة للمتعلمين باكتساب المعلومات والعمل على دمجها في ابنيتهم المعرفية وربطها مع الخبرات السابقة ذات العلاقة.

أثر التعلم الدماغي في العملية التربوية :

تتضمن العملية التربوية ثلاث أركان رئيسية وهي المنهاج والتدريس والتقييم، ومثل هذه الأركان يمكن تفعيلها بشكل أفضل باستخدام مبادئ التعلم الدماغي، وذلك على النحو التالي:

أولا: في مجال المنهاج :

عند تصميم المناهج يجب مراعاة اهتمامات المتعلمين، بحيث يجب أن ينصب تركيز موضوعات هذه المنهاج على اهتمامات الطلبة مع مراعاة ربط هذه الموضوعات بسياق معين.

التعلم الدماغي

ثانيا: في مجال التدريس:

يجب على المعلمين استخدام نظام المجموعات في التدريس وعدم تضيع الجهود على جذب انتباه المتعلمين على موضوعات أو أفكار محددة، إذ يجب إتاحة أو توفير ما يسمى بالتعلم السطحي أو الشمولي. كما يجب على المعلمين ربط التعلم بمشكلات حقيقية والعمل على إتاحة فرص التعلم خارج نطاق الفصل الدراسي أو المدرسة.

ثالثا: في مجال التقييم

كون أن المتعلمين قادرون على التعلم، لذلك يجب أن تتيح عملية التقييم لهم إمكانية فهم أساليب تعلمهم وتفضيلاتهم، لأن ذلك يمكنهم من مراقبة عملية تعلمهم ويعمل على تدعيمها.

دور المعلم في التعلم الدماغي :

يقترح كل من كين وكين في كتابهما بعنوان "تشكيل الوصلات" ثلاثة عناصر متفاعلة يحب على المعلمين مراعاتها لأحداث التعلم لدى المتعلمين وهي :

١. على المعلمين اقحام الطلاب بالخبرات التفاعلية والغنيه والحقيقية، ومن الأمثلة على ذلك توفير فرص للمتعلمين في التفاعل مع ثقافات أجنبية من أجل تعلم لغة ثانية ، وكذلك العمل على توفير فرص تعلم متنوعة عمليا ونظريا لاستغلال طاقات الادمغة في المعالجات المتوازية.

٢. يجب إتاحة فرص تعلم تثير عند المتعلمين تحد ذاتي ذو معنى وقيمة لأن مثل هذا التحدي يحفز أدمغتهم على الانتباه.

٣. ومن أجل اكساب المتعلمين استبصارا حول المشكلات، يجب العمل على التحليل المكثف لها وبأكثر من طريقة، مما يساعد بالتالي على توظيف ما يسمى بالمعالجة النشطة لديهم.

مساهمات نظرية أخرى

الفصل الثالث عشر

مساهمات نظرية أخرى

Other theorotical Conrtibutions

تمهيد:

يعد التعلم من المحاور الرئيسية في مجال علم النفس، إذ لا يمكن بأي حال من الأحوال الحديث عن المظاهر النفسية الأخرى دون التعرض من قريب أو بعيد إلى موضوع التعلم. فالتعلم يرتبط على نحو وثيق بالعديد من المظاهر النفسية كالشخصية والذاكرة والجوانب الانفعالية والاضطرابات الشخصية والنفسية وغيرها. ومما لا يدعو للشك يكاد يكون موضوع التعلم أكثر المواضيع التي حظيت باهتمام المختصين بالدراسات النفسية قديما وحديثا، وهو أكثرها إثارة للجدل. ولم يقتصر تناول هذا الموضوع على مستوى ما تم التعرض إليه من نظريات في متن هذا الكتاب، ولكن تعدى الأمر إلى أكثر من ذلك لدرجة أنه لا يتسع المجال للحديث عن كل هذه المساهمات ضمن طيات هذا الكتاب.

إن التعلم بحد ذاته ظاهرة نفسية تمتاز بالحيوية والأهمية، وتكمن أهميتها في تزايد الاهتمام بها واستمرارية بحثها ودراستها لتحقيق مزيد من الفهم لمتغيراتها وعواملها ومظاهرها. ويستدل على ذلك، في ان الفلاسفة والمفكرين القدماء أولوا اهتماما بالغا بهذه الظاهرة، وقد قدموا تفسيرات متعددة ومتباينة حولها. وما النظريات التي ظهرت في العصر الحديث إلا بمثابة تحقق تجريبي لصحة الافتراضات التي جاء بها مثل هؤلاء الفلاسفة القدماء، وهي بالوقت نفسه، تطوير وتوسيع للعديد من القضايا والمسائل المرتبطة بظاهرة التعلم. وهذا بالواقع لا يعني ان مثل هذه النظريات لم تضف الجديد حول ظاهرة التعلم، بل على العكس من ذلك، فقد اثارت العديد من التساؤلات والقضايا وقدمت العديد من المبادئ والمفاهيم حول هذه الظاهرة.

وتنبع أهمية هذه النظريات أنها ولدت المزيد من فرص البحث التجريبي ومناهج البحث المناسبة بحيث ظهرت مساهمات نظرية جديدة في مجال التعلم. ومن هذه المساهمات ما يعد اعادة صياغة لمفاهيم بعض النظريات او التطوير في مفاهيمها، في حين أن بعضها الآخر يمثل محاولات توفيقية تسعى إلى دمج عدد من المفاهيم التي جاءت بها النظريات المختلفة في نظريات جديدة، اما البعض الآخر، فيمثل مساهمات جديدة في مجال التعلم. وفيما يلي عرض لبعض من المساهمات النظرية في هذا الشأن:

نظرية دولارد وميلر التعزيزية Dollard & Miller Theory:

لقد طور كل من نيل ميلر "Neal miller" ودولارد (Dollard) نظرية في التعلم تقوم على أساس التعزيز، وقد اعتمدا في صياغة مفاهيم هذه النظرية على نظرية الحافز عند هل ونظرية التعلم الاجرائي عند سكنر. وتعد هذه النظرية في واقع الحال تبسيطا لنظرية هل المعقدة، وهي لا تختلف من حيث المبدأ عن نظرية سكنر، وان تباينت مفاهيمها ومناهج البحث المتبعة فيها (عاقل، ١٩٨١).

ففي الوقت الذي يفترض فيه سكنر ان السلوك يعتمد على نتائجه التعزيز ؛ أي أن السلوك موجه بفعل عوامل التعزيز ، نجد ان دولارد وميلر ينظرون إلى التعزيز بصورة مختلفة فهما يفترضان ان التعزيز ينتج عن خفض الدافع بحيث ان الاستجابة موجه اصلا إلى تخفيض التوتر الناشئ عن ذلك الدافع، وليس إلى تحقيق مكافأة أو تعزيز. ومن هنا فهما يعتبران أن الدافع (Drive) هو المحرك الاساسي للسلوك.

يعرف دولارد وميلر الدافع على أنه مثير قوي يجبر العضوية على التحرك والعمل، فهو حالة استثارة تدفع الكائن الحي الى القيام بسلوك ما.

ومثل هذا الدافع يشكل بحد ذاته مثيرا قد يكون خارجيا أو داخلي المصدر، أو ناتجا عن استجابات الفرد الانفعالية. وحتى يكون هذا الدافع مثيرا لتوليد سلوك ما يجب أن يكون على قدر كاف من القوة بحيث يحدث الإثارة اللازمة لدى الكائن. وبالتالي فإن قوة واستمرارية ردة الفعل السلوكية تعتمد بالدرجة الأولى على قوة الدافع؛ فالمثير القوي يحدث استجابة قوية، في حين نجد أن المثير الضعيف يحدث ردة فعل ضعيفة.

ينطوي التعلم على عملية خفض الدافع، فالسلوكات التي تعمل على تخفيض حدة الدافع تتعزز ويتم الاحتفاظ بها؛ فالفرد يلجأ إلى تنفيذ الاستجابة المألوفة التي تعلمها سابقا والتي ارتبطت بخفض الدافع لديه. وتجدر الإشارة هنا، ان التعلم المرتبط بخفض الدافع يمتاز بالمرونة، لأن الاستجابة الناتجة عن التعلم لا تأخذ الطابع النمطي. وهذا بالطبع يعني ان الفرد قد ينوع في استجاباته المرتبطة بخفض الدوافع، إذ أن تنفيذ اي استجابة يعتمد على ظروف وشروط معينة (مثيرات). فعلى سبيل المثال ، قد يلجأ الفرد إلى خفض دافع الجوع من خلال الذهاب إلى المطعم، أو من خلال طهو الطعام ، أو بالذهاب إلى زيارة بيت صديقه لتناول الطعام عنده.

وهكذا فإن تنفيذ استجابة ما يعتمد على وجود عدد من المثيرات، ومثل هذه المثيرات توجه الاستجابة وتحددها؛ وتعرف باسم الاشارات المنبهه "Cues". وفيما يتعلق بالتعزيز فهو ليس الهدف النهائي للاستجابة، إذ يتحقق مثل هذا التعزيز من خلال خفض الدافع لأن ازالة التوتر الناشئ بفعل هذا الدافع هي المكافأة في حد ذاتها.

لقد طور دولارد وميلر مفهوم الحوافز المكتسبة ولا سيما تلك التي ترتبط بالاستجابات الانفعالية. فالاستجابة الانفعالية المرتبطة بمثير منفر ما يمكن ان تستجر وفقا لمبادئ الاشراط الكلاسيكي من خلال مثير محايد آخر. وقد يترتب على مثل هذه الاستجابة حالة استثارة قوية يمكن لها أن تؤدي بالدوافع إلى العمل. وهذا يعني ان المثير المحايد اصبح قادرا على استدعاء حالة من حالات الحافز أو الباعث.

لم يؤيد دولارد وميلر فكرة التعلم من خلال المحاولة والخطأ ، فقد لاحظا أن الكثير من التعلم الانساني يتم من خلال الملاحظة والمحاكاة. وقد اصدرا كتابا بهذا الشأن

تحت مسمى التعلم الاجتماعي والتقليد "Social Learning and Imitation" وفيه أوضحا أن التعلم بالمحاكاة والتقليد يكون فعالا وهاديا للآخرين عندما يكافأ الفرد على سلوك التقليد، بحيث يحدث التعلم من خلال المحاكاة وذلك لأن هذا التعلم يؤدي إلى خفض الدافع لدى الفرد. فالفرد عندما يقوم بسلوك ما غالبا ما ينفذه في ضوء اشارات منبهة صادرة عن سلوك الآخرين، ومثل هذا السلوك قد يكون مماثلا أو غير مماثل لسلوك فرد آخر. ففي حال كون سلوكه مشابها لسلوك الآخرين، وعمل مثل هذا السلوك على خفض الدافع، فعندها يكون الفرد قد كوفئ لاستخدامه الاشارات المنبهة الصادرة عن الآخرين واستخدامه سلوكا مشابها لسلوكهم. أما إذا كان سلوكه مختلفا ولم يتبع بتخفيض الدافع ، فمثل هذه الاستجابة هي نزعة مخالفة للاشارات الصادرة عند الآخرين لأنها لم تكافأ، وهذا يترتب عليه محو مثل هذا السلوك.

نظرية مورر في التعلم Mowrer's Learning Theory :

توجه هوبارت مورر "Hobart Mowrer" في بداية حياته العلمية في جامعة ييل الامريكية (Yale University) إلى دراسة التعلم وفقا لمفاهيم النظريات الارتباطية، وقد حاول دمج العديد من المبادئ الرئيسية التي قدمها كل من بافلوف وثورنديك وهل في نظرية تعلم تعرف باسم نظرية العاملين " Two-Factor Theory"، لكنه في حياته العلمية المتأخرة تحول إلى دراسة التعلم بدلالات معرفية، إذ انتقل إلى استخدام التفسير المعرفي لمفاهيم ومبادئ التعلم.

اتفق مورر مع كل من هل وميلر من حيث أن التعزيز ينشأ بفعل تخفيض الدافع، ولكن بالوقت نفسه اختلف مع هل من حيث ان التعزيز بوصفه خفضا للدافع لا يعمل على تفسير كافة اشكال التعلم، ولا سيما ردود الفعل الانفعالية، أو ما يسمى بالتعلم التجنبي " Avoidance Learning ".

وبناء على ذلك ، نجد أن مورر توجه إلى دراسة ردات الفعل الانفعالية والسلوك التجنبي، ودراسة دور العقاب ايضا. ويرى أن اثر العقاب لا يعمل على اضعاف السلوك فحسب، ولكنه ربما يعمل على تطوير انماط سلوكية اخرى، وهذا بالطبع يعني ان العقاب يؤدي بالعضو إلى تعلم انماط سلوكية لتجنب العقاب. فعلى سبيل المثال عقاب الطفل على سلوك السرقة ربما لا يضعف هذا السلوك، وانما قد يؤدي بالطفل

إلى تعلم سلوك الكذب لتجنب العقاب. وبهذا التفسير نجد أنه يقترب من أفكار جثري حول دور العقاب في السلوك.

ميز مورر بين نوعين من التعلم في نظريته المسماه بنظرية العاملين وهي : الاشراط الكلاسيكي والذي يتطلب اقتران المثير الشرطي بالمثير غير الشرطي؛ والاشراط الوسيلي الذي يتطلب التعزيز أو التدعيم، وهذا التقسيم لا يختلف كثيرا عما قدمه سكنر من حيث التمييز بين التعلم الاستجابي والتعلم الاجرائي.

أطلق مورر اسم التعلم الاشاري"Sign Learning" على الاشراط الكلاسيكي المتعلق بردات الفعل اللاإرادية للعضلات الملساء والغدد، وهي ما تعرف بالاستجابات الانفعالية مثل الخوف والتوتر والقلق. وهنا يرى ان المثير غير الشرطي (الطبيعي) يحدث استجابة الخوف على نحو لا ارادي، ويمكن لأي مثير آخر محايد يقترن بهذا المثير ان يصبح قادرا على احداث مثل استجابة الخوف تلك. وهنا يعد المثير غير الشرطي بمثابة المثير المعزز الذي يمكن استخدامه لاشراط استجابة الخوف لأي مثير آخر، أما المثير الشرطي فيصبح عبارة عن اشارة لاقتراب او وجود الخطر، مما يؤدي إلى استجرار الاستجابة الانفعالية (الخوف).

أما التعلم الوسيلي فقد اطلق عليه اسم تعلم الحل "Solution Learning" وينطوي على تعلم الاستجابات التي تعمل على خفض الدوافع، ويتمثل في السلوكات الإرادية للعضلات المخططة، ومثل هذه الاستجابات تتعزز من خلال خفض الدوافع. يسمى هذا النوع بتعلم الحل، لأن الاستجابات المتعلمة تعمل على حل المشكلات التي تنتج عن الدوافع لدى الفرد (عاقل، ١٩٨١).

لقد حاول مورر الربط بين هذين النوعين من التعلم، إذ يرى ان الاستجابات الانفعالية كالخوف مثلا من بعض المثيرات والمواقف تتشكل بواسطة التعلم الإشاري، وهذا ما ينتج عنه حالة إثارة داخلية (دافع) لدى الفرد، أما الاستجابات الناتجة والتي تعمل على تخليص الفرد من حالة الخوف، فيتم تعلمها بواسطة عملية التعلم الحلي، إذ أن مثل هذه الاستجابات تعمل على تجنيب، أو إبعاد الفرد عن المثيرات الشرطية التي تسبب الخوف.

لقد عدل مورر على نظرية العاملين في كتاباته المتأخرة، لأنه يرى أن تعلم الحل يشتمل على الكثير من التعلم الاشاري؛ فالفرد تخلى عن استجابة بسبب خبرة العقاب

واستبدلها باستجابة جديدة جنبته العقاب، وعليه فإن المثيرات المرتبطة بها اصبحت اشارات امل "Hope" بعد أن كانت اشارت خطر، فالاستجابة البديلة لم تجنبه العقاب فحسب، لا بل وفرت له الشعور بمزيد من الامان على اعتبار ان الاحساسات الصادرة عن هذه الاستجابة كانت في الماضي قد اتبعت بتخفيف العقاب. وعليه، يرى مورر انه بالاشراط تكتسب المثيرات المعاني وتستجر الاستجابات الانفعالية كالأمل والخوف التي تقود إلى السلوك الوسيلي.

نظرية التعلم الاحصائية Statistical Learning Theory

اتجه بعض علماء النفس إلى الاهتمام بالجوانب الكمية للتعلم، حيث اصبحوا اكثر ميلا لاستخدام التعابير الكمية حول السلوك ممثلا باستخدام لغة ومفاهيم الرياضيات والفروع العلمية والتكنولوجية الاخرى، ونجد ذلك واضحا في نظرية المجال عند ليفين، ونظرية الحافز لهل، ونظرية تولمان وغيرها (Hill, 1990).

وفي الخمسينات من القرن الماضي عمد وليم استس (William Estes) الى استخدام المنطق الاحصائي لدراسة عملية التعلم ووضع نظرية بهذا الشأن تعرف بنموذج المثير العيني "Este's Stimulus Sampling Model". ويقوم هذا النموذج على بعض الافتراضات التي يمكن من خلالها التنبؤ ببعض مظاهر التعلم، وفيه ينظر إلى احتمالات الاستجابة بمنظور رياضي صرف.

يرى ايستس ان عددا قليلا من العناصر المثيرة في موقف معين يمكن لها أن تؤثر في اي محاولة استجابية ما. ويرمز إلى مجموعة العناصر المثيرة مجتمعة بالرمز (س)، بحيث أنه في أي لحظة من اللحظات يكون جزء يسير فقط من هذه الزمرة فعالا في تحديد الاستجابة. واعتمادا على ذلك ، هناك تساؤلات أثيرت حول أي جزء من هذه الزمرة سيكون مسؤولا عن الاستجابة ؟ وقد اجاب ايستس على ذلك بأن الفرد هو الذي يختار على نحو عشوائي من ضمن هذه الزمرة العناصر المثيرات التي ستوجه استجابته. ويعتمد الاختيار العشوائي على التغيرات اللحظية التي تحدث سواء في اهتمامات الفرد او في البيئة (Estes, 1978).

يقترح ايستس ان كل عنصر في مجموعة العناصر المثيرة مرشح لأن يكون احد محددات الاستجابة ، اذ ان كل العناصر المثيرة لها نفس الاحتمال لتكون ضمن زمره

المثيرات المحددة للاستجابة. وعبر عن الاحتمالية هذه بالرمز اليوناني (ثيتا)"Theta". وتشير إلى فرصة اختيار أي عنصر مثيري ليكون احد محددات الاستجابة في محاولة ما، وهي بالوقت نفسه تمثل نسبة ثابتة مساوية لكل العناصر في الزمرة (س). ويرى انه باختلاف المحاولات، فإن مجموعات مختلفة من العناصر المثيرة سوف يتم اختيارها من قبل الفرد.

وعموما ، فإن نظرية ايستس (Estes, 1971, 1978) تقع ضمن نطاق نظريات الاقتران، وهي بحد ذاتها توسيع لنظرية جاثري بالاقتران، إذ أنها تتفق في الكثير من النواحي معها ولكن تعرض مثل هذه النواحي بمزيد من التعقيد، نظرا لاستخدام ايستس المنهج الاحصائي في تفسير التعلم. ينظر ايستس إلى التعلم على أنه عملية تكوين ارتباطات وفقا لمبدأ الاقتران. ولا ينطوي التعلم على الاقتران بين المثيرات والاستجابات الطرفية فحسب، بل يتعدى ذلك ليشمل ايضا الارتباطات بين المثيرات المركزية والاستجابات المعقدة كما هو الحال في تعلم اللغة والتفكير وغيرها. ويرى ان مثل هذه الارتباطات تخزن في الذاكرة وفقا لقواعد معينة، ويصار إلى استدعائها عندما تقتضي الحاجة لذلك او عندما تتوفر المنبهات البيئية المناسبة.

وكما هوالحال عند جثري، فهو يرى أن الاقتران البسيط كاف لوحده لتكوين الارتباطات. فالتعزيز لا يعمل على نحو مباشر في تقوية الارتباطات وانما يؤثر في الأداء أو السلوك. فالتعزيز يضاف إلى مجموعة المثيرات الموجودة اصلا في الموقف وهو مجرد حلقة ضمن السلسلة السلوكية النهائية (Hill, 1990).

أكد ايستس ما يسمى بقائمة العناصر المستقلة، او ما يطلق عليه العناصر المثيرة في الموقف. وفي الواقع ان ذلك هو بمثابة حل لأشكالية جثري المتعلقة بمسألة تعدد مصادر الفعل المثير على الفرد في موقف ما. فنجد ان جثري لم ينجح في توضيح الآلية التي من خلالها تتحد مثل هذه العناصر معا في الموقف الاشراطي للتأثير في استجابة الفرد، وكأنه يوحي لنا بأن مثل هذه المثيرات تعمل على نحو مستقل. ولكن استطاع ايستس من خلال نموذجه الاحصائي المعروف باسم نموذج عينة المثيرات والاستجابات أن يفسر آلية اتحاد مثل هذه العناصر معا.

نظرية بريماك في التعزيز Premack's Theory

وضع بريماك (Premack, 1965) نظرية في التعزيز تعرف باسم نظرية القيمة النسبية " Relative Value Theory"، وتقوم مثل هذه النظرية على افتراضات بسيطة تتعلق بالكيفية التي من خلالها تصبح فئة من الاستجابات مترابطة معا بطرق احتمالية. وتحديدا حاول بريماك توضيح آلية ترابط فئات مختلفة من الاستجابات معا، اذ يرى أنه بالإمكان ترتيب استجابات الفرد وفق مقياس معين تبعا لأهميتها عنده، بحيث يمكن في ضوء ذلك تحديد قيمة الاحتمال لارتباط استجابة ما باستجابة أخرى. ومن خلال هذه النظرية ظهر ما يعرف بعقد بريماك"Premack's Principle" في التعزيز(Hilgard & Bower, 1981).

يرى بريماك ان هناك انشطة وأنماطا سلوكية مفضلة لدى الفرد، وان عملية ممارستها من قبله بحد ذاتها يعتبر مكافأة او معززا بالنسبة له . وبالمقابل يرى ان هناك انشطة وأنماطا سلوكية أخرى لا يفضل الفرد ممارستها أو القيام بها. وعليه فبالإمكان تعزيز مثل هذه الانماط السلوكية من خلال تشكيل رابطة او اقتران بينها وبين الانماط السلوكية المفضلة لدى الفرد (Premack, 1971) . فعلى سبيل المثال ، طفل عمره ١٠ سنوات لا يحب إعداد الوظائف البيئة (سلوك غير مفضل بالنسبة له) في الوقت الذي يجب فيه لعب الكرة (سلوك مفضل بالنسبة له) ، فوفقا لمبدأ بريماك يمكن تقوية السلوك الأول من خلال اقرانه بالسلوك الثاني ، أي استخدام السلوك المفضل لتعزيز السلوك غير المفضل بالنسبة للطفل (Hilgard & Bower, 1981).

ان استخدام مبدأ بريماك يتطلب بالضرورة تحديد الانماط السلوكية المفضلة بالنسبة للفرد وترتيبها حسب قيمتها واهميتها بالنسبة له على نحو (أ< ب< جـ < د< ....). واستخدام مثل هذه الأنماط لتعزيز الانماط السلوكية الاقل تفضيلا بالنسبة للفرد، ويتم ذلك من خلال قياس الزمن الذي يستغرقه الفرد في كل نشاط.

وتجدر الإشارة هنا، ان السلوك الاقل تفضيلا لا يمكن استخدامه لتعزيز السلوك الاكثر تفضيلا، فعلى سبيل المثال يمكن استخدام السلوك (أ، لتعزيز السلوك (ب) أو (جـ) ، ولكن بالمقابل لا يمكن استخدام السلوك (ب) لتعزيز السلوك (أ).

وهذا بالضرورة لا يعني ان السلوك الاكثر تفضيلا يصلح دائما لتعزيز السلوكات الاقل تفضيلا ، فقد يصلح في حالة بعض الاستجابات لكنه لا يناسب بعضها الآخر،

فالسلوك (أ) ربما يصلح لتعزيز السلوك، (ب) ولكنه لا يصلح في حالة السلوك(جـ) بالرغم ان السلوك (جـ) اقل تفضيلا من السلوك (أ). وهذا ما يشير الى أن جميع المعززات ليست ذات صبغة انتقالية (Transituational) ، فهي موقفية وترتبط الى درجة كبيرة بالوضع الذي يمر فيه الفرد بالإضافة إلى خصائصه.

وتجدر الإشارة هنا، أن بعض الأنشطة يمكن تعزيز بعضها البعض فمثلا سلوك الشرب يمكن استخدامه لتعزيز سلوك الأكل. كما أنه يمكن عكس ذلك حيث يمكن استخدام سلوك الأكل لتعزيز سلوك الشرب (Chance,1988).

أثارت نظرية بريماك الاحتمالية العديد من التساؤلات والابحاث التجريبية لاختبار قدرتها التنبؤية ، ولم تظهر نتائج معظم البحوث دعما لهذه النظرية ولا سيما في مسألة الانشطة التي تتعلق بخفض الباعث او الدافع. وتظهر بعض الأدلة الأخرى أن الاستجابات الاكثر احتمالا وتفضيلا، تفشل في بعض الظروف في زيادة حدوث الاستجابة الاقل تكرارا أو تفضيلا. من جهة أخرى ان استخدام النشاط الاكثر احتمالا لتعزيز السلوك الاقل احتمالا ربما يؤدي ذلك إلى كف النشاط الاكثر احتمالا لدى الفرد، وهذا يعد بحد ذاته عقابا للفرد لأن حدوث النشاط الاقل تكرارا يصبح معتمدا على حدوث النشاط الاكثر تكرارا.

نظرية التعلم الاجتماعي لروتر "Roter's Social Learning Theory"
عمد جوليان روتر الى وضع نظرية في التعلم لتفسير جوانب السلوك الاجتماعي لدى الافراد في المواقف المعقدة، وقد دمج فيها مفاهيم من نظريات التعلم والشخصية، وتتناول هذه النظرية ثلاثة جوانب هي: السلوك والمعرفة والدافعية. ويؤكد فيها ان السلوك الاجتماعي يتحدد في ظل السياق والظروف التي يحدث فيها ويتأثر الى درجة كبيرة بالتوقع او المعرفة المتعلقة بالتعزيز ومستوى الدافعية (غازادا وريموندجي، ١٩٨٦).

وكما يلاحظ فإن نظرية روتر في التعلم تعرف باسم نظرية التعلم الاجتماعي، ويرجع ذلك إلى تأكيد روتر الافتراض القائل بأن معظم السلوك الانساني يحدث في بيئة اجتماعية ويتم اكتسابه بالتالي من خلال عملية التفاعل الاجتماعي مع الافراد. فهو يرى ان للبيئة الاجتماعية دورا بارزا في ارضاء الحاجات لدى الافراد وتعمل على حفزهم

على تعلم السلوك الذي يحقق التعزيز لهم أو يجنبهم العقاب في السياق الاجتماعي الذي يتفاعلون فيه.

إن تأكيد روتر ضرورة تحديد السياق الاجتماعي الكلي الذي يحدث فيه السلوك كعامل مهم في التنبؤ بهذا السلوك يقارب الى درجة كبيرة وجهة نظر ليفين في نظرية المجال. وتحديدا يرى روتر ان السلوك هو نتاج تفاعل متغيرات الشخصية مع متغيرات الموقف الذي يتفاعل الفرد معه. فعناصر الموقف أو البيئة ليست مجرد عناصر طبيعية، وانما هي مؤشرات تعمل على إثارة التوقعات المرتبطة ببعض الاحداث، لذلك تكمن أهمية هذه البيئة في المعنى الذي يدركه الفرد ويطوره بشأنها. ويتحقق هذا المعنى عن البيئة من خلال الخبرة السابقة أو التعلم، وهكذا فإن المواقف تنطوي على مجموعة اشارات تثير توقعات لاحتمالات ان بعض انماط السلوك يمكن أن تؤدي إلى نتائج معينة.

يرى روتر ان السلوك المتعلم هو القابل للتعديل او التغيير بفعل عوامل الخبرة فقط. ويرى ان السلوك مفهوم واسع يتضمن انماط السلوك العلنية القابلة للملاحظة والقياس وتلك الضمنية. وفي حال تعلم السلوك فإنه يقع في الحصيلة السلوكية لدى الفرد. وتعتمد احتمالية حدوثه في موقف ما على عاملين هما: التوقع وقيمة التعزيز. لذلك ادخل روتر ما يسمى بمفهوم امكانية السلوك "Behavior Potential" والذي يشير إلى احتمالية قيام الفرد في موقف معين بالسلوك بطريقة ما مقارنة بالانماط السلوكية البديلة المتاحة له.

يشير مفهوم التوقع "Expectancy" الى الاحتمالية التي يتصورها الفرد فيما يتعلق بحدوث التعزيز كوظيفة للفعل السلوكي الذي يقوم به في موقف ما. ومثل هذا التوقع يتأثر بعدد من العوامل مثل الطريقة التي من خلالها يصنف الفرد الاحداث، وقدرته على تعميم خبراته السابقة والاستفادة منها، بالاضافة الى ادراكه لعناصر الموقف. اما قيمة التعزيز فتشير الى مدى التفضيل والرغبة لدى الفرد في الحصول على تعزيز معين في حال وجود أو توفر فرص مشابهة لأشكال اخرى من التعزيز.

وتجدر الاشارة هنا، ان السياق الذي يحدث فيه السلوك والطريقة التي من خلالها يدرك الفرد هذا السياق بالاضافة إلى الخبرة السابقة تحدد قيمة التعزيز ودرجة التوقع بالنسبة للفرد.

إن قيمة التعزيز بالنسبة للفرد لا ترتبط باختزال الدوافع الاولية فقط، ولكن هناك العديد من المثيرات ربما تكتسب خصائص التعزيز لارتباطها بأشكال التعزيز المختلفة. فالنقود ليست معززة في حد ذاتها، ولكنها تصبح معززة لأنها ترتبط بالعديد من المعززات ، فالانسان يتوقع انه من خلال هذه النقود يمكنه شراء العديد من الأشياء والحصول على اشكال التعزيز المختلفة.

لقد ادخل روتر مفهوما حديثا إلى نظريته وذلك بعد اجراء بعض التعديلات عليها في عام (١٩٥٤)، وهو ما يعرف بمركز الضبط " Locus of Control" ويشير إلى الطريقة التي يدرك بها الافراد مصدر التعزيز. ووفقا لمركز الضبط هذا يمكن توزيع الأفراد على متصل "Continuum" اعتمادا على المدى الذي يتحملون فيه المسؤولية عما يحدث لهم، وقد صمم روتر مقياسا لهذه الغاية، اذ يمكن في ضوء الدرجات التي يحصل عليها الافراد على هذا القياس تحديد ما اذا كانوا ذوي مركز ضبط داخلي أو خارجي.

فالافراد ذوو مركز الضبط الداخلي هم اكثر تأثرا بالتعزيز الذي يأتي من داخلهم؛ ويعزون الاحداث الطيبة أو السيئة التي تحدث لهم الى عوامل ذاتية شخصية ترتبط بالمهارة أو القدرة. وهذا بالطبع يعني انهم يعتبرون انفسهم مسؤولين عما يحدث لهم من أحداث سلبية أو ايجابية (Rotter , 1975).

أما الافراد ذوو مركز الضبط الخارجي فهم اكثر تأثرا بالمعززات الخارجية، وعادة يعزون الحوادث السيئة أو الطيبة التي تصادفهم في حياتهم إلى عوامل خارجية مثل الحظ أو الصدفة أو عوامل أخرى غير معروفة ، وعليه فمثل هؤلاء الأفراد أقل ميلا لتحمل مسؤولية ما يحدث لهم من أحداث، وعادة ما يبررون مثل هذه الأحداث بعوامل تقع خارج إرادتهم (Rotter, 1975).

282

المراجع

المراجع العربية:-

- الطويل، هاني عبد الرحمن. (١٩٩٧). الإدارة التربوية والسلوك المنظمي، دار وائل، عمان.

- ستيورات، هولس، هوارد اجث، وجيمس، ديز. (١٩٨٣). سيكولوجية التعلم. ترجمة فؤاد أبو حطب وآمال صادق. دار ماكجروهيل للنشر، القاهرة. الجمهورية العربية المصرية.

- الزغول، عماد عبد الرحيم. (٢٠٠٢). مبادئ علم النفس التربوي، ط ٢. دار الكتاب الجامعي، الإمارات العربية المتحدة.

- الزغول، عماد، والهنداوي، علي. (٢٠٠٢). مدخل إلى علم النفس، ط١. دار الكتاب الجامعي. الإمارات العربية المتحدة.

- زيتون، عايش. (١٩٨٦). طبيعة العلم وبنيته. الجامعة الأردنية، عمان - الأردن.

- عاقل، فاخر. (١٩٨١). نظريات التعلم. ط٥، دار العلم للملايين، بيروت، لبنان.

- غازادا، جورج؛ وريموندجي، كورسيني.(١٩٨٣). نظريات التعلم: دارسة مقارنة. ترجمة علي حسين حجاج وعطية محمد هنا. سلسلة عالم المعرفة، عدد ٧٠، الكويت.

- غازادا، جورج، وريموندجي، كورسيني.(١٩٨٦). نظريات التعلم: دراسة مقارنة. ترجمة علي حسين حجاج وعطية محمد هنا. سلسلة عالم المعرفة، العدد ١٠٨، الكويت.

- الهنداوي، علي، والزغول، عماد. (٢٠٠٢). مبادئ أساسية في علم النفس، ط١، دار حنين للنشر والتوزيع - مكتبة الفلاح للنشر والتوزيع، عمان، الأردن.

المراجع الأجنبية:-

-Anderson, J. R.(1982). Acquisition of congitive skill. Psychological Review, 89, 369-406.

-Anderson, J. R.(1990). Cognitive psychology and its implications, (3rd. ed). Freeman,N.Y.

-Anderson, J. R. (1995). Learning and memory: An integrated approach. John Wiley & Sons, Inc.

-Ashcraft, M. H. (1989). Human memory and cognition. Harper Collins Publishers.

-Ashcraft, M.H. (1998). Fundamentals of memory and cognition. Longman.

-Atkinson, R. C., & Shiffrin, R. M. (1971). The control of short - term memory. Scientific American, 225, 82 - 90.

-Baddeley, A.D. (1982). Domains of recollection . Psychological Review, 22, 88-104.

-Baddeley, A.D. (1986). Working memory. Oxford Universiry Press.

-Baddeley, A. D. (1999). Essentials of human memory. Psychology, Press - Have .

-Baddeley, A.D., & Hitch, G. (1974). Working memory. In G.A. Bower (ed). Recent advances in learning and motivation (vol 8). Academic Press. N. Y.

-Baldwin, G. D. & Baldwin, G. I. (1998). Behavior principles in everyday life, (3re ed). prentice-Hall, Inc.

-Bandura, A. (1969). Principles of behavior modification. Holt Rinehart Winston, N. Y.

المراجع

-Bandura, A. (1976). Modling theory. In W.S. Sahakian (Ed). Learning: systems, modest, and theories, (2nd ed). Rand McNally.

-Bandura, A. (1977). Selfefficacy: Toward aunifying theory of behavior change. Psychological Review, 84, 191-215.

-Bandura, A. (1977). Social learning theory. Englewood Cliffs, Prentice-Hall, Inc. N.J.

-Bandura, A. (1978). The self system in reciprocal determinism. American Psychologist, 33, 344-358.

-Bandura, A. (1986). Social foundations of thought and action. Englewood. Cliffs, Prentice - Hall - Inc.

-Bandura, A. (1993). Perceived self- efficacy in cognitive development and functioning. Educational Psychologist, 28, 117 - 148.

-Bandura, A., & Walters, R. H. (1963). Social learning and personality development. Holt Rinehart & Winstion. N. Y.

-Baron, R. A. (1999). Essentials of psychology, (2nd ed.). Allyn & Bacon.

-Beck, R. C. (2000). Motivation: Theories and principles, (4th ed.). Prentice - Hall, Inc.

-Bee, H. (1998). Life span development, (2nd ed.). Allyn & Bacon.

-Benjafield, J. G. (1997). Cognition, (2nd ed.). Prentice - Hall, Inc.

-Berk, L. (2000). Child development. (5th ed.). Allyn & Bacon.

-Bernestein, D. A. Roy, E. J. Srull, T. K., & Wickens, D. D. (1997). Psychology. Houghton Mifflin Company.

-Bigge, M. L., & Shermis, S. S. (1999). Learning theories, (6th ed.). Longman.

نظريات التعلم

-Bjork, R. A. (1975). Short - term storage: The ordered outpunt of a central processor. In F, Restle, R. M. Shiffirn, N. J. Castellan, H. R. Lindeman, & D. B. Pisoni (Ids). Cognitive theory (Vol 1). Erlbaum Hillsdate. N. J.

-Bower G. H. (1975). Coynitive psychology: An introduction. In W. K. Estes, (ed.) Handbook of learning and cognitive processes. Vol 1, Hillsdale, Erlbaum. N. J .

-Breitmeyer, B. B., & Ganz, L. (1976). Implications of sustained and trnsient channels for theories of visual pattern masking, saccadic suppression, and imformation processing. Psychological Review, 83, 1 - 36.

-Brennan, J. F. (1994). History and systems of psychology, (4th ed). Prentice - Hall, Inc.

-Bryant, P. E., & Colman, A. M. (1999). Developmental psychology. Longman.

-Caine, R., & Caine, G. (1994). Mind / brain learning principles. File: //A: \ Brain. based learning. htm. 2005.

-Caine , & R., Caine, G. (1998). Making connections : Teaching and the human brain, In D'Acrangelo, M. (1998). The brains behind the brain. Educational Leadership, 56 (3) P.P. 20-23.

-Carlson, N. R. (1994). Physiology of behavior, (5th ed). Allyn & Bacon.

-Catania, A. C. (1998). Learning. Prentice - Hall, Inc.

-Chance, P. (1988). Learning & behavior, (2nd ed). Wadsworth Publishing Company.

-Clark, E. & Paivio. (1991). Cognitive psychology. Brooks / Cole Publishing Co.

المراجع

-Coltheart, M, Lea, C. D., & Thompson, K. (1974). In deffense of ionic memory. Quarterly Journal of Experimental Psychology, 26, 633 - 641.

-Coon, D. (1986). Introduction to psychology: Exploration and application, (4th ed). West Publishing Co.

-Craik, F. I. M., & Levy, B. A. (1976). The concept of primary memory. In W. K. Estes (Ed). Handbook of learning and cognitive processes (Vol 4), Hillsdale: Erlbaum. N. Y.

-Craik, F. I. M., & Jacoby, L. L. A. (1975). A process view of short - term retention. In F. Restle, R. M. Shiffirn, N. J. Castellan, H. Linman, and D. B. Pisoni (Eds.). Cognitive theory (vol l). Hillsdale: Erlbaum. N. Y.

-Crain, W. (2000). Theories of development, (4th ed.). Prentice - Hall, Inc.

-Davis, S. F., & Palladino, J.J. (2004). Psychology, (4thed). Printice Hall, Inc.

-Dembo, M.H. (1991). Applying educational psychology in the classroom. Longman, N. Y .

-Dembo, M. H. (1994). Applying educational psychology. Longman. N. Y .

-Elkind, D. (1981). Obituary - Jean Piaget. American Psychologist, 36, 911 - 925.

-Ellis, H. C., Bennett, T. L., Daniel, T. C., & Rickert, E. J. (1979). Psychology of learning and memory. Wadsworth Publishing Company, Inc.

-Estes, W. K. (1971). Learning and memory. In E. f. Beckenbach., & C. B. Tompkins, (eds.) Concepts of communication. John Wiley & Sons, N. Y.

-Estes, W. K. (1978). Handbook of learning and cognitive processes. 5vols. Hill Sdale: Erblaum. N. Y.

-Flavell, J. H. (1985) Cognitive development. Englewood Cliffs, Prentice - Hall, Inc. N. J.

-Flavell, J. H. (1992) Cognitive development: Past, Present, and future. Developmental Psychology, 28, 998 - 1005.

-Flavell, J. H. (1996). Piaget's legacy. Psychological Science, 7, 200 - 203.

-Forrester, D., & Jantzie, N. (2005). Learning theories: Brain structures. http: // www.acs.Ucalgary. Ca/`gnjantzi/ learning_theories. htm.

-Funderstanding. (2001). Brain-based learning. http://www. funderstanding. Com/brain based learning. CFm.

-Funderstanding. (2005). Right brain vs. Left brain. File:// A./ Funderstanding %20-%20 Right %20 Brain %20 vs. %20 left %20 Brain. htm.

-Gang'e, R. M. (1977). The conditions of learning. (3rd ed). Holt, Rinehart and Winston, Inc.

-Ginsburg, H., & Opper, S. (1988).Piaget's theory of intelletcual development, (3rd ed). Prentice - Hall Inc .

-Green, J. & Hicks. C. (1984). Basic cognitive processes. Open University Press. London.

-Greow. J. R. (1992). Psychology: An introduction, (3rd ed.). Harper Collins Publishers. N. Y.

-Guenther, R. K. (1988). Human cognition. Prentice - Hall, Inc.

-Haberlandt, K. (1997). Cognitive psychology, (2nd ed.) Allyn & Bacon.

-Haberlandt, K. (1999). Human memory. Allyn & Bacon.

المراجع

-Hart, L. (1983). Human brain & human learning. Longman Publishing. NY.

-Hart, J. T. (1967). Memory and memory - monitoring process. Journal of Verbal Learning and Verbal Behavior, 76, 685 - 691.

-Hilgard, E. R., & Bower, G. H. (1981). Theories of learning. (5th ed). Prentice - Hall, Inc.

-Hill, W. F. (1990). Learning: A survey of psychological interpretations. (4th ed). Harper Collins Publishers.

-Hintzman, D. L. (1978). The psychology of learning and memory.   W. H. Freeman and Company.

-Hother sall, D. (1984). History of psychology. Random House, Inc.

-Houston, J. P. (1985). Motivation. Mac Millan Publishing Company.

-Howard, D. V. (1983). Cognitive psychology: Memory, language, and thought. Darlene. V, Howard .

-Hunt, E. B. (1971). What kind of computer is man? Cognitive Psychology, 2, 57 - 98.

-Jahnke, J. C. & Nowaczyk, R. H. (1998). Cognition. Prentice - Hall, Inc.

-Joshua, D. (2000). Left vs. right: Your brain take sides. http: //Freezone. Com/ brain / righleft./

-Kalish, H. I. (1981). From behavioral science to behavior modification. Me Grow - Hill, N. Y.

-Kaplan, P. S. (1991). A child's odyssey: Child and adolescent development. (2nd ed). West Publishing Company.

نظريات التعلم

-Kazdin, A. E. (1978). History of behavior modification. University Park Press. M D.

-Kassin, S. (1998). Psychology, (2nd ed.). Prentice - Hall, Inc.

-Keele, S. W. & Chase, W. G. (1967). Short - term visual storage. Preception and Psychophysics, 2, 383 -385.

-Kerlinger, F. N. (1986). Fundations of behavioral research, (3rd ed.) Holt, Rinehart & Winston, N. Y.

-Klatzky, R. L. (1980). Human memory: Structure and processes. Freeman . San Francisco.

-Klein, S. B. (1987). Learning: Principles and applications. Mc Graw - Hill, Inc.

-Kosslyn, S. M., & Rosenberg. R., S. (2004). Psychology, (2 nd ed). Allyn & Bacon.

-Leahey, T. H. (1997). Learning and cognition, (4th ed.) Prentice - Hall, Inc.

-Maxkintosh, N. J. & Colman, A. M. (1995). Learning and skills. Longman.

-Mackworth, J. F. (1963). The duration of the visual image. Canadian Journal of Psychology, 17, 62 - 81.

-Malott, R. W., Malott, M. E, & Trojan, E. A. (2000). Elementary principles of behavior, (4th ed.) Prentice - Hall, Inc.

-Marten, g., & Pear, J. (1999). Behavior modification: What it is and how to do it, (6th ed.), Prentice - Hall, Inc.

المراجع

-Martindal, C. (1991). Cognitive psychology. Brooks / Cole Publishing

-Mazur, J. (1998). Learning and behavior, (4th ed). Prentice - Hall, Inc .

-Mc Neill, D. (1966). Developmental psycholinguistics. In F. Smith. & G. A. Miller, (Eds.)The genesis of language. Cambridge, Mass, Press.

-Myers. D. G. (2004). Psychology, (7thed). Worth Publisher, N. Y.

-Neisser, U. (1967). Cognitive psychology. Appleton - Century - Crofts.

-Neisser, U. (1978). Memory: What are the important questions? In M. M. Grunebreg, P. E. Morris, & R. N. Sykes (ed.) Practical aspects of memory. Academic Press. London.

-Ormord, J. (1999). Human learning. (3rd ed). Prentice - Hall, Inc.

-Owen, S. V. Forman, R. D. & Moscow, H. (1981). Educational psychology: An introduction (2nd ed.), Owen & Robin Forman.

-Pavlov, I. P. (1927). Conditioned reflexes. Clarendon Press. London.

-Pavlov, I. P. (1932). The reply of a physiologist to psychologiss. Psychological Review, 39, 91 - 127.

-Penfield, W. (1959). The interpretative cortex. Science, 129, 1719 - 1725.

-Peterson, C. (1991). Introduction to psychology. Harper Collins Publishers Inc. N. Y.

-Piaget, j. (1971). The theory of stages in cognitive development. In D. R. Green, M. P. Ford. , & G. B. Flower, (Eds.) Measurement and Piaget. Mc Graw - Hill, N. Y.

-Piaget, J. (1972). Intellectual evolution form adolescence to adulthood. Human Development, 15, 1 - 12.

-Piaget, J. (1969). The science of education and the psychology of the child. Orion Press. N. Y.

-Piaget, J. & Inhelder, B. (1958). The growth of cognitive thinking from childhood to adolescence, Basic Books. N. Y .

-Pirece, W. D. , & Epling, W. F. (1999). Behavior analysis and learning (2nd ed.). Prentice - Hall, Inc.

-Premack, K, D. (1965). Reinforcement theory. In M. R. Jones (ed). Nebraska Symposium on motivation. (1965). University of Nebraska Press.

-Reder, L. M. & Ross, B. H. (1983). Integrated knowledge in different tasks: The role of retrieval strategy on fan cffects. Jorunal of Experimental Psychology: Learning, Memory, and Cognition, 9, 55 - 72.

-Reilly, R. R, & Lewis, E. L. (1983). Educational psychology: Applications for classroom learning and instruction. Macmillan Publishing Co, Inc.

-Riscorla, R. A. (1967). Inhibition of delay in pavlovian fear conditioning. Journal of Comparative and Physiological , 64, 114 - 120.

-Rohwer, J. W., Ammon, R. R., & Cramer, P. (1974). Understanding. intellectual development. Hindsdate Dryden Press.

-Rotter, J. G. (1975). Some problems and misconceptions related to the construct of internal versus external control of reinforcement. Journal of Counslting and Clinical Psychology. 48, 56 - 67.

-Santrock, J. W. (1998). Child development, (18th ed.). Mc Graw - Hill Companies.

-Santrock, J. (2003). Psychology, (4thed). Mc Grow Hill.

-Schmidt, R. A., & Lee, T. D. (1999). Motor control and learning: A behavioral emphasis, (3rd ed). Richard A. Schmidt and Timothy D. Lee.

المراجع

-Schumacher, S. & Mc Millan, J. H. (1993). Resrarch in education: A conceptual introdnction. Harper Collins College Publishers.

-Schunk, D. H. (1991). Learning theories: An educational perspective. Merrill, N. Y.

-Seligman, M. (1975). Helplessness: On depression, development and death. Freeman: San Fransisco.

-Sharp, V. (1996). Computer education for teachers, (2nd ed.) Brown & Benchmarck Publishers.

-Shiffrin, R. M. (1975). Short - term store: The basis for a memory system. In F. restle, R. M. Shiffirn, N. J. Casetellan, H. Lindman , and D. B. Pisoni (Eds.) Cogintive theory (Vol 1) Hillsdale: Erlbaum. N. Y.

-Shiffrin, R. M. (1976). Capacity limitations in information processing, attention, and memory. In W. K. Estes (Ed). Handbook of learning and cognitive processes (Vol 4). Hillsdale: Erlbaum. N. Y.

-Shuell, T. J. (1996). The role of educational psychology in the preparation of teachers. Educational Psychologist, 31 (1) , 5 - 14.

-Skinner, B. F. (1958). Teaching machines. Seience, 128, 969 - 977.

-Skinner, B. F. (1953). Science and human behavior. Mac Millan. N. Y.

-Skinner, B. F. (1969). Contingencies of reinforcement . Appleton - Century - Crofts.N.Y.

-Skinner, B. F. (1984). The evolution of behavior. Journal of Experimental Analysis of Behavior, 41. 217-221.

-Smith, E. E., Adams, N. & Schorr. D. (1978). Fact retrieval and the Paradox of interference. Cognitive Psychology. 10, 438 - 464.

-Smith, R. E. (1993). Psychology. West Publishing Company.

نظريات التعلم

-Solso, R. L. (1991). Cognitive psychology, (3rd ed.) Allyn & Bacon. Boston.

-Solso, R. L. (1998). Cognitive psychology, (5th ed.). Allyn & Bacon.

-Spears, A., & Wilson, L. (2005). Brain - based learning highlights. File: // A.\ Brain-based learning. 2htm .

-Sperling, G. (1963). A model for visual memory tasks. Human Factors, 5, 9 - 31.

-Sprinthall, N. A., Sprinthall, R. C. & Oja's. N. (1994). Educational psychology (6th ed.). Mc Graw - Hill, Inc. N. Y .

-Sternberg, R. (2003). Cognitive psychology, (3rd ed). Wadsworth.

-Sylwester, R. (1996). Celebrating neurons, ASCD. Retrieved Feb 7, 2004 from http:// members. aoL. Com/Ress 51540/ brain 2. htm.

-Teresa, G. (1999). Born to explore: The other side of ADD. http: // Born to explore. org / addin. htm.

-Thornburg, H. G. (1984). Introduction to educational psychology. West Publishing Company.

-Thorndike, E. L. (1910). The contribution of psychology to education. The Journal of Educational Psychology, 1,5-12.

-Thorndike, E. L. (1932). The fundamentals of learning. Teacher College Press. N. Y.

-Thorndike, E. L. (1933). A proof of the law of effect. Science, 77, 75 - 79.

-Tulving, E. , & Pearlstone,). (1966). Availability versus accessibility of information in memory forwords. Journal of Verbal learning and Verbal Behavior, 5, 381 - 391.

-Turvey., & Kravetz, S. (1970). Retrieval from iconic memory with shape

المراجع

as the Selection criterion. Perception and Psychophysics, 8, 171 - 172.

-Underwood, B. J. (1983). Attributes of memory. Glenview, Ill: Scott, Foresman.

-Watkins, M. J. (1979). Engrams as cuegrams and forgetting as cue overload: A cueing approach to the structure of memory. In C. R. Puff (Ed). Memory organization and structure. Academic Press. N. Y.

-Wingfield, A., & Byrnes, D. L. (1981). The psychology of human memory. Academic, N. Y.

-Woolfolk, A. (1995). Educational psychology, (6th ed). Allmp - Baco, Boston.

-Woolfolk, A. E. (1999). Educational psychology, (7th ed.). Allyn & Bacon.

-WWW. Mathpower. Com/ brain. htm. Learning styles, Culture & hemispheric. (2003.)